T0285148

GANAR SIN PELEAR

Matteo Papantuono
Claudette Portelli
Padraic Gibson

GANAR SIN PELEAR

Técnicas y estrategias para solucionar
las dificultades sociales, emocionales y conductuales
de niños y adolescentes en la escuela

Traducción de
Ricardo García Pérez

herder

Título original: Winning Without Fighting. A Teacher's Handbook of Effective Solutions for Social, Emotional and Behavioural Difficulties in Students (1.ª ed. 2014)
Traducción: Ricardo García Pérez
Ilustraciones interiores: Tommaso Milella
Diseño de la cubierta: Gabriel Nunes

ISBN: 978-84-254-4826-3

Imprenta: Sagràfic
Depósito legal: B-7.220-2023

Printed in Spain – Impreso en España
herder

Índice

Prefacio, *de Carmel Borg* 13

Primer prólogo, *de Giorgio Nardone* 15

Segundo prólogo, *de Carmel Cefai* 17

Introducción 21
Bête Noire: un caso de supuesta depresión clínica 22
Atrapado en círculos viciosos disfuncionales 24
La escuela: un entorno único 26
Generar colaboración en los contextos escolares 27
El revolucionario trabajo del Mental Research Institute
    de Palo Alto 29
Resumen 32

I. El modelo

1.   **Una perspectiva nueva para interpretar
    los problemas infantiles** 41
    Los principios básicos de las intervenciones
        breves estratégicas 42
    Las múltiples funciones del profesor y el agotamiento 43

2.   **La escuela, un conjunto de realidades
    construidas** 47
    No hay una realidad única: no hay ninguna verdad
        absoluta 48
    Realidades de segundo orden 50

El uso de las palabras a la hora de construir
realidades 52
Los efectos de la comunicación 53
Los cinco axiomas de la comunicación 53
Establecer una relación en la que todos ganan 65
La resistencia al cambio 67
Conclusión 68

3. **Desde las categorías médicas
hacia los diagnósticos operativos** 71
Dificultades sociales, emocionales y conductuales 73
Cómo los diagnósticos pueden inventar
una enfermedad 74
Categorías diagnósticas 75
La naturaleza fluida del comportamiento infantil 80
Del diagnóstico descriptivo al diagnóstico operativo ... 81
La profecía autocumplida: crear y modificar
realidades 87
Aprovechar el efecto Pigmalión 92
¿Qué podemos hacer en la práctica? 94

4. **Una herramienta operativa: el modelo de solución
de problemas** 97
Elementos reductores de la complejidad 99
Preguntas centradas en el problema 101
Preguntas centradas en la solución 110
Intervenciones efectivas: un proceso de solución
de problemas 113

II. Las dificultades más frecuentes

5. **Las emociones: los colores de la vida** 119
El efecto de las emociones 119
Las emociones y el aprendizaje 120
Las emociones y las percepciones 121
Los niños y las cuatro sensaciones básicas 123

Racionalizar lo irracional 124
¿Qué sucede cuando los niños no pueden gestionar
    las emociones de forma efectiva? 125
Dificultades sociales, emocionales y conductuales 125
Comportamiento externalizado 127
Comportamiento internalizado 128
Gestionar las sensaciones dominantes 129
Experiencias emocionales correctoras 129
Conclusión 131

6. **Dificultades generadas por el miedo** 133
Cuando el miedo se convierte en angustia y pánico 134
Intentos de solución de los adultos 136
Rituales para aplacar el miedo 137
Miedo al fracaso 139
Niños que piensan demasiado 141
Síntomas psicosomáticos 143
Intervenciones en dificultades generadas
    por el miedo 145
Desplazamiento de la atención: *Surcar el mar*
    sin que el cielo lo sepa 145
Mapa de límites 146
Intervenciones paradójicas: *Apagar el fuego*
    añadiendo leña 147
Dominar el miedo prescribiéndolo 148
Ritualizar los rituales 149
Permitir un pequeño desorden para mantener el orden:
    Prescribir un pequeño «error» 150
Segmentar los macroobjetivos en microobjetivos
    concretos 151
Conclusión 152

7. **Dificultades generadas por el dolor** 155
Pérdida, tristeza y dolor 157
Intentos de solución comúnmente adoptados
    por los adultos ante las dificultades
    generadas por el dolor 160

Trauma 161
Efectos del trauma 161
Autolesiones y estrés 162
Cuando el dolor se convierte en placer 164
Ayudar a un niño a enfrentarse al dolor 165
Ofrecer un púlpito 166

8. **Dificultades generadas por la rabia** 169
Cuando la rabia se vuelve dominante 170
La rabia en los niños 172
Los intentos de solución de los adultos 176
Intervención estratégica 177
¿Qué puede romper el círculo vicioso? Prescripción
de un debate cara a cara 179
Cartas de rabia 182
Cuando la rabia reporta beneficios secundarios 183

9. **Conductas basadas en el placer** 187
El juego: conducta basada en el placer 187
Los niños y el placer 188
¿Cómo debe un padre o un profesor decidir si estas
conductas son normales o problemáticas? 188
Comportamientos placenteros relajantes 190
La prisión de la comida 191
La falta de autocontrol en los niños 192
El placer a través del juego socialmente efectivo 194
Comportamientos transgresores y beneficios
secundarios 196
Conductas basadas en la oposición y la provocación:
una lucha de poder 198
Los intentos de solución con la conducta basada
en el placer 200
Intervenciones «ganar sin pelear» 200
Eliminar los beneficios secundarios 201
Comportamiento fuera del control / bajo control 204
Prescripción del síntoma 204
Conclusión 206

III. Intervenciones no ordinarias efectivas

10. **Cuando falla el sentido común:
    intervenciones no ordinarias** 209
    Gestionar las resistencias 210
    Conducta desafiante: lo irracional gana a lo racional ... 213
    Ganar sin pelear: ¿por qué las intervenciones
        paradójicas son eficaces? 214
    Resultados con los que ganan todos 218
    Punto de saturación 219
    La evolución de la lógica no ordinaria 220
    Tres tipos de lógicas no ordinarias 221
    Autoengaño 221
    La lógica de la paradoja 223
    La ayuda que bloquea y no ayuda en absoluto:
        la lógica de la contradicción 224
    La lógica de la creencia: crear de la nada 226
    Rituales propiciatorios 227
    La construcción de profecías 227
    Cambiar las profecías 229
    La lógica de la creencia: reestructuración
        y connotaciones positivas 230
    El delicado arte de reestructurar 232
    Conclusión: ganar sin pelear 238

11. **Las palabras son mágicas: utilizar el lenguaje
    analógico en las clases** 241
    Dibujar dragones en las nubes 244
    El lenguaje analógico y los niños 245
    Evocar sensaciones 246
    Superar la resistencia y aumentar la colaboración 247
    Los profesores pueden utilizar
        el lenguaje analógico para... 249
    Orientaciones útiles para escoger
        la analogía correcta 250

IV. Casos tomados de la práctica

12. **La elaboración de estrategias eficaces** 255
    Ejemplos tomados de la práctica:
       diarios de intervención 255
    Caso 1. La rabia de Fernando 256
    Caso 2. La tristeza Sara 260
    Caso 3. Miguel el terrible 264
    Caso 4. Cambiar la profecía: un caso tratado
          en el Centro di Terapia Strategica (CTS)
          de Arezzo 270
    Caso 5. La desamparada Kelly: un caso tratado
          en la Clínica Bateson de Dublín 277
    Caso 6. Plan de acción creado por una profesora
          de apoyo 281

Conclusión. Acción informada y efectiva 289
Referencias bibliográficas 293

PREFACIO

Ganar sin pelear es un libro que habla el idioma de la esperanza y la posibilidad. Aunque reconoce el abanico de dificultades sociales, emocionales y conductuales que podrían interferir con el aprendizaje y las relaciones, la obra de Papantuono, Portelli y Gibson presenta un modelo que se niega a patologizar a niños y niñas. Más bien, este libro promueve la utilización de estrategias que tiendan puentes con personas adultas significativas a través del amor, la compasión, la empatía, la comprensión y la comunicación positiva activa.

El libro ofrece lo mejor de ambos mundos. Se basa tanto en una sensata lectura teórica y empírica del mundo de los niños con dificultades en la alfabetización emocional y social como en la vasta experiencia acumulada por los autores como consecuencia de años de contacto directo y conversaciones con este tipo de niños. Por tanto, *Ganar sin pelear* es una obra acreditada que huye del sello autoritario de esos expertos que subestiman a los lectores transmitiendo mera información, en lugar de ofrecerles el inicio de un diálogo productivo con los múltiples participantes de experiencias sociales y emocionales exigentes.

El modelo presentado por los autores pretende abrir la puerta de la fortaleza emocional en la que el niño se aísla de otras personas significativas. También trata de romper el molde patológico que a menudo genera relaciones con los niños más técnicas que humanas. El modelo propuesto por Papantuono, Portelli y Gibson se basa en el compromiso de reintegrar al niño en un entorno de emociones funcionales y de recuperar la verdadera inclusión. En otras palabras, el libro no es un proyecto para el campo de las necesidades especiales, sino un proceso basado en la comprensión profunda de cómo funciona la auténtica integración. Por cuanto propone estrategias, el libro nos invita a realizar una reflexión permanente sobre nuestro sistema de valores y, en el contexto de nuestras relaciones con los niños, nos insta a cuestionarnos si, aunque actuemos con las mejores intenciones, nuestras intervenciones resultan realmente positivas.

Sin duda, a través de su modelo los tres autores defienden que se escuche la voz de los niños. En este sentido, el libro también se convierte en un libro político; el niño como agente activo de la curación, en lugar de como un paciente sobre el que hay que actuar. El modelo propuesto cuestiona la reproducción de una identidad discapacitada mediante un sistema de cuidados basado en relaciones verticales perpetuas. Descoloniza el cuerpo de los niños y los ayuda a reclamar la verdadera libertad.

La búsqueda de prácticas verdaderamente inclusivas en el contexto de las dificultades sociales, emocionales y conductuales es una lucha muy exigente y difícil contra los intereses y fuerzas culturales e ideológicas establecidas. Este libro debería interesar a todas aquellas personas que están comprometidas con esa lucha.

Profesor Carmel Borg
Universidad de Malta

PRIMER PRÓLOGO

Es un placer y un honor inmensos escribir un prólogo a este texto, que considero de lectura obligada para todos los profesionales relacionados con la escuela y para quienes trabajan en el ámbito de la educación.

El trabajo realizado por Matteo Papantuono, Claudette Portelli y Padraic Gibson es en realidad un auténtico manual práctico para intervenciones estratégicas efectivas que se revelarán valiosísimas en la gestión de las numerosas y diversas dificultades que encuentran los adultos que interactúan con niños y adolescentes en un entorno escolar.

Basándose en su amplia experiencia e investigación en la escuela y el contexto clínico, los autores han conseguido exponer de una forma clara y detallada los problemas que emergen de las dificultades sociales, emocionales y de comportamiento y han conseguido mostrar soluciones específicas y efectivas para cada uno de los problemas descritos.

He disfrutado particularmente de este trabajo porque los tres autores se han formado en mi Escuela de Especialización de Terapia Breve Estratégica de Arezzo, en Italia. Pero, aunque el trabajo de este libro desarrolla el Modelo Breve Estratégico, también va más allá de ese modelo para ofrecer al lector un amplio abanico de estrategias y técnicas que trascienden el enfoque puramente estratégico.

Además, este texto está escrito de un modo claro y práctico, asequible por igual tanto para los profesionales como para quienes no lo son, y emplea un enfoque «fácil para el usuario», repleto de estudios de casos y ejemplos prácticos para explicar de forma pragmática la teoría y la lógica subyacentes a las dificultades relacionadas con la infancia.

Por todas estas razones y muchas más, considero que este texto es una guía básica y práctica para todas aquellas personas que trabajan directamente en el campo de la educación, el aprendizaje y el crecimiento personal de los jóvenes, pero también para el público general interesado en adquirir una mejor comprensión acerca de cómo se generan las dificultades complejas relacionadas con la infancia, y también cómo se pueden resolver plenamente utilizando el enfoque del Modelo Breve Estratégico.

Giorgio Nardone

Director de la Escuela de Especialización de Terapia Breve Estratégica. Cofundador junto con Paul Watzlawick del Centro di Terapia Strategica de Arezzo, en Italia, un centro de investigación clínica aclamado internacionalmente, responsable de la evolución del Modelo Breve Estratégico.

SEGUNDO PRÓLOGO

En el transcurso de un año ordinario, aproximadamente el 20 % de los escolares experimenta dificultades sociales, emocionales y conductuales, como problemas de conducta, ansiedad y depresión, y puede necesitar utilizar los servicios de salud mental. La prevalencia de este tipo de dificultades ha ido en aumento en las últimas décadas. Un informe sobre salud adolescente publicado por la OMS retrata la depresión como la principal causa mundial de enfermedad y discapacidad entre los adolescentes, siendo el suicidio una de las causas más importantes de muerte. El informe señala que la mitad de las dificultades de salud mental empieza antes de cumplir los 14 años, al tiempo que subraya la necesidad de intervención temprana y promoción de la salud mental desde una corta edad.

Por tanto, un libro como *Ganar sin pelear: Técnicas y estrategias para solucionar las dificultades sociales, emocionales y conductuales de niños y adolescentes en la escuela* es muy bienvenido en semejante paisaje, concretamente para el profesorado que se enfrenta a conductas desafiantes o exigentes en el aula. Tales conductas son una fuente importante de tensión para los profesores, que en Europa dedican aproximadamente el 15 % del tiempo de docencia a ocuparse del mal comportamiento. *Ganar sin pelear* ofrece a los profesores una guía práctica basada en las evidencias y en una teoría sobre cómo emprender «acciones informadas y efectivas» cuando se enfrentan a dificultades sociales, emocionales y conductuales en el aula. Sin embargo, a diferencia de muchos otros textos de este ámbito, el de Papantuono, Portelli y Gibson ofrece un material único. Se centra en un enfoque específico para el cambio de conducta, a saber: la Aproximación Breve Estratégico-Constructivista, que proporciona a los docentes y profesionales una óptica nueva sobre los problemas de la conducta, «un desplazamiento importante desde las teorías infantiles tradicionales y las formas ordinarias de definir e intervenir en las dificultades de los niños». Este libro se basa en décadas de investigación, acción y práctica desarrolladas por profesionales en clínicas, escuelas y otros contextos haciendo uso de este enfoque para el cambio del comportamiento.

Ganar sin pelear es un aditamento valioso, innovador y complementario de los numerosos textos sobre gestión de la conducta basados en intervenciones cognitivo-conductuales para que los maestros y profesionales se atrevan a hacer uso del sentido no común, la lógica no ordinaria y las estrategias paradójicas y contradictorias que los profesionales que trabajan con este enfoque llevan utilizando desde hace muchos años. Se aparta de la medicalización, la categorización, el diagnóstico y la patologización de la conducta de los niños y, en su lugar, promueve una nueva perspectiva centrada en un modelo conductual constructivista y estratégico, en las interacciones disfuncionales, en modelos de interacción sistémicos y circulares y en soluciones operativas para los problemas. A través de capítulos que abarcan desde la teoría hasta las intervenciones o los problemas de conducta específicos o el estudio de casos, los autores aportan diversos instrumentos útiles para los profesores acerca de cómo abordar conductas difíciles o en apariencia sin solución de formas diferentes y nuevas. A los profesionales se les brindan conocimientos operativos que les permiten construir su propia intervención tal como emerge en el aula y ponerla en práctica en un marco de investigación y acción. En el capítulo 4 se presenta un modelo de resolución de problemas detallado paso a paso, construyendo el problema desde una perspectiva operativa e identificando formas prácticas concretas en las que se podría resolver.

La primera parte del libro presenta una nueva perspectiva desde la que observar, comprender y revolver los problemas sociales, emocionales y conductuales en la escuela. La segunda parte detalla las dificultades más frecuentemente planteadas por niños y jóvenes, entre las que se encuentran problemas generados por el miedo, el dolor, la rabia y el placer. La tercera parte está consagrada a las intervenciones no ordinarias efectivas. Un capítulo muy valioso al final del libro expone una serie de estudios de casos detallados (historias extraídas de la práctica) que ilustran estrategias efectivas. El libro está escrito en un tono asequible y atractivo, con numerosos ejemplos y cuadros en los que se resalta el estudio de casos que ilustran soluciones efectivas a problemas y un uso muy efectivo de imágenes vinculadas a numerosos refranes y citas entrelazadas a lo largo de todo el libro que subrayan las cuestiones que los autores analizan.

Este libro pretende proporcionar a los maestros, los profesionales, los educadores y los padres, entre otras cosas, una perspectiva nueva, instrumentos prácticos y soluciones efectivas para la conducta desafiante de los niños y jóvenes. Ofrece esperanza a los profesionales ante las situaciones en apariencia imposibles en las que «nadie gana», animándolos a tomar el control efectivo de la situación a través de intervenciones prácticas «de sentido no común», efectivas y «ganadoras». Por tanto, *Ganar sin pelear* debería ser un recurso extraordinario para quienes trabajan con niños y jóvenes que manifiestan dificultades sociales, emocionales y conductuales, una hoja de ruta en su travesía para encontrar la clave de las soluciones efectivas para las conductas desafiantes.

Profesor Carmel Cefai

Director del Centro de Resiliencia y Salud Socioemocional en la Universidad de Malta. Jefe del Departamento de Psicología y profesor asociado de la Universidad de Malta. Miembro de la British Psychological Society.

INTRODUCCIÓN

En *Ganar sin pelear*, tanto profesores como psicólogos, padres y demás cuidadores encontrarán muchos tesoros que serán de ayuda en casos complicados de niños y niñas en edad escolar.[1] El objeto de este libro es ofrecer nuevas formas de intervenir de manera efectiva para sortear obstáculos y dificultades problemáticas, ya sean sociales, emocionales o de comportamiento de los alumnos, y brindar una solución más esperanzadora y menos patologizadora para los que a menudo se consideran casos imposibles. Así pues, la intención de los autores es mostrar que hasta los problemas en apariencia más raros y persistentes se pueden resolver de manera eficaz y eficiente sin pelear, si se consigue comprender y aprovechar la lógica subyacente a ellos.

---

1. Para evitar reiteraciones, emplearemos siempre sustantivos genéricos en masculino cuando nos refiramos a personas con independencia de su sexo. Siguiendo a los propios autores, incluimos ocasionalmente a modo de recordatorio la expresión «niños y niñas». Cuando se hable específicamente de niños varones o de niñas, quedará manifiestamente claro en la traducción. *(N. del T.)*

BÉTE NOIRE: UN CASO DE SUPUESTA DEPRESIÓN CLÍNICA

Un lunes por la mañana a primera hora, la señora Dawson llamó a nuestro gabinete para pedir una cita urgente para Kelly, su hija de 12 años, que durante el fin de semana había amenazado con suicidarse. Su madre, preocupada, dijo que la había remitido a nosotros la señora Hamilton, orientadora del instituto al que asistía Kelly, pues temía que la niña estuviera atravesando una depresión clínica. Todo el centro escolar se hallaba muy preocupado por el cambio radical de actitud que en los últimos meses había experimentado Kelly. Era una alumna brillante, muy activa siempre en las actividades de su clase y del instituto. En los últimos seis meses, su trabajo académico también había empezado a resentirse, además de sus amistades más estrechas.

La madre de Kelly confesaba que, en un principio, tanto ella y su marido como los profesores supusieron que era una faceta normal del crecimiento, pero poco a poco Kelly empezó a retirarse de todo, incluso de las cosas que le gustaban, como el deporte, las excursiones, quedar con sus mejores amigos o ir a ver a sus queridos abuelos. Kelly pasaba horas en su habitación completamente a oscuras, apartada del mundo.

La señora Hamilton trató de hablar con Kelly, pero todo empeoró en los últimos cuatro meses. Consideraba que Kelly estaba deprimida. La orientadora del centro no podía explicar este comportamiento porque la familia de Kelly era muy cariñosa y estaba muy unida y no parecía haber ninguna razón para que la niña se preocupara o tuviera un comportamiento depresivo. Parecía que no había «porqués» que justificaran su actitud retraída. Todo el mundo estaba alarmado ante este cambio inexplicable.

Sus padres y profesores trataban de *animar* a Kelly a *hablar de su problema,* pero eso llevó a la niña a replegarse más aún. El instituto acabó convirtiéndose en un interrogatorio continuo y, por tanto, en una auténtica tortura para la niña. Finalmente empezó a faltar al centro. La profesora, junto con sus padres, trataron de *organizar su trabajo escolar* para que sus amigos fueran a visitarla y animarla. Pero nada funcionó. Se encerraba en su habitación y dejaba a sus amigos abajo, con sus padres. Todos los miembros de la familia, e incluso sus profesores, habían acabado envueltos en el problema, tratando de resolverlo. La señora Dawson se asustó cuando (durante el fin de semana) Kelly declaró que no quería ir al instituto, que no podía soportar todas las presiones y que quería morirse. Así que lo primero que hizo aquel lunes por la mañana, después de pasar una noche de sufrimiento y siguiendo el consejo de la señora Hamilton, fue llamar a nuestro gabinete.

A Kelly se la trató aplicando el modelo que esbozaremos en este libro. Aunque respondió muy bien a la terapia, descubrimos que se alcanzaron los resultados de forma tan rápida y efectiva porque todas las personas significativas que rodeaban a Kelly «tiraban de la misma cuerda y en la misma dirección». Aunque quien iba a la terapia era la niña, se asistió a sus padres y a sus profesores para que la ayudaran. Era necesario que todos colaboraran para que nuestras intervenciones funcionaran.

Tanto a los padres como a los profesores se les ofrecieron orientaciones detalladas para que ayudaran a Kelly a ayudarse a sí misma. Pese a tener las mejores intenciones, *la insistencia, el consuelo y la presión* de los padres y los profesores acrecentaron inadvertidamente los miedos y la sensación de impotencia, lo que le llevó a retirarse aún más a su propio mundo.

En el transcurso de seis sesiones de terapia, Kelly salió de su cárcel de depresión para volver a ser aquella encantadora niña sonriente que era antes. Volvió a destacar en sus trabajos académicos y a participar activamente en actividades extraescolares y, sobre todo, empezó a disfrutar de la compañía de sus amigos e iguales. Sus padres se libraron de la angustia que los había atormentado durante meses. El instituto también fue testigo del regreso de Kelly, aquella niña lista a la que todos querían.[2]

---

2. Se puede encontrar una descripción más detallada del caso de Kelly y

¿Cómo lo conseguimos? En las páginas que siguen, el lector acabará por apreciar que nuestro modelo se basa en la investigación-acción continua. Se trata del descubrimiento continuo de lo que realmente funciona en el campo de estudio en cuestión; en este caso, con niños y niñas en edad escolar. No tenemos interés en adherirnos a una ideología o ceñirnos a modelos teóricos rígidos. Con este objetivo en mente y actuando desde lo que denominamos una perspectiva operativa, observamos los intentos llevados a cabo por los agentes de cambio que rodean al niño o al adolescente para resolver un problema, que, como decía Thomas Edison, «nos da una valiosa información que nos aproxima más a la solución». Sin realizar una larga y tediosa arqueología del pasado, prestamos atención al *aquí y ahora* y a *cómo los propios intentos de solución aplicados para tratar de resolver el problema lo habían mantenido y reiterado.*

ATRAPADO EN CÍRCULOS VICIOSOS DISFUNCIONALES

En su libro *The Situation is Hopeless, but not Serious*, Paul Watzlawick (1983) ofrece una mirada irónica de los problemas y el sufrimiento humanos. En el capítulo «The Traps of Helping» propone un modo de garantizar la infelicidad. Esta habilidad requiere muy poca imaginación; lo único que hace falta son dos personas, una con necesidad de ayuda (¡o que diga eso!) y otra que pretenda ayudar (aún mejor si es alguien que ha nacido para dedicarse a ayudar). Los dos posibles resultados de esta relación son fatales; o bien la ayuda funciona, o bien fracasa. Si funciona, quien ha prestado la ayuda tiene la sensación de que ha perdido su función y la relación pierde también todo sentido y se extingue, y si la ayuda fracasa (porque incluso la persona más motivada a prestar ayuda terminará dándose por vencida en algún momen-

---

su resolución en el capítulo dedicado a casos extraídos de la práctica (p. 277).

to), entonces la relación se vendrá abajo; de esta forma tenemos garantizada la infelicidad.

Aunque la exposición que hace Watzlawick desborda sentido del humor, sus comentarios son verdaderamente perspicaces e iluminadores y llaman la atención sobre las trampas *aparentemente* lógicas en las que los seres humanos incurren consigo mismos y con los demás. Al dejarnos llevar por nuestra forma de percibir, sentir y pensar acabamos haciendo siempre más de lo mismo: cosas que desde nuestro punto de vista deberían funcionar, pero que en esta situación concreta... ¡no funcionan! Cuando intentamos mejorar mucho nuestra situación y la de las personas a quienes queremos, ¿cuántas veces conseguimos más bien complicar aún más las cosas?

El título de este libro, *Ganar sin pelear*, está concebido como una metáfora para que el lector comprenda cuál es nuestra posición ante las complejas y exigentes dificultades de los niños y niñas en edad escolar. En calidad de profesionales, no como académicos, buscamos continuamente mejores y más eficaces formas de resolver con la máxima facilidad las dificultades sociales, emocionales y conductuales de los alumnos. Esta travesía no está conformada únicamente por una teoría abstracta, ni es resultado de las preferencias personales o los caprichos de los autores. Las intervenciones expuestas en este libro son el resultado de más de veinte años de rigurosa investigación científica y práctica en el campo del cambio humano.

Este texto guiará al lector por el Modelo Breve Estratégico[3] de intervención en la escuela. El libro fue concebido como un

3. La formulación del modelo de Terapia Breve Estratégica se debe a la fértil tradición de la Escuela de Palo Alto (*MRI, Mental Research Institute*). En la década de 1970, el equipo del MRI presentó a la comunidad terapéutica los resultados del proyecto del «Centro de Terapia Breve» (Watzlawick, Weakland y Fisch, 1974; Fisch, Weakland y Segal, 1982). Después, se debe a Paul Watzlawick el posterior estudio y sistematización de los principios teóricos y de aplicación de la comunicación terapéutica (*Teoría de la comunicación humana* [Watzlawick,

manual para profesores, psicólogos, personal docente especial y cualquier persona que se dedique a gestionar el bienestar social, emocional y conductual en un contexto de enseñanza. No obstante, también hay consejos y pistas para que los padres gestionen asimismo este tipo de dificultades. Ello se debe a que la experiencia nos ha enseñado que si todas las personas significativas en la vida del niño o adolescente tiran en la misma dirección, el cambio que se desea producir es más probable e inmediato.

La escuela: un entorno único

Louise Porter (2008) reflexiona sobre el hecho de que los niños pasan en la escuela un promedio de 15 000 horas, y Mortimer, Sammons, Stoll, Lewis y Ecob (1988) plantean que la escuela ejerce sobre la conducta y los resultados académicos una influencia mayor que la familia. La escuela es diferente de cualquier otra institución existente. Aunque comparte muchos rasgos con otros sistemas organizativos, constituye un entorno único.

En los sistemas escolares vemos que los profesores y los directores de los centros tienen asignada la responsabilidad de la formación, el desarrollo y el aprendizaje de los niños y adolescentes. Estos ámbitos se influyen los unos a los otros y no es inusual que presenten ideologías, oportunidades y restricciones antagonistas (Pearce y Cronen, 1999). Con frecuencia descubrimos que lo que es justo según la legislación puede poner en peligro lo que está bien para el alumno, o que lo que está bien para el alumno puede

---

Beavin, Jackson, 1967]). Desde 1987 hemos sido testigos con Giorgio Nardone de la evolución moderna de la Terapia Breve hacia una forma avanzada de tecnología terapéutica: la Terapia Breve Estratégica ® (Brief Strategic Therapy ®), que durante más de veinte años ha demostrado ser fructífera y efectiva en su aplicación en diferentes culturas y contextos. Los «protocolos de tratamiento» específicos para trastornos concretos se exponen por primera vez en *El arte del cambio* (Nardone y Watzlawick, 1993; primera edición de 1990), al que se considera el manifiesto de la Terapia Breve Estratégica (http://www.centroditerapiastrategica.org).

ser inadecuado para la escuela, y muchas veces que lo que resulta práctico para el profesor puede no recibir el aval de los padres. Sortear estos campos de minas interactivos y en competencia puede resultar difícil si no tenemos conocimiento práctico de qué hacer en semejantes circunstancias (Crispiani y Giaconi, 2009).

Es un hecho que en las sociedades occidentales se considera que la escuela es la piedra angular para gestionar el desarrollo personal de los niños y jóvenes y para establecer sus criterios éticos y morales. Por lo general, ambas cosas se hacen en un contexto donde se envía a los niños a la escuela con independencia de su deseo de asistir o no. Así, se encarga a la escuela la enseñanza de currículos educativos, pero también de enseñar a los niños habilidades para la resolución de problemas (Porter, 2008), destrezas para las relaciones interpersonales y responsabilidad personal (Rodd, 1996).

Los profesores y demás agentes de cambio en un contexto escolar frecuentemente necesitan encontrar formas de generar colaboración efectiva entre los contextos de la escuela, el niño o niña y la familia (Crispiani, 2008). Raras veces resulta fácil hacerlo, debido al hecho de que cada uno de esos contextos tendrá su propia teoría de cómo surgió el/los problema/s y cómo se debería/n resolver, aunque no es infrecuente que todos puedan coincidir acerca de cuál debería ser la solución que se requiere y quién debería implicarse en ella.

GENERAR COLABORACIÓN EN LOS CONTEXTOS ESCOLARES

Este libro expondrá y explorará modos de aumentar la colaboración y la cooperación entre las personas y de reducir la resistencia y las reticencias para introducir los cambios. Se hará a través de *ejemplos prácticos* tomados de la vida real.

Habitualmente, las escuelas se enfrentan a cuestiones complejas que ejercen cierta influencia sobre cualquier problema y sobre las alternativas para su solución. Aspectos como la legislación, las diferencias culturales y el ambiente escolar pueden ser particularmente pertinentes cuando se hacen esfuerzos para el cambio tanto a nivel del sistema como del alumno. Estas piezas del rompecabezas se pueden considerar intrínsecas a las relaciones ya existentes.

Al margen del nivel en el que sea preciso realizar el cambio (individual, de aula o en el conjunto de la escuela), la relación familia-escuela formará parte intrínseca de este proceso y ello requiere un conjunto de destrezas y conocimientos prácticos necesarios para gestionar interacciones humanas complejas. Este tipo de interacciones e intervenciones que involucran a más de una persona está muy mal explicado en la literatura actual sobre gestión de dificultades sociales, emocionales y conductuales de los jóvenes (Cooper y Cefai, 2013; Crispiani y Papantuono, 2014; Mariotti y Pettenò, 2014). Así pues, la intención de este manual es abordar este déficit de conocimiento.

En el caso de la resistencia al cambio, las reticencias de los alumnos a asumirlo se suelen explicar en relación con el modelo médico tradicional de la psicología (Crispiani y Papantuono, 2014). Este se basa en la creencia de que la resistencia al cambio se debe a algún problema subyacente del niño y que es ese problema el que hay que abordar y superar si queremos pensar en el éxito del tratamiento. Esta específica creencia se refuerza adicionalmente mediante manuales de diagnóstico como el CIE-10,[4] el DSM-5[5] y demás. Al tiempo que nos recuerda los riesgos de la aceptación generalizada de este tipo de creencias, Thomas M. Achenbach (1980)

4. La Clasificación Internacional de Enfermedades (CIE) es la «herramienta diagnóstica [internacional] normalizada con fines epidemiológicos, de gestión sanitaria y clínicos». La CIE la publica la Organización Mundial de la Salud. Está concebida como un sistema de clasificación de la atención sanitaria y ofrece un sistema de códigos diagnósticos para clasificar las enfermedades.
5. El Manual Diagnóstico y Estadístico de los Trastornos Mentales (DSM, Diagnostic and Statistical Manual of Mental Disorders), publicado por la Asociación de Psiquiatría de Estados Unidos (APA, American Psychiatric Association), ofrece criterios normalizados y en lenguaje ordinario para clasificar los trastornos mentales.

se refiere a la ausencia de evidencias suficientes que garanticen el modelo de sufrimiento humano basado en la enfermedad médica que asimila los problemas psicológicos al modelo de infección de la enfermedad del organismo y que, por tanto, localiza los problemas en el interior del niño. Por consiguiente, nosotros preferimos adoptar un modelo menos pesimista y menos determinista. Hemos abandonado un modelo de intervención *intrapsíquico* para adoptar otro *interaccional* (Crispiani y Papantuono, 2014).

Si se quiere avanzar es preciso tener una teoría... ¡o, al menos, eso se dice! Con el fin de explorar nuestro trabajo de forma más completa, lo que nos gustaría explicar aquí es el cambio de paradigma que se produjo hace más de sesenta años y que desembocó en el desarrollo de nuestro modelo de intervención.

El revolucionario trabajo del Mental Research Institute de Palo Alto

En octubre de 1956 el antropólogo Gregory Bateson y su equipo de investigación, compuesto por Jay Haley y John H. Weakland, se reunieron para comenzar a investigar sobre la comunicación humana (Ray y Nardone, 2009). Luego se involucraron e influyeron el psiquiatra William Fry, el talentoso terapeuta Don Jackson y el gran teórico y pionero de la terapia familiar Paul Watzlawick, entre otros. Este proyecto de investigación generaría esencialmente el contexto y los trabajos preparatorios para el desarrollo de lo que en última instancia conduciría a la creación del Mental Research Institute (MRI) de Palo Alto, en California.[6]

6.   El Instituto de Investigación Mental de Palo Alto, California, ha sido una de las principales fuentes de ideas en el ámbito de los estudios interaccionales/ sistémicos, la psicoterapia y la terapia familiar. Fundado en 1958 por D. D. Jackson y sus colegas, el MRI se centra en explorar y fomentar el uso de un enfoque interaccional para comprender mejor y resolver de modo más eficaz problemas humanos en todos los niveles de organización social (www.mri.org).

Esta organización estableció la idea de que la familia y sus importantes procesos interactivos, y no el individuo, constituyen el mejor contexto para el tratamiento de los problemas psicológicos. Esta idea contrastaba de forma muy marcada con la cultura profesional de la época, que todavía estaba poderosamente influida por los principios individualistas de la teoría psicoanalítica y organizada en torno a ellos. Su enfoque se centraba principalmente en que los problemas que las personas sufrían emanaban del «interior» de las personas (cuestiones intrapsíquicas).

El equipo del MRI, informado por teorías comunicativas y constructivistas (Watzlawick, Beavin y Jackson, 1967), sostenía que el *locus* del tratamiento no era el individuo de forma aislada, sino el individuo en contexto. Es decir, el contexto interactivo y relacional en el seno del cual surgían los problemas humanos.

Informados también por la cibernética,[7] la teoría de la información[8] y la teoría general de sistemas[9] (Ray y Nardone, 2009), el equipo del MRI desarrolló el *enfoque interaccional* para estudiar el sufrimiento de los seres humanos y su tratamiento. Sirviéndose

---

7.   El término «cibernética» fue acuñado en 1948 por el matemático Norbert Weiner. La cibernética es el estudio de los sistemas, como los sistemas mecánico, físico, biológico, cognitivo y social. Se basa en el supuesto de que las funciones de control, regulación e intercambio y procesamiento de información siguen idénticos principios en máquinas, organismos y estructuras sociales. La cibernética se puede aplicar cuando el sistema que se está analizando está implicado en un *closed signaling loop*, es decir, cuando la acción del sistema produce algún cambio en su entorno y ese cambio se refleja en ese sistema de algún modo (retroalimentación) que desencadena un cambio en él, lo que originalmente se denominaba relación «causal circular».

8.   La teoría de la información es un área del campo de la cibernética en el que se examinan mediante métodos matemáticos los aspectos formales de la transmisión, procesamiento y almacenamiento de la información (Simon, Stierlin y Wynne, 1985).

9.   La teoría general de sistemas, al igual que la cibernética, se ocupa de las funciones y las reglas estructurales válidas para todos los sistemas, con independencia de cuál sea su constitución material. Las premisas de la teoría de sistemas se basan en la idea de que un sistema como conjunto son los elementos individuales del sistema (Simon, Stierlin y Wynne, 1985).

de principios de la antropología como fundamento de su investigación, observaron la interacción humana a partir de un número limitado de hipótesis acerca de lo que estaba sucediendo desde el primer momento. Es decir, no se fijaron esencialmente en lo que estaba sucediendo desde alguna posición teórica específica, sino que recogieron observaciones empíricas de lo que las personas estaban haciendo «realmente» en su interacción consigo mismas, con los demás y con el mundo. A partir de estas observaciones empezaron a construir una serie de conceptos acerca de la comunicación y la interacción humanas. Profundizaremos en estos conceptos desde el primer capítulo.

Abandonando el modelo científico lineal de causa-efecto heredado de la ciencia del siglo XVIII, adoptaron un *modelo de interacción circular*. Es decir, en lugar de considerar que el individuo A ejerce una influencia unidireccional lineal o directa sobre otro individuo B, creían que A y B se ejercen influencia mutua a través de su interacción. Como podremos ver más adelante, este enfoque tiene también la importante consecuencia de reducir la resistencia al cambio y no pretende encontrar a la parte culpable, sino que persigue que la interacción funcione mejor para ambos (Crispiani y Papantuono, 2014).

Ejemplo

Si una madre se queja a su hijo de forma agresiva porque siempre tiene el cuarto muy desordenado (¡aunque tenga razón!), entonces la respuesta del niño vendrá conformada por lo que ella ha dicho y por cómo lo ha dicho, pero también la respuesta que dé su hijo conformará cómo le responde ella a su vez posteriormente en la comunicación. Por consiguiente, en este caso, cuanto más se queja la madre, peor se vuelve la interacción.

Ambos influyen en las posibles formas que tienen de interactuar uno con otro, aunque seguramente cada uno de ellos tenga la sensación de que es al otro a quien hay que culpar de la escalada del conflicto. Esta breve interacción se puede considerar un *sistema interaccional* y, si se perpetúa en otros contextos, puede dar lugar a un *sistema problemático* y la mayoría de las tentativas llevadas a cabo por ambas partes para resolverlo normalmente consolidarán y exacerbarán el problema. De manera que cualquier interacción entre una persona, los demás y el mundo se puede considerar útil / eficaz (funcional) o ineficaz (disfuncional).

Resumen

Este manual se compone de tres partes teóricas y de una parte final práctica. En la primera parte presentamos las bases teóricas de nuestro trabajo. A continuación, en la segunda parte, pasaremos a identificar los principales tipos de dificultades. La tercera parte estará consagrada al proceso de diagnóstico, es decir, al modelo de resolución de problemas y a los efectos del lenguaje sobre la comunicación y el establecimiento de relaciones de colaboración. En la última parte propondremos casos prácticos (con diálogos concretos de una intervención cuando fuese necesario), acompañados de explicaciones claras y sencillas sobre el trabajo tanto del terapeuta como del profesor y recurriendo al Modelo Breve Estratégico.

A continuación se presenta un breve resumen de cada una de las partes, que debe ser de especial utilidad para que todos los docentes, miembros del personal educativo, padres y familiares de niños y adolescentes se familiaricen con el contenido de este manual destinado a ayudarlos concretamente en los casos específicos que los preocupen. Para el profesional debería servir como un manual, pero también como un punto de referencia académico con el fin de mostrar unas coordenadas básicas para las intervenciones. Al académico le reportará una exposición en profundidad de la teoría que subyace al enfoque de la Terapia Breve Estratégica.

I. EL MODELO

Capítulo 1. *Una perspectiva nueva para interpretar los problemas infantiles*

Este primer capítulo presenta una perspectiva nueva para comprender y abordar las dificultades infantiles. Se esboza la historia de nuestro trabajo y se sitúa en el contexto de otros modelos tradicionales. Al llevar a los lectores desde el modelo tradicional hasta el modelo breve estratégico de la interacción, estos descubrirán las semejanzas y las diferencias existentes entre nuestro modelo y otras perspectivas de los problemas sociales, emocionales y conductuales. Esto se llevará a cabo mediante ejemplos clínicos concretos. Este capítulo también se ocupará del *papel multifuncional del profesor* y de *cómo el hecho de disponer de una herramienta operativa para gestionar situaciones complejas y exigentes puede impedir que los profesores acaben quemados.*

Capítulo 2. *La escuela, un conjunto de realidades construidas*

Un proceso primordial que consideramos imprescindible para comprender nuestro trabajo y, en última instancia, para intervenir con éxito en los problemas humanos es *cómo se construye la realidad.* El capítulo 2 se centra en la *multiplicidad de realidades,* en los *efectos que el lenguaje tiene sobre la realidad* y en cómo la experimentamos y nos comunicamos dentro de ella. Para este fin, desentrañamos todos los aspectos de la comunicación necesarios para comprender nuestro singular modo de trabajar. Desde los *cinco axiomas de la comunicación* hasta *cómo afrontar la resistencia* y llegar finalmente a *establecer una relación en la que todos ganan.* Este capítulo invitará al lector a participar de la concepción alternativa de cómo percibimos nuestra realidad, cómo reaccionamos ante ella y cómo la gestionamos.

Capítulo 3. *Desde las categorías médicas hacia los diagnósticos operativos*

Desde que en 1929 se publicó *The Neuroses*, de Israel Weschler, y describió unos doce trastornos mentales diferentes, hemos sido testigos de una explosión de categorías diagnósticas del DSM-5 (2013), que describe otros doscientos problemas diagnosticables. Este frenesí diagnóstico es defendido habitualmente por grupos de presión concretos o por intereses creados (Parker, 2001) y a menudo se basa en una formulación muy negativa y una concepción determinista de la vida humana. Pese a lo complejo que es este tipo de exposiciones de lo que es el sufrimiento humano, encontramos muy pocas indicaciones, cuando las hay, de lo que podemos hacer una vez que hemos identificado el problema. En el capítulo 3, el lector descubrirá una alternativa a los modelos diagnósticos tradicionales, que ofrecen una imagen estática del problema y ninguna indicación práctica acerca de cómo intervenir de forma eficaz. Se guiará al lector para que realice un *diagnóstico/hipótesis operativa* del problema con el fin de llegar a soluciones efectivas que provoquen el cambio deseado. Además, mostraremos los insidiosos efectos de las etiquetas diagnósticas. El Diagnóstico Operativo esbozado en este capítulo ofrecerá a las figuras cuidadoras una perspectiva más esperanzadora y menos determinista del sufrimiento humano directamente relacionada con la experiencia en el aula.

Capítulo 4. *Una herramienta operativa: el modelo de solución de problemas*

El modelo de solución de problemas propuesto en el capítulo 4 ofrece a los profesores y demás personas cuidadoras una oportunidad para confeccionar un plan riguroso de solución del problema con los pasos a seguir claramente trazados. El modelo de solución de problemas desarrollado en el Centro di Terapia Strategica de

Arezzo por Giorgio Nardone y sus colaboradores internacionales a lo largo de más de veinte años de investigación-acción en los campos de la práctica clínica y las organizaciones nos permite contemplar el problema desde una perspectiva más operativa, lo que nos lleva a identificar formas concretas de aproximarnos a él o formas en las que *deberíamos* abordar el problema con el fin de resolverlo. En esencia, el capítulo 4 consiste en poner nuestra *teoría en práctica*. Todo esto se explica con mayor detalle mediante casos a modo de ejemplo.

II. LAS DIFICULTADES MÁS FRECUENTES

Capítulo 5. *Las emociones: los colores de la vida*

A menudo, las emociones se ven sobrerrepresentadas en las intervenciones o, por el contrario, infrarrepresentadas en la literatura sobre problemas sociales, emocionales y de comportamiento. El capítulo 5 se ocupará entonces de las emociones, de sus efectos sobre el aprendizaje, la percepción y la inteligencia y de cómo pueden operar como un recurso o convertirse en una fuerza limitadora. Al identificar la sensación subyacente (emoción) a un problema podemos aprender cómo orientar *con mayor eficacia nuestra solución del problema*. Esto se explora en profundidad con algunos casos a modo de ejemplo. Parte de nuestra labor consiste en diseñar intervenciones que generen en el alumno un cambio de su respuesta emocional a su problema, es decir, generar una *experiencia emocional correctora*. A diferencia de otras intervenciones que se centran en la explicación racional y en la confrontación, este proceso recurre a que el individuo *sienta* de otra forma con el fin de producir un cambio. Esto se explica con detalle en este capítulo y se amplía mediante casos prácticos.

Capítulo 6. *Dificultades generadas por el miedo*

En este capítulo ofrecemos nuestra interpretación de las dificultades generadas en los niños por el miedo. Como sensación primaria, el miedo se explora en cuanto fundamento para los trastornos de ansiedad y otros afines. En un espectro que va desde el *miedo puro (monofobias)* hasta el *miedo con control* (TOC, Trastorno Obsesivo-Compulsivo) y el *control puro* (obsesión), el miedo discurre por un abanico clínico que abarca desde el pánico, la agorafobia o los síntomas psicosomáticos hasta la negativa a ir a la escuela o incluso el desarrollo de compulsiones concretas de apariencia estrambótica. Es importante identificar las distinciones en los problemas generados por el miedo con el fin de comprender cómo actuar mejor para solucionar el problema. Con ejemplos claros extraídos de la práctica, hemos tratado de ampliar el campo de acción para que todos los implicados puedan encontrar una aplicación en su propio contexto.

Capítulo 7. *Dificultades generadas por el dolor*

En todo el espectro del desarrollo, encontraremos muchos niños con dificultades generadas por el dolor. Este puede originarse por una pérdida, por el abandono, por fracasos, etc. Para gestionar problemas generados por el dolor ayudamos a los niños a desbloquear su vida y a evitar problemas como la depresión, las autolesiones y demás. Este capítulo permitirá al lector observar algunas intervenciones efectivas que hemos planteado para tratar problemas relacionados con el dolor.

Capítulo 8. *Dificultades generadas por la rabia*

Al igual que otras sensaciones, la rabia se puede presentar en diferentes momentos en los distintos rangos de edad y tendrá significados y propósitos distintos dependiendo del estadio de desarrollo del alumno. Las rabietas de la infancia y la agresividad en la adolescencia son facetas normales del desarrollo humano (Carr, 2002). Sin embargo, pueden alcanzar un punto en el que se vuelven incontrolables u omnipresentes. Además, los propios intentos de resolver el problema frecuentemente lo acentúan aún más. En este capítulo exponemos algunas ideas sobre la intervención y la gestión de este tipo de comportamientos y las formas de ayudar a los alumnos a gestionar la rabia de manera más efectiva.

Capítulo 9. *Conductas basadas en el placer*

La repetición de rutinas, los juegos ritualizados y las canciones repetitivas son parte intrínseca del desarrollo infantil y contribuyen a la socialización. Sin embargo, estas actividades basadas en el placer pueden hacerse predominantes. Algunos problemas basados en el placer particularmente problemáticos pueden ser comer en exceso, las autolesiones, contravenir las normas, la conducta provocadora y otras conductas manipuladoras que proporcionan beneficios secundarios y animan a los niños a resistirse al cambio. Partiendo del título escogido para este libro, *Ganar sin pelear*, en este capítulo ayudaremos a comprender formas de intervenir en problemas con alumnos encontrando una resistencia mínima. Confiamos en que los ejemplos prácticos de este capítulo iluminen mejor cómo abordar con éxito estos problemas aparentemente irresolubles.

III. INTERVENCIONES NO ORDINARIAS EFECTIVAS

Capítulo 10. *Cuando falla el sentido común: intervenciones no ordinarias*

¿Cómo es posible que nuestras sensatas, racionales y «lógicas» sugerencias nunca sean tomadas en consideración por quienes más podrían beneficiarse de ellas? Creemos que este hecho se da porque desde hace milenios hemos confiado en una única forma de argumentación que se ha transmitido de generación en generación: la de la lógica racional. En Occidente estamos convencidos de la idea de que controlando nuestros pensamientos podemos controlar nuestras emociones. Sin embargo, raras veces se da este caso en la vida real. Este capítulo explorará el trabajo realizado por Giorgio Nardone, Gregory Bateson y el MRI (Palo Alto, California) en el estudio de diferentes formas de lógica y de cómo podemos utilizarlas en la práctica. Comprender estos modelos de lógica permitirá a los intervinientes desbloquear y resolver algunos de los problemas más persistentes y complejos.

Capítulo 11. *Las palabras son mágicas: utilizar el lenguaje analógico en las clases*

Como se desprende de los capítulos anteriores sobre los efectos prácticos de nuestra comunicación, en este capítulo invitaremos al lector a adquirir otras formas de comunicación más efectivas que se sirven de la analogía, la metáfora y el aforismo con el fin de facilitar el camino al cambio. El lector verá los efectos de *«tocar la fibra adecuada»* al comunicarse con los estados emocionales de los alumnos y también aprenderá formas de generar, mantener o promover el cambio al margen de una lógica racional.

IV. CASOS TOMADOS DE LA PRÁCTICA

Capítulo 12. *La elaboración de estrategias eficaces*

En la última parte de este texto ofrecemos una serie de relatos en profundidad expuestos por profesores y profesionales de la práctica clínica que ilustrarán más nuestro trabajo práctico en la vida real.

I. EL MODELO

Capítulo 1

Una perspectiva nueva para interpretar los problemas infantiles

Lo que distingue a una mente verdaderamente original no es ser la primera en percibir algo nuevo, sino que percibe como si fueran nuevas cosas que son antiguas, sabidas desde siempre y que han sido pasadas por alto.

FRIEDRICH NIETZSCHE

La aplicación del enfoque de la Terapia Breve Estratégica a los problemas escolares de comportamiento representa un cambio importante respecto de las teorías tradicionales de la infancia y las formas ordinarias de definir e intervenir en las dificultades de los niños. Iniciado en el MRI de Palo Alto (California) (Watzlawick, Beavin y Jackson, 1967; Watzlawick, Weakland y Fisch, 1974; Watzlawick, 1977; Fisch, Weakland y Segal, 1982) y desarrollado después por Giorgio Nardone y sus colaboradores en el Centro di Terapia Strategica[1] de Arezzo (Watzlawick y Nardone, 1997; Nardone, 1996; Nardone y Watzlawick, 2004; Nardone y Portelli, 2005a), el modelo evolucionado de la Terapia Breve Estratégica representa una aproximación revolucionaria a la solución de problemas en todos los campos clínicos, familiares y de las organizaciones. Sin embargo, no ha sido sino hasta hace poco que se ha empleado específicamente este enfoque para las

1. El Centro di Terapia Strategica (CTS) fue fundado en 1987 por Giorgio Nardone y Paul Watzlawick. El instituto representa tanto la tradición como la evolución del Modelo de la Escuela de Palo Alto (https://www.centroditerapiastrategica.com/es/).

dificultades sociales, emocionales y de comportamiento de adolescentes y niños en edad escolar (Amatea, 1988, 1989; Kral, 1986; Williams y Weeks, 1984; Williams, 2000; Nardone y Fiorenza, 1995; Fiorenza, 2000; Nardone y Portelli, 2005a; Hybarger, 2006; Balbi y Artini, 2009; Crispiani y Papantuono, 2014; Mariotti y Pettenò, 2014).

LOS PRINCIPIOS BÁSICOS
DE LAS INTERVENCIONES BREVES ESTRATÉGICAS

Desde esta perspectiva, los problemas psicológicos se consideran problemas de la interacción, no patologías. Dicho de otro modo, las dificultades o problemas de los niños se contemplan en relación con una perspectiva ecológica más amplia, y no aisladamente en el interior del sujeto individual (Amatea, 1988). Los problemas psicológicos persistentes se consideran resultantes de la mala gestión de una dificultad ordinaria para adaptarse a algún cambio de la vida. Los esfuerzos realizados para resolver el problema acaban agudizándolo.

Ejemplo

Claire es una niña muy brillante, pero no participa activamente en clase. La señora Harrison está muy preocupada porque Claire no aprovecha todo su potencial. Hace todo lo posible por animar a la niña a dar su opinión y a participar activamente en las actividades de clase, pero no sirve de nada. Claire permanece cabizbaja, encerrada en su concha.

Un problema habitual de los alumnos es el miedo a tomar la palabra en clase. Un intento de solución comúnmente empleado por los profesores para responder a esta situación es inducir constantemente a los niños a tomar la palabra, tranquilizarlos diciendo que nadie se va a reír de ellos, aun cuando cometan errores. Por desgracia, pese a todas esas buenas intenciones, esto a menudo vuelve a los niños más conscientes de la dificultad, lo que los lleva a evitar expresarse aún más. Cuanto mayor es el esfuerzo del profesor por tranquilizarlos, más preocupados e inhibidos acaban los alumnos. Así pues, la propia acción encaminada a aliviar la conducta problemática puede en realidad exacerbarla, empeorarla.

Lo que sucede habitualmente es que cuando todos los intentos parecen fracasar, la dificultad empieza a considerarse un problema y a tratarse como tal. Se produce un círculo vicioso según el cual el intento mismo de solucionar la dificultad hace que en realidad esta empeore. Los mismos intentos de solución pueden seguir utilizándose aunque no funcionen, simplemente porque vienen apoyados por una sabiduría que se percibe como «de sentido común». Aunque un enfoque haya demostrado ser inoperante, las personas suelen perseverar en él para solucionar un problema porque tienen la sensación de que es el único modo correcto y lógico de resolverlo o porque, como ha funcionado en otros casos, debería funcionar en este. Se forman pautas interactivas rígidas de retroalimentación y se mantienen con el paso del tiempo y convierten una dificultad en un problema y, muchas veces, incluso en patologías bien definidas.

LAS MÚLTIPLES FUNCIONES DEL PROFESOR Y EL AGOTAMIENTO

Nuestro enfoque reconoce el rol esencial del profesor en la escolarización y desarrollo del niño (Balbi y Artini, 2009). Los niños pasan entre cinco y siete horas diarias con sus profesores durante casi diez meses al año, y esto sucede durante buena parte de los primeros dieciséis años de su vida, lo cual sitúa a los docentes en una posición central en el desarrollo del niño. En «Schools as caring communities», Baker *et al.* (1997) han definido la relación profesor-alumno como la influencia más relevante de la experiencia escolar general de los niños y como la adaptación del comportamiento a la vida en general. Nos guste o no, los profesores ejercen una influencia enorme sobre la definición que los niños hacen de sí mismos, de los demás y del mundo. Son responsables de moldear la mente de los jóvenes y lo hacen asumiendo múltiples funciones diferentes entrelazadas como educadores, líderes, cuidadores, oráculos, modelos, animadores, gestores de normas y demás, todo lo cual requiere ser llevado a cabo de forma eficaz.

Aun cuando se suele otorgar a los profesores este rol multitarea (Eisenwine y Hadley, 2011), muchas veces se les deja en la incertidumbre y, por lo general, surcando en solitario este inmenso océano. A lo largo de todos sus años de estudio, se forma a los profesores para que transmitan a la clase sus conocimientos sobre una materia en cuestión, pero muy pocas veces se les transmite cómo *relacionarse de forma eficaz* con sus alumnos y cómo *gestionar de forma eficaz complejas y exigentes dificultades en el aula,* las cuales a menudo son los principales obstáculos para el aprendizaje.

Diversas investigaciones han mostrado que la percepción que tienen los profesores de su capacidad para tratar situaciones complejas y exigentes (el control percibido) es una posible influencia sobre la calidad de las relaciones profesor-alumno y del proceso de enseñanza. Se ha vinculado la percepción de un elevado nivel de eficacia personal del profesor en general con muy diversos resultados positivos. Por ejemplo, los docentes con una eficacia alta son más positivos y receptivos con los alumnos (Gibson y Dembo, 1984), experimentan menos estrés (Greenwood, Olejnik y Parkay, 1990) y se enfadan menos ante el comportamiento negativo de los alumnos (Glenn, 1993). La conducta antagonista, provocadora y resistente de los alumnos desafía las capacidades y la eficacia del profesor, lo que desencadena una sensación de impotencia que con frecuencia se señala como fuente relevante de estrés docente (Boyle *et al.*, 1995). El estrés de los profesores se suele asociar con problemas de interacción con sus alumnos (Makinen y Kinnunen, 1986). Frecuentemente los profesores no saben cómo abordar la gestión de las dificultades de sus alumnos. Aunque puedan ser expertos en su materia (matemáticas, geografía, lengua, etc.), la mayoría de los profesores afirma sentirse desarmado y frustrado cuando ve que no puede gestionar las dificultades de conducta, sociales o emocionales de sus alumnos que obstaculizan el proceso de aprendizaje. A menudo, los profesores acaban intimidados por determinados problemas infantiles persistentes que se suelen revelar muy resistentes a las simples medidas correctoras «convencionales». Con frecuencia, es esta sensación de impotencia y desesperanza lo que pone a los profesores en riesgo de acabar «quemados».

Al adoptar el enfoque del Modelo Breve Estratégico, pretendemos remediar esta situación de impotencia brindando a los docentes una perspectiva operativa para los problemas complejos y exigentes de los niños o, dicho sencillamente, formas prácticas de intervenir a base de comprender cómo operan esos problemas persistentes cuando surgen cotidianamente. Para utilizar una metáfora, nos gustaría que este libro sirviera como un mapa de carreteras que ayudara a los profesores a orientarse para encontrar solución a las situaciones «aparentemente sin salida» en relación con los niños con dificultades sociales, emocionales y conductuales. Este enfoque debería resultar particularmente atractivo para los profesionales que trabajan en la escuela y están encargados de gestionar el bienestar de los niños. Como autores, no nos limitamos a comprender las dificultades, sino que damos a los docentes instrumentos muy concretos para intervenir de forma efectiva y eficaz, impidiendo así que las dificultades se conviertan en problemas o casos «imposibles».

Este enfoque también encaja de forma orgánica en el seno del contexto escolar porque no comporta compromisos de tiempo y energía a largo plazo, especialmente en lo relativo a los problemas relacionados con los niños, donde no hay tiempo que perder en interpretaciones interminables o juegos de culpabilidad, que a menudo acaban enredándose y agravando aún más la situación.

Capítulo 2

La escuela, un conjunto de realidades construidas

> *Todo lo que somos nace de nuestros pensamientos.*
> *Con nuestros pensamientos creamos el mundo.*
> BUDA

> *Siempre hemos buscado explicaciones, cuando eran solo*
> *representaciones lo que podíamos tratar de inventar.*
> PAUL VALERY

Aunque los alumnos asistan a la misma escuela, acudan a las mismas instituciones, tengan los mismos profesores, participen en las mismas clases y lleven a cabo las mismas tareas, con frecuencia no comparten la misma opinión sobre su escuela. Hay alumnos a los que sencillamente les encanta ir a la escuela, otros van porque tienen que hacerlo y otros, simplemente, lo odian. ¿Por qué diferentes alumnos experimentan y alimentan sentimientos distintos ante la misma situación? ¿Cuál es la «verdadera» realidad? ¿Quién tiene razón y quién se equivoca?

Ejemplo

La señora Jiménez, profesora de Educación Física, no lograba entender por qué Julia tenía que inventar toda clase de excusas para saltarse su clase. «¿Cómo es posible? A todos los niños les gusta la educación física», decía la señora Jiménez, asombrada, de modo que insistía en sermonear a Julia sobre el placer y los beneficios de hacer educación física... pero no servía de nada. Al margen de los intentos de la profesora de convencer a Julia, ella seguía saltándose la educación física y, a veces, incluso faltaba a la escuela solo para evitar a la señora Jiménez y sus interminables sermones. La profesora ha dedicado toda su vida a la educación física y no podía comprender por qué Julia era tan reacia a participar de la «diversión». Al terminar el curso, la señora Jiménez y Julia no podían mirarse a los ojos.

Las personas se aferran a una opinión, una percepción, una realidad construida y acaba resultándoles muy difícil apartar su marco de referencia de lo que es lógico hacer y cambiarlo a lo que realmente funciona (Fisch y Schlanger, 1999). Esto sirve para Julia, pero también para la señora Jiménez.

No hay una realidad única: no hay ninguna verdad absoluta

Nos gusta pensar que nada es absoluto. Basadas en la epistemología constructivista moderna, las intervenciones breves estratégicas se dan sobre la premisa de que no hay ninguna realidad ontológicamente «verdadera», sino que hay muchas realidades subjetivas que varían según el punto de vista que se adopte (Watzlawick y Nardone, 1997).

El constructivismo ha desplazado nuestro pensamiento sobre la naturaleza de la realidad. Ha sacudido nuestra creencia en un mundo compuesto de estructuras estables y bien definidas con propiedades específicas que existen con independencia del observador. La teoría constructivista del aprendizaje afirma que los individuos crean sus propias interpretaciones sobre la base de la interacción entre lo que ya saben y creen y las ideas y el conocimiento con el que entran en contacto (Resnick, 1989). *Todo es perspectiva y la perspectiva lo es todo.* Los individuos perciben y construyen la realidad basándose en sus experiencias, mientras que la experiencia y la reacción o respuesta de los demás confirma o cuestiona las percepciones que tenemos, que también están sujetas a continua modificación (reforzándose o debilitándose).

La realidad se considera un producto de nuestra perspectiva, de los instrumentos del conocimiento y del lenguaje mediante el que percibimos y nos comunicamos (Salvini, 1988b). La realidad es esencialmente un punto de vista, una idea, una creencia o una fe. Así, en nuestro ejemplo anterior, a la señora Jiménez le asombraba que Julia odiara realmente las clases de educación física. Charles Sanders Peirce, creador de la teoría de signos moderna,[1] ponía en cuestión el concepto de ciencia como vía regia hacia la verdad. Sostenía que la ciencia es una tentativa *ad infinitum* de alcanzar verdades siempre cambiantes a través de modos de percepción y razonamiento en constante evolución.

En *La estructura de las revoluciones científicas* (1970), Thomas Kuhn afirma que lo esencial de la ciencia es que constituye una forma de resolución de un puzle, no el resultado de la evolución hacia la obtención de una explicación verdadera de lo que «realmente» es. Kuhn sostiene que no hay una verdad absoluta acerca de ningún paradigma científico en particular. Para Kuhn, el conocimiento científico son los atributos ordinarios que un grupo de científicos utiliza para comprender la ciencia, «debemos conocer las características especiales de los grupos que la crean y la utilizan» (1970). Incluso Oscar Wilde, escritor irlandés del siglo XIX, afirma en *El crítico como artista* (1891) que «para llegar a conocer la verdad, antes hay que imaginar miles de mentiras posibles. Porque, ¿qué es en realidad la verdad? En cuestión de religión, simplemente la opinión que ha sobrevivido. En ciencia, la última sensación. En arte, nuestro último estado del alma». Karl Popper hablaba de

---

1.   En la teoría semiótica, Peirce sostenía que todo el pensamiento se basa en signos. Su teoría de los signos es, por tanto, una teoría de la experiencia, una teoría de la conciencia. Peirce sostenía que, para validarse, la filosofía e, incluso, la lógica misma deben regresar en última instancia a la experiencia.

modelos teóricos cerrados o sistemas omnicomprensivos que se protegen de ser falsados. Estos modelos construyen esencialmente el problema para el que el propio modelo es la única solución posible; el psicoanálisis es un buen ejemplo de esto.

En su revolucionaria obra *La construcción de lo real en el niño* (1937), Piaget demuestra que el niño construye su realidad a base de actos de exploración y no simplemente reaccionando a una imagen estática del mundo. Piaget muestra que en las primeras fases del desarrollo de los conceptos objetivos, «el universo del niño todavía es solo una totalidad de imágenes que emergen de la nada» y que la idea del mundo que le rodea empieza a tomar forma a través de sus acciones y de sus consiguientes descubrimientos, un proceso que Piaget denominaba «la elaboración del universo». Así pues, diferentes acciones y descubrimientos conducen a la construcción de realidades diferentes. *El supuesto aquí es que el significado o conocimiento se construye de forma activa en la mente.*

REALIDADES DE SEGUNDO ORDEN

La inteligencia ordena el mundo ordenándose a sí misma.
JEAN PIAGET

La realidad no es lo que descubrimos, sino lo que creamos.
ANTOINE DE SAINT-EXUPÉRY

Para George Kelly (1955), sea lo que sea la realidad objetiva, le daremos tantos significados o interpretaciones «como nuestro ingenio nos permita elaborar»; tal es el acto de construir. Un componente esencial de nuestro modelo es que hay dos tipos de realidad; hay realidades de primer y de segundo orden y, en una elaboración de enorme sencillez y elegancia, Watzlawick (1984) sugiere que es útil categorizar adecuadamente estas dos realidades diferentes.

La *realidad de primer orden* es aquella que denota las propiedades físicas de un objeto, como por ejemplo si es duro, blando, blanco o negro, y la *realidad de segundo orden* alude al significado, a la significación atribuida o el valor que las personas dan a las cosas, sus constructos; por ejemplo, una persona puede percibir que las gafas de sol negras son desenfadadas, mientras que a otra puede parecerle que dan una apariencia de indiferencia. Un buen ejemplo es el del mercado del oro, porque el oro en sí mismo y por sí mismo no tiene ningún valor real intrínseco; en realidad, un grupo muy reducido de individuos se reúne todos los días para acordar el «valor» del oro, no basándose en su composición química, sino en el significado y el valor que ellos mismos deciden atribuirle.

Watzlawick dice —creemos que acertadamente— que un error habitual consiste en meter las dos realidades en un mismo saco y no reconocer que nos relacionamos con nuestro mundo a través de los significados que tenemos de él. Añadiendo lo que dice Watzlawick a lo que opina Kelly, podemos decir que construimos nuestras realidades individuales, sociales, científicas e ideológicas de segundo orden mientras estamos rodeados de realidades inventadas. Una vez construida, nuestra realidad de segundo orden determina la idea que tenemos de nosotros mismos, de los demás y del mundo y, por ende, nuestras reacciones, realidades y relaciones se crean y se confirman a través de esta realidad inventada.

Amatea (1988) sostiene que nuestras creencias concretas acerca de por qué existe un problema y cómo se debería responder a él son elementos que con frecuencia impiden que se resuelva. Estas percepciones son la razón por la que seguimos determinadas formas de responder mientras que ignoramos otras. Nuestras percepciones no solo afectan a nuestros actos, sino que también se comunican a los demás.

El uso de las palabras
a la hora de construir realidades

Esencialmente, el lenguaje determina la realidad.

J. y R. Sommers-Flanagan

Pero ¿cómo crea el lenguaje estas realidades inventadas? Según Wittgenstein (1980), el lenguaje que utilizamos nos utiliza a su vez, en el sentido de que el lenguaje que empleamos para comunicar nuestra realidad es el mismo que usamos para la representación y elaboración de nuestras percepciones. Esto significa que los diferentes idiomas conducen a distintas representaciones de la realidad. Como dijo Pascal (1670), «las palabras dispuestas de manera distinta tienen significados diferentes y los significados dispuestos de manera diferente tienen efectos distintos».

Cassirer (1957) sostiene que el lenguaje categoriza y ordena nuestra experiencia conformando la percepción que tenemos de nosotros mismos y del mundo que nos rodea. «Mediante el mismo acto espiritual a través del cual el hombre hila el lenguaje a partir de sí mismo, el hombre mismo se enreda en él». Rousseau decía que estamos «gobernados» por las formas de la gramática; como si nosotros mismos fuéramos poco más que nombres y verbos. Mientras que en el *Novum Organum* (1620), Francis Bacon escribe: «Pues los hombres creen que su razón gobierna las palabras, pero también es cierto que las palabras reaccionan al entendimiento».

La teoría estratégico-constructivista formulada por el MRI de Palo Alto se centra en cómo el lenguaje construye, sostiene y modifica la imagen que cada individuo tiene de sí mismo, de los demás y del mundo. Siguiendo las palabras de Wittgenstein («las palabras son como balas»), Watzlawick afirma que pueden dejar huellas indelebles con implicaciones interpersonales fundamentales. Con el paso del tiempo, los mensajes comunicativos redundantes se convierten en patrones rígidos, lo cual dificulta provocar el cambio en una relación interpersonal; parafraseando a Samuel Johnson, los grilletes de nuestros hábitos de comunicación son demasiado débiles como para dejarse sentir... hasta que se vuelven demasiado fuertes para romperlos.

LOS EFECTOS DE LA COMUNICACIÓN

Basándose en la premisa de que toda comunicación tiene una pragmática —es decir, un efecto práctico y para la conducta—, en su obra maestra *Teoría de la comunicación humana: interacciones, patologías y paradojas*, Watzlawick, Beavin y Jackson (1967) se dispusieron a estudiar los modelos comunicativos de interacción y sus efectos sobre la conducta. Detallaron cinco axiomas provisionales de la comunicación, que sirven incluso hasta hoy en día como una importante y tangible teoría mediante la cual comprender los modelos de interacción y las relaciones interpersonales.

LOS CINCO AXIOMAS DE LA COMUNICACIÓN

Primer axioma: *No podemos no comunicar*

El primer axioma expone la imposibilidad de no comunicar. Con él, los autores exploran la inevitabilidad de la comunicación: afirman que, por mucho que lo intentemos, no podemos no comunicar. Este axioma se deriva de la naturaleza biológica de la conducta. La conducta no tiene ningún opuesto y no existe algo que sea la no conducta. Así pues, no podemos no tener ninguna conducta. Este hecho emana de la creencia en que todo comportamiento en una situación de interacción comunica «algo», se da por hecho que toda conducta es un tipo de comunicación. De modo que exactamente igual que no podemos *no* tener ningún comportamiento, también somos incapaces de *no* comunicar. A menudo descubrimos que nos delatamos, revelamos nuestros pensamientos, nuestras percepciones o nuestras creencias a través de nuestra comunicación no verbal. Muchas veces, la comunicación no verbal es más potente que la verbal. La falta de comunicación verbal es en esencia un modo no verbal de intercambio de información. «En síntesis, cabe postular un axioma metacomunicacional de la pragmática de la comunicación: no es posible no comunicarse» (Watzlawick *et al.*, 1967).

¡El silencio habla! Para contribuir a ilustrar mejor los cinco axiomas de la comunicación humana utilizaremos el ejemplo de Tom, que permanece callado en presencia de la señora Taylor, su profesora de lengua inglesa. Aunque Tom no conteste en los momentos en que la señora Taylor le habla, su silencio no deja de comunicar algo. Aunque no haya ninguna interacción verbal, sigue habiendo intercambio de mensajes. Sin embargo, el significado del mensaje está sujeto a la interpretación de los receptores. La señora Taylor puede interpretarlo como una señal de falta de interés, de vergüenza, de mal humor o de otra cosa y, por tanto, reaccionar en consecuencia. Aunque Tom piense que no está diciendo «nada» y, por tanto, que no se le debe hacer responsable de su falta de comunicación, su comportamiento o su actitud conductual sigue desencadenando significado y, por tanto, una reacción.

Todo comportamiento, intencionado o no, es potencialmente comunicativo. Por consiguiente, la no respuesta del niño es una respuesta que conforma una interacción. La comunicación también es un proceso irreversible. Algo que se ha comunicado no se puede descomunicar. Podemos tratar de negar o reducir el efecto del mensaje, pero una vez enviado o recibido, un mensaje no se puede revertir. Así que el silencio de Tom ejercerá una influencia en su interacción con la señora Taylor.

Segundo axioma: *Contenido y relación*

Toda comunicación tiene dos niveles: la relación y el contenido. Watzlawick, Beavin y Jackson describen el valor de comprender las interacciones o las pautas de las interacciones, más que los mensajes singulares. Birdwhistell (1959) afirma que la comunicación es un sistema y que no se puede entender simplemente sobre la base del simple modelo de acción y reacción. Comprender los modelos de interacción de una relación puede contribuir a hacer posibles tanto los cambios positivos como los negativos en la relación de comunicación.

Es más, la comunicación va más allá del contenido del mensaje: supone una relación entre el hablante y el oyente. En realidad, el segundo axioma de la comunicación describe los niveles del significado comunicativo: contextual y relacional. El significado contextual se desarrolla a partir de la información que transmite la comunicación. El significado relacional se desarrolla mediante el comportamiento que la comunicación impone o desencadena. Hay muchas formas de decir algo —esto es, el contenido de lo que se dice— y estas muchas formas de decir las cosas aportan el aspecto relacional de cualquier comunicación; a saber, el tipo de relación que esta comunicación genera y mantiene (Jackson, 1968a; 1968b). Este aspecto relacional de la comunicación discurre paralelo al concepto de metacomunicación, que es la comunicación sobre una comunicación. Watzlawick, Beavin y Jackson resumen el axioma concluyendo: «Toda comunicación tiene un aspecto de contenido y un aspecto relacional tales que el segundo clasifica al primero y es, por ende, una metacomunicación» (Watzlawick *et al.*, 1967). Así pues, el silencio de Tom revela mucho sobre su relación con la señora Taylor.

Es más, el hecho de que los significados del contenido y de la relación no sean coincidentes puede llevar a problemas relacionados con la naturaleza paradójica de la comunicación. También puede suceder que la dimensión de la relación sea la misma, pero que la dimensión del contenido sea diferente. Surgen numerosos problemas de comunicación interpersonal por la falta de equilibrio entre los niveles del contenido y la relación.

Volviendo a nuestro ejemplo, la señora Taylor puede pedir de diferentes formas a Tom que hable: amablemente o con un tono autoritario. Aunque en todas las situaciones la esencia del contenido sea la misma, «háblame», el aspecto relacional cambia enormemente. El aspecto relacional alude a la idea de metacomunicación. Esto permite que Tom interprete el contenido por su valor relacional. En el primer caso, cuando la señora Taylor utiliza un tono de voz dulce y se aproxima con suavidad, su mensaje de «háblame» se interpreta como una petición, más que como una demanda. En el segundo, Tom queda atrapado en un doble vínculo o paradoja, pues la invitación se comunica de forma autoritaria. El contenido del mensaje, que encarna una petición de acercamiento, se ve contradicho por una metacomunicación hostil. El contenido y la relación no coinciden. Así pues, aunque el contenido pueda ser «correcto», el tipo de relación establecida influye de forma negativa en la relación hasta el punto de no permitir los resultados deseados.

Este tipo de comunicación paradójica puede acabar convirtiéndose en un problema, pues hace que el niño tenga que plantearse suposiciones acerca de cuál es el significado exacto de la petición. Nardone, Giannotti y Rocchi (2008) sostienen que los mensajes que encierran un doble vínculo generan diversas patologías y problemas humanos que persisten. Por consiguiente, el tipo de relación también influye en el contenido.

Un alumno podría hacer caso al mismo consejo si se lo brindara una profesora querida, mientras que lo ignoraría si lo formulara otra con quien tiene una relación conflictiva. Elisa tiene confianza para tomar la palabra en la clase de la señora Aranda, pero se siente inhibida de hacerlo en la hora de la señora Jiménez, a la que teme debido a sus modales muy severos. El contenido expresado depende del contexto relacional en el que actúe. Un contenido diferente puede influir en la relación. Si una situación está formulada o enmarcada de forma diferente, puede cambiar la interacción y, por tanto, la relación entre los participantes. Desarrollaremos esta cuestión más adelante.

Tercer axioma: *Puntuar una secuencia de acontecimientos*

El tercer axioma de la comunicación afirma que la naturaleza de una relación depende de la puntuación de las secuencias comunicativas entre los comunicantes. La comunicación interpersonal no es lineal, sino circular. Así, en cualquier relación ambas personas influyen y se ven influidas mutuamente. Cuando tratamos de analizar una comunicación después de que todas las transacciones de estímulos y respuestas se hayan puesto en marcha, sería muy difícil distinguir entre el estímulo y la respuesta, es decir, entre quien está dando el estímulo y quien lo está recibiendo. Los seres humanos tienden mentalmente a imponer una secuencia a los estímulos y respuestas en forma de «puntuación», una manera de tratar de poner orden en cualquier determinado conjunto de acontecimientos. Una conversación se ve como una serie de intercambios con un inicio y un final específicos, dependiendo de la puntuación. Como tenemos percepciones distintas, tendemos a colocar una puntuación diferente en los acontecimientos.

Es difícil comprender y liberarse de la puntuación propia, ya que una vez que se pone en marcha una transacción resulta difícil decir cuándo comenzó la interacción. Es difícil cambiar los patrones rígidos que se establecen porque tanto la puntuación como la atribución de significado pueden desembocar en un sistema de significado cerrado o en una realidad autorreferencial e inventada. Esto puede explicar la divergencia de opiniones entre dos individuos acerca de una experiencia compartida. De acuerdo con la concepción de la interacción, las relaciones problemáticas se caracterizan por una lucha constante entre los seres humanos para definir la naturaleza de su relación; esto desplaza a un segundo plano el aspecto del contenido de la comunicación *(o sea, qué se está diciendo realmente)*.

En nuestro ejemplo, el difícil entendimiento entre Tom y la señora Taylor es percibido por la profesora como una consecuencia del silencio de Tom, mientras que este lo ve como el resultado de las demandas continuas de la profesora. Esto describe a la perfección el escenario de demanda-retraimiento presentado por Watzlawick, Beavin y Jackson. Tom y la profesora están embarcados en una interacción intensa en la que ambos consideran sus propias acciones como meras respuestas a los estímulos del otro. Esto incapacita a ambos para modificar el curso de acción, lo que, en efecto, podría cambiar el estímulo y, por tanto, la interacción. Un cambio en la «puntuación» trae consigo un cambio en el significado. Así pues, volviendo a nuestro escenario de demanda-retraimiento, la misma situación puede encerrar un significado diferente. Estamos atrapados en un juego infinito. ¿Cuál es la verdad? ¿Tom se retrae porque su profesora es demasiado exigente, o la señora Taylor es exigente porque su alumno se retrae? Se trata de un dilema similar al del huevo y la gallina. ¿Qué fue primero? ¿El huevo o la gallina? ¿Importa eso realmente? En este caso, ¿lo importante no sería que mejoremos esta valiosa dinámica para que podamos seguir teniendo huevos frescos?

Cuarto axioma: *Comunicación digital y comunicación analógica*

El cuarto axioma corresponde a los conceptos de comunicación digital y comunicación analógica.

> En síntesis, si recordamos que toda comunicación tiene un aspecto de contenido y un aspecto relacional cabe suponer que comprobaremos que ambos modos de comunicación no solo existen lado a lado, sino que se complementan entre sí en cada mensaje. Asimismo, cabe

suponer que el aspecto relativo al contenido se transmite en forma digital, mientras que el aspecto relativo a la relación es de naturaleza predominantemente analógica. (Watzlawick *et al.*, 1967)

Desde la perspectiva de la interacción, hablar de las relaciones plantea problemas porque «requiere una traducción adecuada del modo analógico de comunicación al modo digital», lo cual es «extraordinariamente difícil». Como la comunicación de Tom es analógica, traducirla al modo digital puede dar lugar a interpretaciones erróneas. En esencia, lo que estamos diciendo es que con frecuencia el comportamiento puede ser una mala herramienta de medición o un instrumento deficiente para evaluar lo que haya de significativo en una interacción. Aunque no haya ninguna interacción verbal, se sigue intercambiando un mensaje. Sin embargo, el significado del mensaje está sujeto a la interpretación de los receptores y, por tanto, no somos propietarios de una comunicación, sino que participamos en ella junto con otros, de tal modo que cada comunicación se solapa con una respuesta y esta respuesta se solapa con otra, y así sucesivamente, de manera que cada una de ellas influye en la otra, como ya hemos dicho. La señora Taylor puede percibir la incomodidad de Tom en su relación; sin embargo, sin la comunicación digital de estas señales (es decir, una explicación de Tom) es imposible saber con exactitud qué está sintiendo o qué está tratando de expresar y, por tanto, la profesora podrá acabar reaccionando de forma inadecuada. Es más, la profesora podría utilizar la comunicación digital (la sintaxis) para transmitir información específica con el fin de hacerle hablar.

Más importante aún para nuestro trabajo, la profesora está tratando de responder a la comunicación no verbal de su alumno con una comunicación verbal, por imposible que sea tener la una sin la otra, ya que ambas comunicaciones, digital y analógica, contribuyen a que la comunicación sea completa. De modo que la comunicación analógica de Tom se traduce a digital y la comunicación digital de la señora Taylor desarrolla un aspecto analógico, y ambos se pierden en la traducción.

Ya sea como emisor o como receptor, necesitamos combinar ambos lenguajes; pero también es importante indicar que cada uno también es emisor y receptor de sus propias comunicaciones. Así, por ejemplo, cuando decimos algo a alguien o cuando hacemos algo por alguien estamos comunicando un mensaje a ese alguien, pero también nos comunicamos a nosotros mismos un mensaje de lo que estamos haciendo, que equivale a decirnos qué está diciéndonos a nosotros mismos nuestra comunicación. La traducción de la comunicación analógica (síntomas, comportamiento, sentimientos, sensaciones, acciones) al lenguaje digital (categorías, diagnósticos, etiquetas, estereotipos) muchas veces ha sido responsable de «patologías inventadas». La comunicación analógica de Tom (el silencio) se tradujo en comunicación digital (mutismo selectivo), con lo que desencadenó una profecía autocumplida.[2] Como veremos a lo largo del libro, con frecuencia todos nuestros «diagnósticos» bienintencionados acaban inventando la enfermedad (Nardone y Portelli, 2005b), es decir, el acto de confección de un diagnóstico crea el problema. A menudo las etiquetas, las marcas y los diagnósticos desencadenan una profecía autocumplida, creando así el caso sobre el que debemos ponernos a trabajar. Como profesionales podemos vernos atrapados en un proceso autorreferencial que consiste en que la teoría se demuestra a sí misma. En su obra *El mito de la enfermedad mental* (1974), Thomas Szasz define el sufrimiento psicológico como un fenómeno sistémico que implica al menos a las personas que lo constituyen,

---

2.   El término «profecía autocumplida» se emplea para referirse al hecho de que con frecuencia las cosas resultan ser exactamente como uno esperaba o auguraba, no necesariamente porque uno lo supiera de antemano, sino porque uno se comportó de tal modo que favoreció ese resultado. Un profesor que predice que un alumno va a suspender tiende en última instancia a tratarlo de tal modo que incrementa la probabilidad de que suspenda, lo cual cumple la profecía inicial.

lo mantienen o tratan de resolverlo. Nos quedamos atascados en dinámicas no productivas que perpetúan la situación problemática.

Quinto axioma: *Relaciones simétricas y complementarias*

Este axioma explica cómo quedamos atrapados en modelos de comunicación rígidos no productivos y lo difícil que es liberarse de ellos. El quinto axioma dice que «todos los intercambios comunicacionales son simétricos o complementarios, según estén basados en la igualdad o en la diferencia» (Watzlawick *et al.*, 1967). Cuando dos individuos se implican en diferentes conductas, una de las cuales complementa a la otra como dos piezas contiguas de un puzle, nace una relación complementaria. Ambas partes exhiben diferentes posiciones: el que posee el control y define la relación *(one-up)* y el que está en la posición secundaria o inferior *(one-down)*. Esto se ve reforzado aún más por el «mutuo encaje de la relación en la que ambas conductas, disímiles pero interrelacionadas, tienden cada una a favorecer a la otra» (Watzlawick *et al.*, 1967). Esto no implica necesariamente que se trate de una parte fuerte frente a una débil o una relación de poder, sino más bien de una pareja que evoca un mutuo encaje, un grupo de dos elementos unidos: una díada.

La interacción complementaria se centra en las diferencias. A menudo las relaciones profesor-alumno se basan en una interacción complementaria. Tom y la señora Taylor mantienen este tipo de interacción. Sus conductas son de naturaleza interconectada y disímil, sin embargo evocan el comportamiento del otro. Cuanto más insiste una, más se repliega el otro y cuanto más se repliega uno, más insistirá la otra. La pauta de la interacción se basa en un estímulo y la respuesta, en una conducta (estímulo) que evoca la otra (respuesta). La imbricación del estímulo y la respuesta se corresponde con la naturaleza de una interacción complementaria. Del mismo modo que un estímulo desencadena una respuesta, una conducta desencadena otra, y así sucesivamente.

Hay un segundo modelo de comunicación basado en la simetría. En este caso, la simetría minimiza las diferencias. En un intercambio de comunicación simétrico los participantes tienden a reflejar la conducta del otro, lo que lleva a una escalada de la competencia, una especie de tira y afloja en que cada parte actúa en cierto modo para sentir una posición de ventaja. Estos tipos de conducta pueden escalar competitivamente porque uno refleja al otro (por ejemplo, rabia con rabia, silencio con silencio, etc.).

Ejemplo

El señor Bernal decide ignorar la actitud irrespetuosa de Tobías y este hace lo mismo con el señor Bernal: lee cómics durante la clase. Sin embargo, durante las clases de religión se percibe mucha tensión, hasta que cada cierto tiempo explota la bomba y, sin razón aparente (otro alumno llega tarde a clase, Tobías comete un pequeño error), el señor Bernal y Tobías entablan un conflicto abierto.

Tanto en las interacciones complementarias como en las simétricas, las posiciones de los individuos son meras variables cuyo significados no son concretos, sino que emergen solo en relación con la otra persona.

Los profesores a menudo se ven atrapados con sus alumnos en interacciones complementarias o simétricas rígidas y no productivas de las que les resulta difícil liberarse. Una situación habitual que se ve muchas veces en los centros de educación secundaria es que los jóvenes adolescentes provocan a sus profesores y los desobedecen. En un intento de frenar esta conducta, los profesores adoptan una serie de medidas correctivas (como imponer castigos, deberes adicionales, permanencias después de clase) y, a veces, en situaciones extremas, se requieren medidas extremas como la expulsión. Por desgracia, en la mayoría de los casos la conducta de los alumnos no hace más que empeorar. Cuanto más corrige el profesor, más se enfrenta el alumno y cuanto más se enfrenta el alumno, más necesita el profesor utilizar correctivos más drásticos, los cuales atrapan a ambas partes en una escalada simétrica. Otros profesores pueden mostrarse muy permisivos protegiendo y disculpando a sus alumnos por las conductas no deseadas. Aunque estas interacciones complementarias parezcan menos conflictivas, el profesor perderá poco a poco el control de la clase, lo que permite a los alumnos tener la última palabra... lo cual a menudo no es bueno para ellos.

Ejemplo

La señora Robles era muy querida por todos sus alumnos durante todo el curso porque era muy fácil tratar con ella, pues es muy comprensiva. Sin embargo, cuando sus alumnos tuvieron que presentarse al examen de estado comprendieron que no estaban bien preparados porque no habían dado todo el programa, así que tuvieron que estudiar por su cuenta y esforzarse para aprobar el examen. De modo que, al final, todos los alumnos empezaron a criticar los métodos permisivos de la señora Robles.

Las interacciones simétricas y las complementarias no son necesariamente productivas o no productivas. Los profesores deberían ser capaces de interactuar de acuerdo con la situación concreta. Hay situaciones que requieren una intervención simétrica, mientras que otras la requieren complementaria. El problema surge cuando los profesores están atrapados con sus alumnos en interacciones rígidas. Quizá los profesores no sean conscientes de este patrón rígido de la interacción, o les resulte difícil hacer algo distinto, ya sea porque tienen miedo a la reacción de los otros o porque se sienten incapaces de hacer otra cosa. La señora Robles siempre consintió las necesidades de los alumnos porque temía los desacuerdos y el conflicto. Tal vez otros profesores sean permisivos porque tienen dificultad para decir que no. Sin embargo, con demasiada frecuencia esta respuesta no es exclusiva de la forma de relacionarse con sus alumnos, sino propia de todas sus relaciones, incluso fuera del contexto escolar. La toma de conciencia por parte de los profesores de sus patrones relacionales redundantes no intencionados puede liberarlos de muchas complicaciones y, si empiezan a mejorarlos, ello podría constituir el primer paso para la resolución de problemas. A menudo los profesores parecen entablar interacciones simétricas no solo con los alumnos, sino también con colegas e, incluso, con los padres de los alumnos, lo cual puede producirse con la mejor de las intenciones, como el deseo de que a un alumno le vaya mejor. Sin embargo, la relación creada por este estilo de comunicación oscurece el mensaje transmitido.

Dado que las interacciones profesor–alumno ejercen una influencia significativa sobre la diversidad de resultados, las investigaciones acerca de cómo se conforman las interacciones y qué determina su calidad son de gran importancia para las intervenciones concebidas para promover relaciones funcionales entre profesores y alumnos. Diversos manuales han tratado de recopilar instrucciones que ayuden a los docentes a establecer una relación de buen entendimiento con sus alumnos. Pero las cualidades necesarias para establecer una relación positiva o productiva pueden variar porque los niños tienen diferentes estrategias para aprender y alcanzar sus objetivos; asimismo, podrían también presentar bloqueos emocionales surgidos de otros contextos sociales, etc.

Los docentes se enfrentan a diferentes situaciones en el aula con sus alumnos. Algunos de ellos son capaces de comprender y aprender rápidamente, mientras que otros requieren que se pongan en práctica técnicas distintas. Algunos alumnos respetan las normas de la clase mientras que otros holgazanean y utilizan la escuela como espacio de entretenimiento. Hay alumnos que emplean todo su potencial y otros que se ven entorpecidos para hacerlo debido a bloqueos emocionales. En esos casos, enseñar se vuelve bastante difícil, sobre todo cuando el profesor no dispone de herramientas operativas (es decir, prácticas) que le ayuden a comprender y gestionar de forma efectiva situaciones complejas y exigentes. Por tanto, la idea de este libro no es ofrecer recetas concretas para la comunicación, sino ayudar al docente a comprender la complejidades de las interacciones en la comunicación, de tal forma que las domine mejor y desarrolle sus capacidades profesionales. Esto es esencial para que los docentes desempeñen su rol multifuncional, ya que todos los días tienen que interactuar no solo con sus alumnos, sino también con colegas, personal de otras escuelas y padres.

ESTABLECER UNA RELACIÓN EN LA QUE TODOS GANAN

Una interacción de colaboración entre el alumno y el profesor acaba siendo extremadamente importante para un resultado común exitoso. Sin embargo, en un entorno escolar, el docente hará mejor si consigue establecer relaciones de buen entendimiento y colaboración con los demás colegas, el personal de la escuela y los padres. Adoptar una actitud con la que todos ganen[3] es el primer paso para hacer posible el cambio en situaciones aparentemente imposibles.

El elemento fundamental para generar un cambio más efectivo y duradero es que todos los miembros remen en una misma dirección. A menudo esto parece sencillo en la teoría, pero resulta complicado en la práctica, sobre todo cuando tenemos visiones de la realidad diferentes y cada uno de nosotros tira de la cuerda a nuestro favor. Una actitud beneficiosa para todos tiene como objeto hacer que todas las partes se sientan cómplices de la solución del problema y eviten juicios valorativos o acusaciones durante el proceso de recogida de información.

3.   Una actitud con la que todos ganan en una interacción social/juego implica que todos los participantes se benefician de una u otra forma. Una estrategia beneficiosa para todos es un proceso de resolución de conflictos encaminado a acomodarse a todas las partes en disputa.

Para que el proceso de solución del problema se vuelva más amable y duradero se debería establecer una actitud de colaboración con los alumnos y los colegas, pero también con los padres. Esto no significa que los profesores deban crear una relación de colaboración con sus alumnos, que lleva necesariamente a la pérdida de control de aquellos perturbadores, sino que deben tratar de establecer una actitud de colaboración como un buen comienzo para promover cambios con el fin de superar las dificultades de los alumnos.

Para establecer una relación de colaboración que prepare el terreno para una resolución eficaz de los problemas es esencial contar con un buen clima de diálogo. Cuando visitamos escuelas a menudo observamos una actitud no colaborativa, una resistencia al cambio y un alto grado de certeza de las diversas partes de que ellas son las que «tienen la razón». Esto se percibe muchas veces de tres modos. La escuela culpa a los padres, los padres culpan a la escuela o ambos deciden patologizar y culpar al niño o niña (Dowling y Osborne, 1994). Esta actitud de «yo gano y tú pierdes» fija el sistema en una situación interminable de culpa que busca la causa y no la solución, una situación en la que, en última instancia, al final ambas partes pierden.

Una vez más, la idea no es ver quién está equivocado y quién tiene razón, sino cómo podemos colaborar para alcanzar un objetivo mutuamente beneficioso: el bienestar del niño. Tener una actitud de colaboración no es fácil, ya que tanto padres como profesores suelen tener muchas veces creencias específicas que construyen a lo largo del tiempo y que gobiernan su comportamiento. Así pues, es importante que tengamos en mente cuál es nuestro objetivo y no insistir en mantener nuestra posición, sobre todo si no consigue producir resultados efectivos.

LA RESISTENCIA AL CAMBIO

Incluso cuando comprendemos el fondo del problema o entrevemos una solución, es crucial animar a los demás, pues de lo contrario no se sumarán a la iniciativa. Cuando tratamos de desafiar abiertamente a los padres o a los colegas o discrepamos de sus percepciones, generamos respuestas poco fructíferas (Papantuono, 2007). Una intervención mal dirigida o gestionada podría exacerbar su necesidad de defender sus creencias, lo cual acrecentaría su resistencia, obstaculizando así la colaboración.

Por medio de la evocación de la estrategia china[4] «partir después para llegar antes» (cf. Gao, 2002), podemos encontrar formas de gestionar este problema. Salvador Minuchin (1974) afirma que uno tiene que buscar las rutas de comunicación de la familia, descubrir cuáles están abiertas, cuáles se hallan parcialmente cerradas y cuáles se encuentran absolutamente bloqueadas. Durante el diálogo, el docente tiene que sintonizar con las percepciones, creencias y sensaciones subyacentes de los padres o colegas; en primer lugar, para hacer que se sientan comprendidos y, en segundo lugar, para poder calibrar su comunicación y su intervención con el fin de que la familia acabe adoptándola con mejor disposición.

Este es el mejor enfoque para reducir las «barreras de resistencia» y para acrecentar la colaboración. Adoptar una actitud beneficiosa para todos es el mejor modo de hacer que las otras partes se sientan comprendidas y, sobre todo, escuchadas. Esto permite que cada una mire «fuera de su compartimento mental». Solo entonces cada parte puede estar dispuesta a liberarse de

---

4. *Las 36 estrategias* son a *El arte de la guerra* de Sun Tzu lo que la táctica es a la estrategia. Halladas en 1941, probablemente datan (en su versión actual) del período Ming. El manejo de la estrategia induce aproximaciones frontales, oblicuas o laterales aplicables en muy diferentes contextos. Giorgio Nardone ha aplicado estas estrategias de forma particularmente instructiva en el proceso de resolución de problemas.

sus «realidades absolutas» y acabar considerando «alternativas». Aunque ciertas ideas pueden resultar útiles, nuestra forma de transmitirlas podría no ser adecuada. Con frecuencia los efectos de nuestra comunicación pueden entorpecer la colaboración. Podemos ser nosotros mismos quienes saboteamos nuestro propio mensaje. Comprender la pragmática de la comunicación humana puede resultar revelador. Los docentes tienen que ser conscientes de los efectos de su comunicación, no solo con los alumnos, sino también en su relación con otros colegas, con el personal de la escuela y con los padres.

Conclusión

Más de sesenta años después de su estudio sobre la pragmática de la comunicación humana, la obra de Watzlawick y sus colegas es todavía un marco de referencia válido que ayuda a desarrollar una mejor comprensión de las complejidades de las interacciones comunicacionales. Los axiomas de la comunicación contribuyen a la comprensión de por qué se desarrollan ciertos modelos interaccionales y por qué es tan difícil cambiarlos.

Con frecuencia nos vemos atrapados en un modelo interaccional rígido que nos lleva a creer verdaderamente que no hay ninguna salida. Consideramos que los comportamientos difíciles de gestionar de los alumnos son casos imposibles e irresolubles. Procuramos explicarlos rebuscando en el pasado o culpando a los padres. Este es el mejor modo de quedar atrapado en el juego infinito de las culpabilidades, que limita la posibilidad de encontrar una solución eficaz; una salida efectiva.

Estamos persuadidos de que las dificultades o problemas de los niños se contemplan mejor en relación con una perspectiva ecológica más amplia o, mejor dicho, en el seno de su propio contexto familiar o social, antes que de forma aislada (Amatea, 1988). De acuerdo con esta perspectiva, los problemas psicológicos persistentes se consideran el resultado de una dificultad del niño para adaptarse a algún cambio de la vida y esta dificultad, mal gestionada, empieza a verse como un problema y tratarse como tal.

Como afirma Oscar Wilde, «con toda nuestra buena intención, muchas veces producimos las peores consecuencias».

Capítulo 3

Desde las categorías médicas hacia los diagnósticos operativos

Estamos neurológicamente programados para clasificar nuestras experiencias y para transformar la confusión frenética y estridente de las sensaciones en alguna representación del mundo codificada y dinámica.
MICHAEL S. MAHONEY

Indudablemente, el lenguaje desempeña un papel importante en la forma de abordar y gestionar las dificultades de los niños. Como afirma Marilyn Wedge (1996) en su libro *In the Therapits's Mirror: Reality in the Making*, palabras como «depresión», «trastorno de déficit de atención», «fobia» o «problemas de identidad de género» colocan el problema de un niño o niña en el ámbito de lo clínico, lo que deja una sensación de impotencia a quienes no son expertos (padres y profesores). Mientras que palabras como «tristeza», «falta de atención», «mal comportamiento», «falta de seguridad en sí mismo» o «cuestiones de desarrollo» colocan la conducta del niño en el dominio de la vida cotidiana, donde padres y profesores se sienten más capacitados y, por ende, más inclinados a hacer algo al respecto (Madanes, 1981). Así, y sin duda de forma crucial, el lenguaje empleado para describir el comportamiento del niño debería evitar cristalizarlo en un problema permanente mediante una etiqueta.

Mucho se puede decir sobre el hecho de que los actos lingüísticos tienen poder para definir y, por tanto, para construir una realidad. Las clasificaciones psiquiátricas no son más que un aspecto de este interesante fenómeno, bien conocido para los estudiosos del lenguaje y la pragmática: nombrar algo es construir una realidad que acaba siendo un término de referencia efectivo —aunque lo que se esté nombrando pueda ser absolutamente inventado y se encuentre desconectado de la realidad empírica—, como si existiera realmente. Este fenómeno, el de la construcción de realidades a base de nombrarlas, ya era conocido para Kant, pero los dos autores que mejor han definido la estructura y el efecto de este tipo de actos lingüísticos son sin duda J. L. Austin (1962) y G. Spencer-Brown (1973).

En las conferencias que dictó en Harvard, Austin describió un tipo de acto lingüístico en particular al que denominó «performativo»: aquellas formas de comunicación que, cuando se expresan, construyen realidades tangibles con independencia de la existencia concreta de esas realidades. Nombrar algo, aunque ese algo no exista, es crear una realidad inventada que produce efectos concretos y, por tanto, empieza a existir. Con sus Leyes de la Forma, Spencer-Brown diferenció entre el lenguaje descriptivo y el lenguaje impositivo. Definió este último como el lenguaje que prescribe realidades, esto es, el tipo de comunicación que, según Austin, construye realidades reales y concretas sobre la base de actos que son puramente lingüísticos. Un ejemplo como la expresión «pido disculpas» es un buen reflejo de cómo podemos conseguir algo concreto con nuestra interacción. «Pido disculpas» es muy diferente de «me estoy riendo»; en el primer caso conseguimos algo tangible y, en el segundo, informamos meramente de lo que está sucediendo.

Adoptar las clasificaciones tradicionales de la psicopatología es, a todas luces, realizar actos performativos e impositivos como los descritos por Austin y Spencer-Brown. Por ejemplo, cuando se describe a un sujeto diciendo que es «psicótico» o «fóbico», su familia y las personas que lo rodean lo tratarán en consecuencia; los amigos y conocidos se comportarán con precaución en su presencia y, al final, incluso el propio sujeto se identificará con esa etiqueta y se comportará como si realmente fuera «psicótico» o «fóbico». El resultado de este complejo proceso de comunicación y relación de interacción es que el propio sujeto confirma la «profecía diagnóstica».

Dificultades sociales, emocionales y conductuales

El término «dificultad» psicológica no es un mero capricho lingüístico, sino que se emplea deliberadamente para dar a entender una perspectiva centrada en la función de encontrar soluciones. Contrasta con una visión orientada a categorizar que presupone «síndromes», «trastornos» y «enfermedades». Estas categorías diagnósticas son una recopilación descriptiva de signos y síntomas.

Desde una perspectiva constructivista estratégica, la idea tradicional de normalidad y de patología se sustituye por el concepto de «problemas psicológicos» o «dificultades», entendidos como un sistema o interacción «disfuncional». Recurriendo a nuestra idea de que hay tantas realidades como personas que la contemplan, consideramos imposible y carente de importancia descubrir *la verdadera naturaleza de las cosas*. Teniendo esto en mente, el objetivo de la intervención estratégica es desarrollar un «conocimiento operativo que nos permita gestionar nuestra realidad de la manera más funcional posible» (Nardone, 1996; Nardone y Salvini, 1997); en lugar de emplear términos generales y absolutos de normalidad, nos centramos en la construcción de la realidad de un individuo que varía de una persona a otra, así como de un contexto a otro (Nardone y Watzlawick, 2004).

Cómo los diagnósticos
pueden inventar una enfermedad

La investigación moderna en primatología nos enseña que los seres humanos no pueden tolerar psicológicamente vivir en un universo carente de orden y, por tanto, nos esforzamos por conseguir una visión del mundo acabada (Watzlawick, 1984). Bertrand Russell afirmó que «el orden, la unidad y la continuidad son invenciones humanas, exactamente igual de verdaderas que los catálogos y las enciclopedias» (Russell, 1930). Basándose en la premisa de que las leyes, teorías, clasificaciones e hipótesis científicas son herramientas para la interpretación de los fenómenos, tenemos que ser muy prudentes para evitar caer en la trampa de considerarlas «verdades» absolutas. Constituyen una manera conceptual de comprender las cosas, una lente que utilizamos para mirar el mundo que nos rodea. Ernst von Glasersfeld (1995) señala que debemos tener en mente que estos instrumentos no son entidades independientes de un mundo objetivo, sino conceptos que utilizamos para construir una realidad. Así pues, los propios instrumentos diagnósticos que estaban concebidos para mejorar nuestra comprensión de una situación incomprensible pueden acabar fácilmente creando una realidad condicionada que se confirma a sí misma.

Las clasificaciones psiquiátricas tradicionales son un ejemplo perfecto de lo que el eminente epistemólogo Karl Popper (1972) definió como proposiciones cerradas. Se trata de afirmaciones que no se pueden falsar porque confirman su propia verdad. Popper describe las disciplinas cuyas teorías se basan en este tipo de proposiciones diciendo que son deterministas y reduccionistas y/o que se basan en la fe y, por tanto, son acientíficas. Este tipo de disciplinas están cerradas, son omnicomprensivas y confirman su propia verdad porque son autorreferenciales, exactamente igual que el barón de Münchhausen se salva a sí mismo y a su caballo cuando están hundiéndose en unas arenas movedizas tirando de su propia coleta con su poderosa mano derecha y apretando al caballo con fuerza entre sus rodillas (Watzlawick, 1990).

CATEGORÍAS DIAGNÓSTICAS

Las clasificaciones diagnósticas de los trastornos mentales como el *Manual diagnóstico de trastornos mentales* o DSM, publicado por la Asociación de Psiquiatría de Estados Unidos (APA, American Psychiatric Association), la *Clasificación Internacional de Enfermedades* o CIE, o la *Clasificación china de trastornos mentales* o CCMD,[1] entre otros, se emplean de forma generalizada en contextos clínicos, educativos y de las organizaciones. Todos estos diagnósticos descriptivos ofrecen un concepto estático de los problemas psicológicos, una especie de «fotografía» que enumera todas las características esenciales de un trastorno (Feighner *et al.*, 1972; Spitzer, Endicott y Robins, 1978). Sin embargo, estas clasificaciones no plantean cómo opera el problema, ni cómo se puede resolver (Nardone y Portelli, 2005b).

Por ejemplo, la estructura metodológica del DSM en su cuarta edición revisada (APA, 2000), prototipo de la clasificación psiquiátrica, adopta un enfoque multiaxial que se despliega de arriba abajo partiendo de categorías genéricas y que desciende hasta clasificaciones específicas diagnosticadas mediante conjuntos de criterios. Este proceso diagnóstico se podría representar como un proceso en tres pasos, de arriba abajo (figura 1).

---

1.   La *Clasificación China de Trastornos Mentales* (CCMD), publicada por la Sociedad China de Psiquiatría (CSP), es una guía clínica empleada en China para el diagnóstico de los trastornos mentales. Actualmente va por su tercera edición revisada, la CCMD-3, y se publica en chino y en inglés. El primer proyecto clasificador psiquiátrico chino apareció en 1979. En 1981 se puso a disposición pública el CCMD-1, un sistema de clasificación revisado y modificado adicionalmente en 1984 (CCMD-2-R). El CCMD-3 se publicó en 2001.

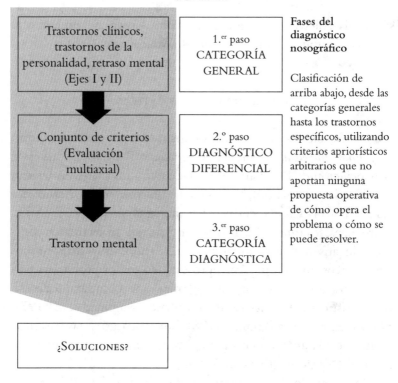

Figura 1. Diagnóstico descriptivo (DSM, CIE)[2]

El primer nivel lo compone una subdivisión general de trastornos mentales en grupos de patologías. Son los Ejes I y II del DSM-IV-TR (por ejemplo, trastornos de ansiedad, depresión, trastornos bipolares, Trastorno por Déficit de Atención e Hiperactividad [TDAH], esquizofrenia y trastornos psicóticos, trastornos de personalidad, retraso mental). En el siguiente nivel, los criterios establecen los Ejes III a V (situación médica relevante, factores psicosociales y ambientales, evaluación global de la actuación y la conducta social, ocupacional y psicológico) junto con cortes estadísticos arbitrarios (frecuencia, duración e intervalo temporal de los síntomas y

2.   Esta figura está tomada de Bartoletti y Nardone (2007).

los signos) para representar la fase de diagnóstico diferencial, que finalmente conduce al último paso de elaboración de un diagnóstico psicopatológico clínico que define un trastorno mental.

Como señalan Bartoletti y Nardone (2007), las categorías diagnósticas nosográficas del sufrimiento humano se crean al final de un *proceso basado en la convención* que no tiene nada que ver con la comprensión con base ecológica de la formación de un problema psicológico humano. Este aspecto bastante arbitrario y convencional de estos criterios se hizo manifiestamente visible en 1980. En respuesta a la presión de los grupos de defensa de los derechos de los homosexuales en Estados Unidos, cuando actualizaba el DSM-III a la versión revisada DSM-III-R, la APA eliminó del manual de clasificación de trastornos mentales la categoría de la homosexualidad (que en la versión anterior había quedado recogida entre los trastornos mentales severos, definidos como «perversiones»), con lo que al instante curó a millones de personas en todo el mundo. Fue una de las terapias masivas más extensivas y sanadoras de seres humanos jamás conocida en el campo de la salud mental, llevada a cabo por la fuerza de un simple plumazo (Watzlawick, 1984; Crispiani y Papantuono, 2014; Nardone y Portelli, 2005a, 2005b). Este acontecimiento demostró aún más la falta de fiabilidad de las clasificaciones psicopatológicas rígidas y su consiguiente efecto etiquetador peligroso.

De hecho, semejante sistema de reglas rígido y arbitrario genera una serie de paradojas diagnósticas, pues, dada su validación empírica, tiende a seguir firmemente centrado en la coherencia interna y no consigue tener en cuenta información importante acerca de lo que es eficaz frente a un problema psicológico específico.

Sin embargo, además de la pésima eficacia y eficiencia terapéuticas de la categorización descriptiva, la mejor evidencia de la inconsistencia operativa del diagnóstico psiquiátrico en la práctica clínica es su fracaso a la hora de clasificar realmente el sufrimiento humano. Diversos estudios sugieren que menos del 20% de los pacientes de salud mental tiene un diagnóstico del Eje I claramente definido (Meichenbaum, 2003), mientras que más de un tercio de los pacientes que solicita tratamiento psicoterapéutico no consigue ser diagnosticado de acuerdo con los criterios del DSM porque sus problemas o bien no encajan en las numerosas categorías existentes, o bien traspasan los umbrales definidos de varias de ellas (Howard *et al.*, 1996; Messer, 2001; Western, Novotny y Thompson-Brenner, 2004).

En nuestra opinión, la principal causa de preocupación parece ser que, cuando los psiquiatras, los médicos, los psicólogos y demás especialistas adoptan este tipo de teorías y clasificaciones rígidas y no demostradas de la cordura y la locura de la mente humana, como la descrita más arriba, estas pueden acabar convirtiéndose en norma porque quienes están investidos del poder de diagnosticar la salud mental o la locura están atrapados en sus propias teorías y en las consiguientes prácticas diagnósticas.

Cuando los psiquiatras y/o psicólogos utilizan criterios diagnósticos nosográficos para analizar cualquier realidad, por lo general van a observar a menudo la conducta problemática «no convencional» y la conducta que no es explicable desde el punto de vista lógico a través de una lente particular para encontrar señales que sean consistentes con sus criterios diagnósticos dados.

Dicho de otro modo, su método de indagación no les permitirá «conocer» realmente un fenómeno, pues los limita a «reconocerlo» solo desde su posición lógica (Nardone y Portelli, 2005b).

Desde nuestra perspectiva, este proceso autorreferencial se vuelve aún más peligroso y preocupante cuando se aplica a las dificultades de los niños, en especial en un contexto escolar, donde ese proceso puede producir una especie de efecto dominó en el niño o niña y en quienes le rodean. Para ilustrar mejor este proceso autorreferencial (que está implícito en la adopción de criterios de diagnóstico psiquiátricos) y la influencia que ejerce sobre el observador, podemos examinar un importante estudio de investigación científica realizado por David L. Rosenhan y publicado en la revista *Science* en 1973.

Se trata de un estudio experimental cuyo objetivo era verificar los diagnósticos y tratamientos psiquiátricos. Después de recibir formación específica para los fines del estudio, un grupo de psicólogos se personó en unos diez hospitales psiquiátricos públicos y privados de diferentes lugares de Estados Unidos. El proyecto requería que cada uno de ellos y sus familias refirieran su historia individual y familiar fiel y completamente cuando se registrara en la clínica, a lo que añadían únicamente que desde hacía poco tiempo habían empezado a oír «voces». En otras palabras, los investigadores comunicaban su verdadera anamnesis personal como individuos absolutamente cuerdos, pero añadían algo que en realidad equivalía a una declaración personal de locura basada en el síntoma de «oír voces».

En la psiquiatría tradicional, este síntoma se considera un signo opcional de psicosis, es decir, de una enfermedad mental grave. En consecuencia, todos los investigadores fueron ingresados en el hospital con el mismo diagnóstico: «psicosis endógena». La tradición etimológica de esta expresión es «psicosis de origen interno»; lo cual, en sí mismo, es un concepto bastante nebuloso, limitado y limitador.

La siguiente tarea de los investigadores fue observar meticulosamente la dinámica interna de las salas de psiquiatría y anotar sus observaciones en unos formularios normalizados. En la mayoría de los casos, los médicos y las enfermeras clasificaron este comportamiento como «manía compulsiva» de escribir. Así pues, los investigadores que estaban fingiendo estar «locos» confirmaban el diagnóstico inicial mediante su peculiar comportamiento de observar y tomar notas. La clasificación psiquiátrica ofrece incluso una etiqueta incuestionable para este comportamiento tan extraño: «manía compulsiva».

En ningún caso el personal del hospital se dio cuenta de que estaba tratando con investigadores, dos de los cuales vivieron incluso la extraordinaria experiencia de ser rechazados y agredidos verbalmente por los pacientes «realmente locos», que se negaban a aceptar a estos recién llegados a su entorno y justificaban su rechazo con el argumento de que «ellos no están locos». Al parecer, solo los «verdaderamente» locos tenían alguna pista de lo que estaba sucediendo.

Este estudio experimental se prolongó unos cuantos meses, hasta que todos los investigadores fueron dados de alta. Una vez más, ningún miembro del personal del hospital manifestó nunca ninguna duda de que pudieran no estar tratando a personas «mentalmente perturbadas». Este es un estudio que, a nuestro juicio, jamás se debería olvidar porque demuestra de forma concluyente la ineficacia y la rigidez absolutas de los diagnósticos psiquiátricos y las clasificaciones tradicionales de los trastornos mentales y revela los riesgos implicados en la práctica de la psiquiatría sobre la base de este tipo de conceptos mistificadores y reduccionistas.

LA NATURALEZA FLUIDA DEL COMPORTAMIENTO INFANTIL

Nunca nos bañamos dos veces en el mismo río.

HERÁCLITO

Las etiquetas estáticas aplicadas a los problemas de los niños no retratan adecuadamente su realidad fluida. Los niños son extremadamente flexibles y adaptables, capaces de asimilar y acomodarse a los cambios del entorno (Wedge, 1996). Por desgracia, a menudo subestimamos el peligro y hasta qué punto los «trastornos» de los niños se crean y se mantienen al utilizar el lenguaje estático de los objetos para describir la conducta. Cuando se aplican etiquetas diagnósticas, estas adquieren vida propia, se formula una profecía que acaba cosificando a la persona. White y Epson (1990) sostienen que concebir los problemas como atributos internos de la personalidad de un individuo limita la eficacia de la intervención y plantean que los problemas se deberían conceptualizar como un elemento externo a la persona.

En su libro *Cambiando lo incambiable: la terapia breve en casos intimidantes* (1999), Fisch y Schlanger señalan que las etiquetas diagnósticas pueden inducir implícitamente una expectativa de no cambio y una sensación de impotencia en los agentes que rodean al niño. A un niño que se niega a ir a la escuela se le diagnostica Trastorno de Angustia de Separación (según el DSM-IV). En un niño considerado como dependiente este diagnóstico implica una incapacidad para cambiar. Pero si se lo describe como un niño sensible, todo será diferente. Se buscará cómo controlar su irreprimible miedo a la escuela. Su entorno buscará cambiar las cosas y, a partir de allí, crear un modo de comprender mejor el comportamiento no deseado, en qué contexto se realiza y cómo remediarlo.

Por desgracia, es frecuente encontrar situaciones en las que los especialistas se dedican erróneamente a etiquetar una conducta problemática y limitan su diagnóstico a realizar diversos test y observaciones muy limitadas. Distorsionado por las tendencias de última moda y el frenesí médico, su diagnóstico se transforma de ese modo en una profecía que, después, se cumple. Diagnosticar y etiquetar los problemas de los niños da lugar no solo a un procedimiento inútil, pues no aporta ninguna información operativa acerca de cómo intervenir, sino que a menudo es lo que produce la propia enfermedad (Nardone y Portelli, 2005b).

DEL DIAGNÓSTICO DESCRIPTIVO AL DIAGNÓSTICO OPERATIVO

> *Es la teoría la que determina lo que se puede observar.*
> ALBERT EINSTEIN

La Terapia Breve Estratégica comporta apartarse de las definiciones rígidas y clasificadoras de los trastornos mentales para adoptar una perspectiva constructivista que entiende que los problemas humanos son sistemas disfuncionales de percepción «de» la realidad y una reacción «ante» la realidad. Este revolucionario modo de abordar los problemas humanos comenzó en 1974, cuando el equipo de investigación del Mental Research Institute (MRI) de Palo Alto, California, dirigido por Paul Watzlawick, John H. Weakland y Richard Fisch, pusieron abiertamente en cuestión la complejidad y las limitaciones terapéuticas de las clasificaciones descriptivas y las teorías relacionadas con ellas. En su obra maestra *Cambio: formación y solución de los problemas humanos* (1974) expusieron un enfoque operativo funcional o directo para la solución de estos problemas, según el cual «los principios básicos son pocos, sencillos y generales». Su primer objetivo era confeccionar una hipótesis operativa que supusiera comprender «cómo funciona un sistema para hacer que funcione mejor» (Bateson, 1967).

Esta innovadora aproximación a la solución de problemas conduce a un conocimiento y una práctica basados en la función que a lo largo de la investigación ha demostrado ser mucho más eficaz y efectiva (Nardone y Watzlawick, 2004; Nardone, 1991, 1993; Ray, 2007; Sirigatti, 1994a) que los métodos terapéuticos basados en las teorías psiquiátricas o psicoanalíticas tradicionales.

Cuando se enfrentan a situaciones que ponen en cuestión su habitual modo de enseñar y tratar a sus alumnos, los docentes suelen sentirse absolutamente perdidos. En primer lugar, tratan de insistir en lo que ha sido efectivo con otros alumnos, pero cuando esto no arroja ningún resultado empiezan a sentirse impotentes y con frecuencia califican el caso de imposible. Como el comportamiento del niño parece ilógico, tratan de explicarlo a base de intentar clasificarlo empleando manuales de lógica tradicionales. Los métodos tradicionales suponen realizar un diagnóstico médico nosográfico, según el cual se rastrea y clasifica la conducta problemática del niño para definirla de acuerdo con unas categorías «de manual». Por ejemplo, el comportamiento provocador y desobediente y la mentira continua de un niño o niña puede llevarnos a clasificarlo y definirlo como un trastorno de la conducta. Esta descripción parece ofrecer una explicación tranquilizadora de por qué las tentativas habituales del profesor resultaban vanas, pero no aporta ninguna orientación basada en la solución acerca de qué hacer realmente al respecto.

La experiencia mencionada más arriba suele desencadenar una actitud de «no se puede hacer nada» no solo por parte del docente, sino en la totalidad del sistema que rodea al niño o niña. Las etiquetas psiquiátricas o psicológicas llevan a que las personas en torno al problema se sientan aún más perdidas e intimidadas por el caso, lo que acaba limitando sus acciones a la mera detección de los síntomas esperados, lo cual no hace sino confirmar aún más el diagnóstico.

Llegados a este punto, el lector puede preocuparse y preguntar: «Pero, si la clasificación de los trastornos mentales y los diagnósticos basados en esa clasificación no funciona, ¿cómo podemos discriminar entre el conocimiento existente y las intervenciones llevadas a cabo sobre esos problemas humanos?».

Liberarnos de los patrones rígidos de la psicopatología tradicional no debería convertirnos en náufragos sin tierra firme a la vista. Al contrario, solo abandonamos los viejos dogmas sustituyendo un sistema de reglas rígidas por un sistema elástico y por la capacidad de corregirnos a nosotros mismos. El viejo trasatlántico que era incapaz de avanzar en aguas poco profundas y peligrosos estrechos debe ser reemplazado por una flota diversa en la que las naves se seleccionan de acuerdo con los mares que tenemos que surcar y con el objetivo de la misión.

Se hace entonces necesario pasar de un modelo de conocimiento reduccionista y determinista a un modelo constructivista y estratégico dotado de elasticidad y de la capacidad de autocorrección; pasar de un conocimiento basado en el «porqué» a un conocimiento basado en el «cómo»; de la investigación de las «causas» al diseño de las «soluciones». Jean-Étienne Esquirol (1845) sostenía que una persona loca es aquella que, partiendo de premisas falsas y recurriendo a una lógica rigurosa, arriba a conclusiones erróneas.

Nuestra intención no es negar la existencia de esas realidades peculiares que llamamos trastornos mentales y de la conducta, sino sustituir clasificaciones psiquiátricas absolutas y limitadoras por un enfoque moderno del conocimiento y la intervención que garantiza la eficacia real y la efectividad de una intervención (Nardone y Watzlawick, 2004) y que garantiza el respeto a la persona que pide ayuda (Wedge, 1996).

Von Glasersfeld (1995) planteó que cuando nos enfrentamos a problemas debemos ajustar nuestro conocimiento de verdades parciales desarrollando estrategias basadas en nuestros cambiantes objetivos; después, paso a paso, debemos ajustar nuestras estrategias a la evolución de la situación. Esto nos permitirá ajustarnos con la máxima funcionalidad posible a lo que percibimos y desarrollar un conocimiento operativo que nos permita manejar la realidad de forma funcional.

El modelo estratégico constructivista se deriva de la epistemología y el conocimiento del funcionamiento de la mente humana (Bateson, 1978, 1980; Von Glasersfeld, 1979, 1984, 1995; Von Foerster, 1970a, 1973, 1974, 2003; Maturana, 1978; Varela, 1975, 1979, 1988; Ornstein, 1988; Prigogine, 1993a; Salvini, 1988b; Watzlawick, 1984). Desde este punto de vista, la idea tradicional de normalidad y patología es sustituida por el concepto de problema psicológico entendido como parte de un sistema «disfuncional».

Por conocimiento operativo nos referimos a un tipo de descripción de las formas en que el problema persiste y se mantiene, esto es, *cómo* opera el problema y *cómo* se alimenta a través de la compleja red de retroalimentaciones entre el sujeto y su relación consigo mismo, con los demás y con el mundo (Nardone y Watzlawick, 1993; Nardone y Portelli, 2005b). Las dificultades se convierten en problemas porque se gestionan mal. Los individuos quedan confinados en círculos viciosos de interacción disfuncionales. Se dejan atrapar en modos de percepción y reacción rígidos y disfuncionales ante determinadas realidades.

Quienes padecen lo que la medicina define como entomofobia perciben que los insectos son seres peligrosos y aterradores. Para protegerse de tan amenazadoras criaturas, estas personas tienden a evitarlos y a pedir a los demás que los protejan. Sin embargo, esta evitación se traducirá en que estén menos familiarizados con el objeto temido, con lo cual le atribuyen rasgos aún más monstruosos. Es más, la ayuda aparentemente heroica de los demás aplacará el miedo de la persona en ese momento determinado, pero indirectamente esa misma acción confirmará aún más la percepción subyacente de miedo. Así pues, «a los ojos de esta persona», los insectos acaban convirtiéndose en criaturas aún más peligrosas, lo cual vuelve imperioso que se defienda de ellos todavía más. Por tanto, las dificultades se convierten en problemas o, incluso, en patologías si la propia persona de forma reiterada las gestiona mal, pero también si lo hacen otras personas significativas, que con toda su buena intención suelen acabar produciendo las peores consecuencias.

Un diagnóstico operativo debería seguir un proceso basado en la solución, por el que nos dedicamos a conocer el problema desde los efectos hasta las intervenciones insertas en el sistema disfuncional bloqueado (Bartoletti y Nardone, 2007). El enfoque propio de la Terapia Breve Estratégica descansa sobre el concepto de que «nos dedicamos a conocer el problema por su solución» (Nardone, 1996). Al adoptar un conocimiento a través de un cambio de actitud, nos dedicamos a conocer la estructura y la función del problema, que es el único modo de llegar a soluciones efectivas. No se basa en un diagnóstico hecho *a priori* que muchas veces condiciona nuestro trabajo y pone en circulación profecías que se autocumplen, sino que el diagnóstico se formula adecuadamente una vez que conseguimos resolver el problema (Crispiani y Papantuono, 2014; Nardone y Portelli, 2005a; Bartoletti y Nardone, 2007).

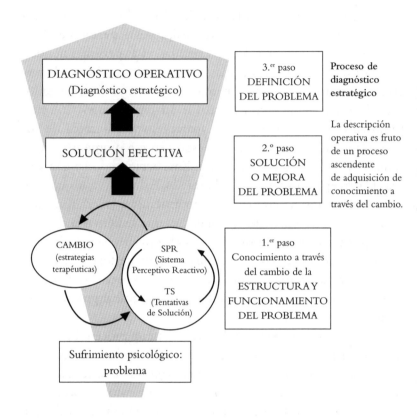

Figura 2. Diagnóstico operativo[3]

El diagnóstico operativo sigue un proceso de abajo arriba (figura 2), que no parte de una categoría diagnóstica formalizada, sino que se basa en el conocimiento recogido a través de la investigación empírica, que nos orienta en la construcción del paso siguiente y, después, del posterior, hasta que alcanzamos la solución del problema. Un diagnóstico operativo es una hipótesis que está abierta a correcciones, susceptible de modificación según cómo

---

3. La figura procede de Bartoletti y Nardone (2007).

reaccione el sistema a las intervenciones que se le introducen. Un diagnóstico operativo sigue un proceso de investigación-acción.[4] Desarrollaremos este proceso en el capítulo dedicado a la solución efectiva de problemas y la planificación de la acción.

LA PROFECÍA AUTOCUMPLIDA: CREAR Y MODIFICAR REALIDADES

El diagnóstico operativo nos impide poner en circulación una profecía autocumplida (Nardone y Portelli, 2005b). Los diagnósticos médicos no son el único modo de quedar atrapados en estos fenómenos. A menudo se colocan etiquetas y se ponen en circulación profecías en el aula sin la colaboración de especialistas (Crispiani y Papantuono, 2014).

Thomas L. Good (1987) muestra que los profesores se crean expectativas de las personas y les asignan etiquetas basándose en características como la constitución corporal, el género, la raza, la etnia, el nombre y/o apellido, el atractivo, la manera de hablar o la posición socioeconómica, entre otros. Una vez que etiquetamos a una persona, la etiqueta repercute en cómo actuamos y reaccionamos ante esa persona. «Con las etiquetas no tenemos que dedicarnos a conocer a la persona. Sencillamente damos por supuesto cómo es la persona» (Oakes, 1996).

Nuestra *expectación* positiva o negativa influye poderosamente en la percepción, interacción, comunicación y comportamiento, lo que determina el bien conocido fenómeno de la profecía autocumplida. El término «profecía autocumplida» fue acuñado por el sociólogo Robert K. Merton (1948). En el marco de su explicación del fenómeno, Merton recurrió al siguiente teorema:

---

4.   El término «investigación-acción» fue acuñado por Kurt Lewin en 1944. Es un proceso disciplinado de investigación dirigido *por* y *para* quienes llevan a cabo la acción. La razón principal para adoptar la investigación-acción es ayudar al «actor» a mejorar y/o afinar sus acciones.

«Si los hombres definen situaciones como reales, estas son reales en sus consecuencias» (Thomas, 1928).

Una vez que un alumno ha sido etiquetado de antemano como, pongamos por caso, «alborotador», «perezoso» o «maleducado», aumentan las probabilidades de que nuestro trato a este alumno acabe, en efecto, confirmando nuestras profecías o expectativas negativas, lo cual contribuye a hacerlas realidad. Obviamente, aquí la profecía autocumplida operaría en detrimento del alumno. Por otra parte, podríamos etiquetar a un alumno como «cooperador», «erudito» o «propenso a ser emprendedor», con lo que aumentaríamos las probabilidades de que nuestra forma de relacionarnos con él o ella transmita estas expectativas y, a su vez, contribuya a que el alumno esté a la altura de nuestra profecía positiva inicial. En este caso, la profecía autocumplida actuaría en beneficio del alumno. Con más frecuencia, ¡los profesores obtienen de sus alumnos lo que esperan de ellos!

W. Warren Wagar afirma que «la función última de una profecía no es adivinar el futuro, sino construirlo» (1963), de manera que cada vez que los profesores evalúan por exceso o por defecto a un alumno están influyendo de hecho en el comportamiento y los logros futuros de ese alumno. Rosenthal denominó este fenómeno como el *efecto Pigmalión*[5] (Rosenthal y Jacobson, 1968). Basó esta expresión en el famoso mito griego del escultor Pigmalión, que esculpió la estatua de una mujer tan hermosa, tan perfecta y tan ideal que se enamoró de ella y pidió a Venus que la transformara en una mujer real. Utilizando una metáfora taoísta, podríamos denominar a este proceso como «crear algo de la nada».

El estudio original de Pigmalión comportaba dar información falsa a los profesores acerca del potencial de aprendizaje de determinados alumnos de cursos comprendidos entre primero y sexto

---

5.   Término derivado de la investigación de Robert Rosenthal sobre el modo en que las creencias, sesgos y expectativas propias causan impacto sobre los fenómenos que se investigan. Empleó la expresión «efecto Pigmalión» para mostrar los efectos desencadenados por una determinada expectativa.

de primaria en San Francisco. Se dijo a los profesores que estos alumnos habían sido sometidos a test y que se había descubierto que estaban al borde de iniciar un periodo de desarrollo intelectual acelerado; en realidad, los alumnos habían sido seleccionados aleatoriamente. Al final del periodo experimental, algunos alumnos seleccionados, y en particular los de los cursos de primero y segundo, exhibieron en test de CI un rendimiento superior al de la puntuación de otros alumnos de similar capacidad y superior al que se habría esperado de los alumnos seleccionados si no se hubiera hecho ninguna intervención. Estos resultados llevaron a los investigadores a afirmar que las expectativas exageradas (percepción) y los consiguientes comportamientos (reacción) que los profesores tenían de los alumnos seleccionados provocaron en realidad un desarrollo intelectual acelerado en los alumnos.

Rosenthal y sus colegas llevaron a cabo estudios posteriores para poner a prueba cómo nuestras expectativas, sesgos y creencias pueden causar impacto sobre el sujeto acerca del cual se está investigando. Rosenthal creó «de la nada» alumnos inteligentes a base de abrumar a los profesores con la profecía de que eran alumnos particularmente prometedores, cuando en realidad habían sido seleccionados al azar. Del mismo modo, consiguió crear buenos nadadores así como roedores con muy buenas habilidades de exploración. En todos estos casos, Rosenthal demostró los efectos que tiene sobre el comportamiento mantener expectativas positivas.

Sin embargo, este fenómeno no se circunscribe solo a quienes tienen expectativas positivas, sino que también quienes mantienen expectativas negativas pueden crear de la nada consecuencias y efectos. Por ejemplo, un niño pequeño presenta un «lenguaje y un comportamiento extraños», se muestra «callado y evita la interacción social», podríamos interpretar estas observaciones como signos de delirio psicótico y rasgos autistas. Una vez que ha surgido la expectativa, comienza un proceso de confirmación que genera la percepción de *retroalimentación* y produce lo que se espera (círculo vicioso). Una persona puede llevar finalmente a otra a comportarse y alcanzar objetivos de forma que confirme las expectativas de la primera (Brehm y Kassim, 1996).

El lugar que ocupa una persona en la sociedad o dentro de un sistema es en buena medida una función de cómo la tratan los demás. Podemos observar este fenómeno en diferentes contextos de nuestra vida. Quienes vieron la película *My Fair Lady* recuerdan cómo las opiniones y expectativas del profesor Higgins acerca de Elizabeth Doolittle produjeron su llamativa transformación.

La película está basada en *Pigmalión*, obra teatral de George Bernard Shaw, uno de cuyos pasajes dice:

> Bueno, la verdad, aparte de las cosas que cualquiera puede aprender en un instante, el vestir, la forma de hablar y demás, la diferencia entre una dama y una florista no está tanto en cómo se comporta, sino en cómo se la trata. Para el señor Higgins yo siempre seré una florista porque siempre me ha tratado y me tratará como a una florista; pero yo sé que para usted puedo ser una dama porque usted siempre me ha tratado y me tratará como a una dama.[6]

Pygmalion en la escuela: expectativas del maestro y desarrollo intelectual del alumno (1968), de Rosenthal y Jacobson, fue un importante estudio pionero que puede ayudar a los profesores a comprender exactamente cómo utilizar deliberadamente el efecto Pigmalión o la profecía autocumplida como herramienta pedagógica para transmitir expectativas positivas y, lo que tal vez sea más importante, para evitar transmitir expectativas negativas. Así pues, los profesores deberían tomar mayor conciencia de que, al igual que todos los seres humanos, ellos pueden liberarse fácilmente de sus expectativas negativas. En consecuencia, sus expectativas

6. Esta obra de George Bernard Shaw fue estrenada ante el público en 1912 [trad. cast.: *Pigmalión*, trad. de Julio Brouta, Barcelona: Seix Barral, 1985. *(N. del T.)*].

pueden llevarles fácilmente a actuar y comunicarse de maneras muy diferentes.

Rosenthal trata de explicar este fenómeno con su teoría de los cuatro factores.[7] Su teoría identifica el *ambiente*, la *retroalimentación*, los *input* y los *output* como los factores que los profesores emplean para transmitir expectativas.

- Define el *ambiente* como el estado de ánimo o espíritu socio-emocional generado por nuestra expectativa, expresada a menudo mediante comunicación no verbal, como por ejemplo sonreír, asentir, establecer contacto visual, demostrar proximidad, etc.

- A continuación, añade que las expectativas despliegan tanto *retroalimentación* afectiva, por ejemplo más elogios y menos críticas de los alumnos con altas expectativas, como *retroalimentación* cognitiva, es decir, una *retroalimentación* más detallada y de mayor calidad en lo que se refiere a la corrección de las respuestas de los alumnos con expectativas más altas.

- Los profesores tienden a dar más *input*, es decir, a realizar un esfuerzo adicional al enseñar a alumnos de quienes esperan más, mientras que se contienen cuando creen que un alumno no es tan inteligente.

- Los docentes promueven una mayor receptividad hacia los alumnos de quienes esperan más a través de su comportamiento verbal y no verbal, dándoles más oportunidades de pedir aclaraciones y, por tanto, permitiendo que sean ellos también más activos.

---

7. *Productivity and the self-fulfilling prophecy: the Pygmalion effect.* CRM Films, 1987.

Estos cuatro factores, todos ellos fundamentales para transmitir las expectativas de un profesor, se pueden controlar mejor solo si los profesores son más conscientes de que existen. Aunque un docente no esté convencido de las potencialidades de un alumno, puede al menos hacer *como si* lo estuviera (esta técnica se desarrollará más adelante en los capítulos 10 y 11, dedicados a las intervenciones).

Un estudio longitudinal realizado por Jussim y Eccles (1992) sustenta la hipótesis de la profecía autocumplida: las expectativas de los docentes pueden predecir/obrar cambios en los logros y el comportamiento del alumno más allá de los efectos que se puedan explicar por los logros y la motivación anteriores. James Rhem[8] señalaba: «Cuando los profesores esperan que a los alumnos les vaya bien y muestren desarrollo intelectual, estos lo hacen; cuando los profesores no tienen este tipo de expectativas, el rendimiento y el crecimiento no se fomentan tanto y, de hecho, pueden ser desalentados de muy diversas formas». Los docentes que ponen en circulación de forma efectiva profecías positivas pueden ayudar a sus alumnos a convertirse en sus propios pigmaliones.

Aprovechar el efecto Pigmalión

Aunque el innovador trabajo de Rosenthal y Jacobson fuera bien recibido por pedagogos y demás especialistas, pocos educadores comprenden exactamente en realidad cómo utilizar el efecto Pigmalión o la profecía autocumplida como una herramienta pedagógica intencional para transmitir expectativas positivas y, lo que es aún más importante, evitar transmitir expectativas negativas.

---

8.   Director ejecutivo de la publicación *online National Teaching and Learning Forum* (https://onlinelibrary.wiley.com/journal/21663327).

3. Desde las categorías médicas hacia los diagnósticos operativos

Así pues, tanto si las expectativas se verbalizan como si no, afectan a los logros y actitudes de los alumnos tanto en las aulas como en la escuela en general. Diversas investigaciones (Edmonds, 1979; Newberg y Glatthorn, 1982; Good, 1987; Taylor, 1986-1987; Snow, 1969; Thorndike, 1968; Wineburg, 1987) aportan pruebas tangibles de que las altas expectativas son un elemento fundamental de las escuelas eficaces.

Se reconozca o no, los docentes tienen la responsabilidad de estimular el intelecto y los afectos de los alumnos. Las expectativas (percepciones) positivas estimulan a los alumnos, mientras que las expectativas negativas pueden inhibirlos y dar lugar a reacciones negativas. Por ejemplo:

1) Presentar a los alumnos material menos interesante y sin adaptarlo al tipo de alumno o de clase. Una consecuencia lógica de esta forma de proceder sería que «mi material o mi método siempre ha sido bueno, él no puede seguirlo; por tanto, la culpa es suya»; esta conclusión evita que el docente dé al alumno el espacio suficiente para que plantee sus preguntas al tiempo que lo anima pacientemente a obtener sus propias respuestas (el aula debería ser, sobre todo, un espacio interactivo que desencadene el desarrollo mental y social, y no un tribunal que sentencie lo que está bien o mal).

2) Manifestar menos calidez, menor consideración positiva y afectiva al alumno (como señala Watzlawick *et al.,* 1974, el contenido es importante en lo relativo a la relación establecida).

3) Perder la confianza en el alumno (expresándolo verbalmente o no).

4) Tratar de encontrar pruebas que sean congruentes con sus expectativas.

Las expectativas se ven confirmadas posteriormente en factores irrelevantes como la posición socioeconómica, los antecedentes raciales/étnicos, el encanto o el género de los alumnos. Se cree que este fenómeno negativo, que tiene implicaciones educativas, pedagógicas y políticas de largo alcance, se puede remediar de manera más efectiva si los profesores evitan fuentes de información no fiables acerca del potencial de aprendizaje de los alumnos, es decir, estereotipos sociales, sesgos de otros profesores, comentarios de la sala de profesores y demás.

¿QUÉ PODEMOS HACER EN LA PRÁCTICA?

En las escuelas con baja tasa de éxito escolar, los docentes consideran por lo general que sus alumnos están bastante limitados en su capacidad de aprendizaje y con frecuencia pierden la confianza o abandonan su responsabilidad de encontrar modos de mejorar el rendimiento académico de sus alumnos. Los niveles de poca exigencia y poco éxito se atribuyen habitualmente a características de los alumnos, antes que a las prácticas de gestión, dirección e instrucción de la escuela. Se pueden alcanzar los resultados si los profesores empiezan poniendo en cuestión sus percepciones y sus certidumbres y van más allá de ellas estableciendo objetivos pequeños, pero concretos, marcados en términos de mínimos, no de máximos. Al hacer esto, ya están transmitiendo indirectamente a sí mismos y a sus alumnos que tienen esperanzas depositadas en ellos y en sus capacidades para cumplir con estos estándares. Con esto abrirán una vía que poco a poco los llevará más allá de sus limitaciones en ese momento. Esta forma provisional pero activa es a menudo el mejor modo de inocular un pequeño virus para «chocar contra el sistema». Este proceso puede ser la manera más eficaz de introducir dudas en sus percepciones rígidas y, en consecuencia, incluso en el déficit de amor propio de los alumnos que con el tiempo se haya generado.

Es más, se pueden observar mejoras si los profesores consiguen reconocer y, consecuentemente, enfatizar aquello en lo que cada alumno es bueno, al tiempo que le brinda retroalimentación y orientaciones para que amplifique sus capacidades y supere posibles obstáculos (Good, 1987; Taylor, 1986-1987).

Capítulo 4

Una herramienta operativa: el modelo de solución de problemas

*Dale un pescado a una persona y comerá un día,
enséñale a pescar y comerá todos los días.*

Confucio

Marilyn Cochran-Smith (2013) emplea la metáfora de «andar el camino» para ejemplificar el largo, complejo y en apariencia interminable viaje en el que los profesores se embarcan cuando recorren su carrera. Sonia Nieto (2003) afirma que la enseñanza es un trabajo difícil porque requiere seguir el ritmo de demandas, relaciones y realidades en continuo cambio. Dicho de otro modo, además de ser competentes en su campo de conocimiento, los docentes tienen que ser grandes solucionadores de problemas (Balbi y Artini, 2009).

En realidad, distintos profesores confiesan que a menudo se enfrentan a situaciones en las que se sienten impotentes y a las que no ven una salida. Se sienten desarmados ante una situación aparentemente imposible y corren el riesgo de bajar los brazos o, lo que es peor, abandonar al alumno afectado. No dejan de dar vueltas en círculos y acaban pensando que no hay solución. Sin embargo, como afirma Watzlawick, si hay un problema, hay una solución. Nardone (2013) sostiene que los problemas parecen irresolubles y, por tanto, imposibles, porque tal vez formulamos las preguntas equivocadas o persistimos con un método de indagación inapropiado. Buscamos la clave en el lugar equivocado.

Antony Jay (1996), autor de *La dirección de empresas y Maquiavelo*, señala que «la mente no creativa puede detectar respuestas equivocadas, pero corresponde a la mente creativa divisar las preguntas erróneas». Por consiguiente, para solucionar problemas aparentemente imposibles el sujeto debe salirse del esquema lógico en el que está atrapado. Quienes solucionan problemas han de liberarse de sus trampas mentales habituales y plantearse «las preguntas no habituales».

Así pues, los profesores, como todos los que solucionan problemas, tienen que disponer de una herramienta operativa que les ayude a ir más allá de las preguntas habituales para obtener una mejor definición del problema y encontrar soluciones efectivas. Quien soluciona un problema debe ser capaz de apartarse del relato y del torbellino de emociones que le avasallan para buscar elementos que reduzcan la complejidad, que lo orienten para salir del laberinto.

Otra senda peligrosa es la de tratar de encontrar el *porqué* de las cosas, que se traduce en que la persona queda atrapada fácilmente en el interminable e improductivo juego de las culpabilidades.

Quien soluciona problemas debería estudiar el problema del aquí y ahora, de tal modo que acumule una conciencia operativa acerca de cómo funciona el problema y, de ese modo, encontrar la mejor manera de proceder. Por tanto, la persona que soluciona problemas centra su atención en la persistencia del problema porque solo puede intervenir sobre el presente y sobre el futuro, no sobre su génesis o formación, que forma parte del pasado. Además, al preguntarse cómo «funciona» una determinada situación, evitamos ponernos a buscar «al culpable», lo que con frecuencia acaba convirtiéndose en un juego interminable y, por el contrario, nos centramos en lo que determina la persistencia de un equilibrio disfuncional concreto y en cómo se puede interrumpir y modificar. El valor de una teoría depende de su capacidad para concebir una intervención real valorada en términos de eficacia y efectividad para resolver problemas.

Elementos reductores de la complejidad

Los problemas, al igual que todas las formas de vida humana, son manifiestamente complejos y complicados. Sin embargo, si tuviéramos que considerar todas las opciones, opiniones, perspectivas y acontecimientos pasados y presentes, sencillamente nos ahogaríamos en datos e información. Sin negar la complejidad de la vida humana, pero con la mirada puesta en el objetivo de resolver algún problema, debemos en primer lugar reducir la tarea a unidades manejables.

La solución de problemas no puede dejarse al azar. Quien soluciona problemas ha de contar con orientaciones que le ayuden a salir del laberinto, debe tener una herramienta operativa que reduzca la complejidad del problema a unas líneas básicas que pueda seguir. Quien soluciona problemas ha de contar con un método de investigación que esboce orientaciones o elementos reductores de la complejidad que le ayuden a ver con claridad y a diseñar un plan de acción a medida de la situación concreta.

En este capítulo, nos proponemos presentar a los docentes un método de solución de problemas, una especie de llave maestra que se puede aplicar a las diferentes situaciones de solución de problemas.

El método expuesto se basa en el Modelo Estratégico de Solución de Problemas desarrollado por Giorgio Nardone y sus colaboradores (Nardone, Mariotti, Milanese y Fiorenza, 2000; Balbi y Artini, 2009; Nardone, 2009; Nardone, Milanese y Prato Previde, 2013) a lo largo de veinte años de investigación–acción en los campos de la clínica y las organizaciones. Este modelo brinda nuevos métodos de investigación, una nueva forma de contemplar un problema que conduce a una nueva vía de acción. Ayuda a contemplar el problema «desde fuera» para encontrar soluciones «fuera».

Basado en el Método Centrado en el Problema[1] estudiado en la Escuela de Palo Alto y en la aproximación Centrada en la

---

1. La aproximación basada en el problema de terapia breve, desarrollada

Solución de la Escuela de Milwaukee,[2] el Modelo Estratégico de Solución de Problemas ayuda a ver el problema desde diferentes perspectivas y a confeccionar un plan de acción para alcanzar el objetivo deseado.

Este modelo adopta una perspectiva operativa del problema y permite identificar formas concretas de solucionarlo.

El modelo de solución de problemas propuesto es un método de investigación nuevo que deja a un lado las preguntas «habituales» y plantea cuestiones «inusuales» que brindan respuestas «inusuales» que nos ayuden a liberarnos de las trampas o limitaciones mentales habituales.

Partiendo de las respuestas obtenidas, se puede confeccionar un plan para la solución del problema con los pasos a seguir claramente delineados y elaborados *ad hoc* para la situación concreta. Se elaborará un plan de acción que es riguroso, pero que también es autocorrector, es decir, se puede modificar y ajustar de acuerdo con la situación.

Adoptar la forma estratégica de solución de problemas equivale a ser como un marino experto que surca el océano, que necesita pronosticar y planificar sus actos basándose en las condiciones que

por Fisch, Weakland, Watzlawick y sus colegas de Palo Alto, se centra en identificar e interrumpir los *procesos paradójicos* que se producen cuando los intentos reiterados de solucionar un problema mantienen el problema o lo empeoran. Las formulaciones de soluciones paradójicas proporcionan una plantilla para la evaluación y la intervención estratégica indicando dónde mirar para comprender lo que mantiene activo un problema (buscar soluciones de «más de lo mismo») y lo que tiene que suceder para que se resuelva (alguien debe aplicar «menos de lo mismo» como solución). La investigación de apoyo es preliminar, pero hace pensar que esta aproximación puede adaptarse bien a personas resistentes al cambio.

2. Este enfoque se basaba en la elaboración de soluciones, más que en la solución del problema. Explora los recursos disponibles en el momento y las esperanzas futuras, más que los problemas actuales y las causas del pasado y, por lo general, supone solo entre tres y cinco sesiones. Tiene un enorme valor como intervención preliminar y a menudo suficiente y se puede utilizar de forma segura como complemento de otros tratamientos. Desarrollada en el Centro de Terapia Familiar Breve de Milwaukee, nació del interés por las inconsistencias halladas en la conducta problemática.

encuentra en el mar. Tiene que prever la aparición de acontecimientos inesperados y estar preparado para superarlos recurriendo únicamente a su «alerta operativa», sin posibilidad alguna de
controlar los acontecimientos. No conoce y no puede conocer
la «verdad profunda» del mar, ni las causas de sus cambios. Sin
embargo, con su «conocimiento basado en el cómo» puede surcar
los océanos y hacer frente a tempestades adaptando siempre sus
acciones a los acontecimientos que van sucediendo.

Tabla 1. El proceso de solución de problemas

1.	Una definición clara del *aquí y ahora*.
2.	La identificación de los elementos reductores de la com-plejidad: intentos de solución fallidos aplicados hasta el momento y excepciones que han funcionado.
3.	Una definición clara del cambio concreto (objetivo) que hay que lograr y de las resistencias reales al cambio.
4.	La formulación e implantación de un plan de acción paso a paso para producir el cambio, que es riguroso, pero au-tocorrector.

PREGUNTAS CENTRADAS EN EL PROBLEMA

Al adoptar un enfoque centrado en el problema, la atención se
focaliza en el problema planteando preguntas que nos ayuden a
comprender cómo opera. Tal como exponía Bateson (1972), *tenemos que comprender cómo funciona un sistema para hacer que funcione
mejor.*

1) Intentos de solución fallidos

Los contratiempos son como los cuchillos, que nos sirven o nos
cortan según los agarremos por el mango o por la hoja.

JAMES RUSSELL LOWELL

El medio fundamental de que disponemos para reducir la complejidad de la interacción humana es observar las *soluciones intentadas.* Desde un punto de vista cibernético, cuando se estudia la conducta problemática persistente se debe prestar atención a los modelos de interacción en torno a la conducta problemática que se deben gestionar o cambiar. *Hay una «causalidad circular» entre cómo persiste un problema y las formas que tienen las personas de intentar solucionar el problema sin éxito.* Por tanto, si deseamos introducir un cambio es importante concentrarse en las soluciones disfuncionales que se están intentando introducir y alimentan el problema.

Anderson, Goolishan y Windermand (1986) consideran que todas las personas significativas involucradas de forma regular con el niño son figuras que determinan el problema y son fundamentales para ayudarnos a definir y solucionar la conducta problemática.[3] Los profesores desempeñan un papel muy importante en la vida del niño, pues no solo transmiten conocimiento, sino que ayudan al niño a «familiarizarse y ganar confianza» para la vida.

Desde esta perspectiva, los problemas psicológicos persistentes se consideran consecuencia de los intentos fallidos llevados a cabo para ayudar al niño a adaptarse a una situación que ha cambiado. Pese a todas las buenas intenciones, se genera un círculo vicioso por el que el propio intento de resolver la dificultad la hace, en realidad, empeorar. El intento de la persona adulta produce un efecto

---

3.   Por «conducta problemática» no solo nos referimos a las actitudes provocadoras y la desobediencia (dificultades externalizadas), sino a cualquier comportamiento que al docente le resulte difícil gestionar con el fin de continuar con la enseñanza. Como por ejemplo, el mutismo selectivo, la ansiedad, el rechazo a la escuela, etc.

sobre el comportamiento del alumno, mientras que el alumno, a su vez, influye en el comportamiento de la persona adulta y, con el tiempo, se desarrollan ciertos patrones repetitivos en torno a una situación problemática. Por ejemplo, los esfuerzos del profesor para tranquilizar, consolar y proteger aún más al niño tienen por consecuencia que este se sienta aún más vulnerable.

Los propios intentos de repetir la misma solución ineficaz dan lugar finalmente a un complejo proceso de retroalimentaciones en el que los esfuerzos por obtener un cambio dejan la situación problemática intacta. Desde este punto de vista, podríamos decir que los propios *intentos de solución* se convierten en el problema. Estos bienintencionados esfuerzos por establecer el orden agravan inadvertidamente la situación a base de intentar soluciones que incurran en la categoría de «más de lo mismo» (Watzlawick, Weakland y Fisch, 1974).

Los intentos de solución representan el principal instrumento operativo de la intervención breve estratégica. Si conseguimos bloquear o cambiar las soluciones disfuncionales recursivas, rompemos el círculo vicioso que alimenta la persistencia del problema y abrimos la puerta al cambio real y alternativo. Llegados a este punto, el cambio se vuelve inevitable: la ruptura de este equilibrio conduce necesariamente al establecimiento de otro nuevo, basado en nuevas percepciones de la realidad.

Los profesionales de las intervenciones breves estrategicas sistémicas solo se dirigen a los modelos fundamentales de la interacción en torno a la conducta problemática. Al hacerlo, el profesional habitualmente presta atención explícita a influir en las personas que rompen los patrones no productivos de la interacción y los sustituyen por otros más productivos en el plazo más breve posible.

Con frecuencia, esto no es tan fácil de hacer porque las personas tienden a mantener modelos de conducta en torno a un problema convencidos de que esto es lo que se debería hacer para solucionarlo. Así pues, la acción cuya intención es aliviar la conducta problemática puede en realidad agravarla y hacer que empeore. Aunque no estén arrojando resultados, estos intentos de solución se siguen utilizando porque se hallan respaldados por el sentido común. Pero eso no significa que un docente no deba probar en primer lugar los métodos de solución de problemas de sentido común.

Por el contrario, solo llegamos a bloquear las intervenciones de sentido común cuando estas siguen sin producir ningún resultado efectivo. En otras palabras, el profesor debe en primer lugar ofrecer consejo y apoyo emocional, razonar con el niño y formular preguntas directas para comprender su comportamiento; pero cuando esto no funciona, podríamos empezar a considerar que lo que no funciona seguramente contribuye a mantener y empeorar el problema. Así pues, es preciso detener este bucle que se alimenta a sí mismo.

Como los intentos de solución empleados por los docentes parecen mantener y/o empeorar el problema, el cambio debe producirse en la forma en que los profesores y los demás adultos responden al problema del niño. Al interrumpir los intentos de solución disfuncionales, podemos bloquear la causalidad circular que alimenta aún más la conducta no deseada. Para conseguir esto, es preciso presentar a los docentes nuevas definiciones del problema y sus reacciones, así como sus percepciones, creencias y sensaciones subyacentes (miedo, rabia, placer y dolor), que los llevan a persistir en el uso de los mismos intentos de solución fallidos.

Cuando en nuestro caso aparece un problema en el seno de un determinado contexto, tendemos a recurrir a la experiencia pasada y a volver a aplicar intervenciones que han tenido éxito a la hora de solucionar problemas similares. Así, por ejemplo, cuando una madre tiene un problema con su hijo pequeño, espontánea o deliberadamente adopta las mismas estrategias que han tenido éxito con sus hijos mayores.

Incluso en el entorno de las organizaciones, cuando se afrontan obstáculos nuevos, el primer intento del gerente, director o responsable es volver a las estrategias en cuya efectividad confían, que les han reportado resultados beneficiosos en otras situaciones similares. Sin duda, esto es lógico, práctico y muy eficiente, si funciona. Pero la mayor parte de las veces, si estas estrategias «en las que se confía» no funcionan, en lugar de aplicar una solución alternativa se tiende a aplicar con mayor energía la estrategia inicial basándose en la ilusión de que hacer «más que antes» será más efectivo.

Esto mismo sirve para un profesor o profesora. Cuando se enfrenta a un comportamiento difícil o a una situación de clase desafiante, orientado por su experiencia de toda la vida, empleará estrategias que han arrojado resultados efectivos con otros alumnos. Pero, para su sorpresa, quizá por primera vez en su carrera, el comportamiento o la situación no cambia «de la forma que debería haber cambiado». Convencido de la eficacia y la eficiencia de su estrategia, el profesor persiste con su estrategia, pero solo puede comprobar la magnitud de su fracaso. El instinto le lleva a persistir más, subestimando el hecho de que lo que podría haber sido efectivo en otros contextos, con otros chicos, podría dar lugar a resultados inadecuados y bastante ineficaces que en los casos anteriores.

Los profesores pueden acabar tomando conciencia de que sus buenas intenciones producen las peores consecuencias, pero a veces necesitan que se los oriente para ello. Los profesores a menudo consultan o son remitidos a los psicólogos escolares para que les ayuden a gestionar situaciones desafiantes. En el proceso de intervención-investigación, el profesional orienta al profesor o profesora para que evalúe lo que ha hecho hasta el momento. Dicho de otro modo, para que evalúe los intentos de solución ineficaces sin descalificar su trabajo. Para ello, el profesional tiene que sintonizar con las percepciones de los docentes que a menudo los entorpecen e impiden considerar nuevas alternativas, o los inhiben de cumplir con las indicaciones recibidas. Como ya hemos señalado, las personas suelen persistir en una aproximación para solucionar un problema, aunque esta se haya revelado infructuosa, porque tienen la sensación de que es el único modo correcto y lógico de responder al problema, o porque temen los efectos desconocidos de otras alternativas. Durante el diálogo de la interacción-investigación, se debería invitar a los profesores a que cuestionen sus percepciones y reacciones rígidas y absolutas para dejar espacio a nuevas alternativas posibles. Además, la resistencia se puede reducir aún más si los profesionales, sin hacer valoraciones, ayudan a los profesores a comprender y reconocer que lo que se ha hecho hasta el momento no ha contribuido a solucionar el problema; pero si esta información se utiliza con prudencia, puede ayudarles a encontrar nuevas alternativas para abordarlo con mayor eficacia. De este modo, el nuevo plan se percibe como un descubrimiento conjunto, concebido desde el diálogo constructivo mantenido con el profesional, y no como una tarea que le impone el experto.

Un modo de ayudar al docente a tomar conciencia de que los intentos de solución están alimentando el problema es hacer que se plantee unas preguntas muy peculiares: *¿Cómo puedo empeorar el problema aún más? ¿Qué tendría que hacer o no hacer, decir o no decir, pensar o no pensar, si quisiera empeorar aún más la situación actual?* Al plantear *la pregunta del «cómo empeorar»,* los profesores empiezan a cuestionar su comportamiento, con la frecuencia suficiente para mostrarles que lo que podría parecer útil, puede ser un medio para exacerbar aún más el problema. Esta pregunta se inspira en una de *Las 36 estrategias chinas:* «Si quieres enderezar algo, primero aprende a retorcerlo aún más» (cf. Gao, 2002).

2) Atrapados en nuestros propios sistemas perceptivo-reactivos

Las reacciones se sustentan ciertamente en percepciones:

> [...] en la medida en que son *organismos pensantes,* los seres humanos no operan directamente sobre la realidad que encuentran, sino sobre las transformaciones perceptivas que conforman su experiencia del mundo. Por consiguiente, las *categorizaciones, planes, atribuciones, inferen-*

cias, heurística y conceptualizaciones constituyen el sistema de representación a través del cual podemos descubrir diversas configuraciones y explicaciones del mundo. (Salvini, 1988b)

Así pues, las personas que se asustan fácilmente tenderán a huir, los coléricos optarán por luchar, el amante del placer caerá en sus tentaciones, etc. Pero nuestras percepciones están en continua evolución, a menudo confirmadas y sostenidas por reacciones recurrentes (las nuestras y las de los demás). Creamos nuestros hábitos y nuestros hábitos nos crean.

Los problemas mantienen una «causalidad circular» entre las percepciones y las reacciones, que operan de un modo cibernético-constructivista. Se trata de los procesos de retroalimentación, en los que las reacciones son efecto de percepciones afectadas (y posteriormente confirmadas) por aquellas de manera retroactiva. Este proceso conforma sistemas perceptivo-reactivos rígidos y disfuncionales que, cuando se reiteran en el tiempo, pueden convertirse en problemas psicológicos específicos que incapacitan. Como afirmó Nietzsche, «todo lo absoluto pertenece a la patología». De manera que una solución que tiene éxito en una situación concreta puede acabar convirtiéndose en una complicación cuando se aplica a otra. De hecho, como hemos expuesto por extenso anteriormente en este mismo capítulo, el sistema perceptivo-reactivo rígido de una persona aquejada de problemas se expresa a menudo en el obstinado esfuerzo por utilizar una estrategia que parece solucionar el problema, o que en el pasado sí resolvió una dificultad similar, pero que actualmente la refuerza.

Es más, cuando una persona (o un sistema) está bloqueada en una situación, suele no conseguir hacer algo diferente del guion habitual, ni llevar la mirada más allá del escenario presente. Exactamente igual que en el viejo chiste del borracho (que Paul Watzlawick contaba muchas veces) que no deja de buscar la llave junto a la farola, donde puede ver con la luz, aunque sabe perfectamente que ha perdido la llave en otro sitio.

Ellen Amatea (1988) sostiene que las percepciones de un docente acerca de por qué existe un problema y cómo se debería responder a él son factores que con frecuencia le impiden encontrar un modo de resolverlo. Estas percepciones son la razón por la que se siguen determinadas formas de responder, mientras que se ignoran otras. La percepción o creencia subyacente del profesor acerca de por qué el alumno actúa de determinada forma, y cómo este debería responder, mantienen a aquel comprometido con un determinado curso de acción, con insistir en el intento de solución que no ha funcionado. Aunque el comportamiento del alumno no mejore, el docente puede insistir en ese mismo curso de acción porque lo percibe como el único modo lógico y apropiado de gestionar la situación.

Es más, un profesor podría persistir con un intento de solución dictado por su percepción haciendo caso omiso de la percepción y la sensación del niño. Por ejemplo, un niño podría rechazar ir a la escuela no porque tema a la escuela en sí misma (profesores, compañeros, entorno escolar y demás), sino por temor a no ser capaz de afrontar las demandas escolares. En su percepción, no es la escuela lo que representa el problema, sino él mismo. De manera que la insistencia del profesor en mostrarle que la escuela es un lugar amable no funciona porque no coincide con la percepción del niño, es decir, con su falta de confianza en sus propias capacidades.

3) Sensaciones dominantes subyacentes

Roberta Milanese y Paolo Mordazzi (2007) sugieren que las percepciones dan lugar a emociones que a menudo nos bloquean a la hora de reaccionar (o no reaccionar) racional y sabiamente, aunque acabemos por ser conscientes de que lo que estamos haciendo no es productivo o no es útil para resolver nuestras dificultades.

Cuando nos enfrentamos al comportamiento difícil de un niño, parece indispensable comprender cuáles son los aspectos emocionales que mantienen a ese niño atrapado en un círculo vicioso. Los niños y niñas poseen filtros menos racionales que las personas adultas, las emociones colorean verdaderamente su mundo. La reacción de un niño, aún más que la de los adultos, viene dictada por el aspecto emocional más visceral (Mariotti y Pettenò, 2014). Así pues, buscar la emoción subyacente a un problema puede ayudar al profesor a comprender cómo opera el problema (percepción-sensación) y cómo se retroalimenta (reacción). Con frecuencia, el niño se ve bloqueado por una emoción dominante que lo lleva a rechazar las maniobras racionales de sentido común. Por ejemplo, un niño que teme una determinada situación la seguirá evitando aunque su profesor lo tranquilice diciéndole que no hay nada que temer. Otro niño podría negarse a tomar la palabra en clase después de que los demás alumnos se hayan reído de él. El niño sigue negándose a tomar la palabra en clase aunque el docente le diga que «no ha sucedido ninguna tragedia». Un niño seguirá alborotando en clase porque es su forma de reclamar atención. Lo que parece negativo para el profesor es positivo para el niño.

Las emociones pueden ser un inmenso océano por el que navegar, pero hasta las emociones tienen sus propios «reductores de la complejidad» (Nardone y Balbi, 2009; Milanese y Mordazzi, 2007). Según Nardone, hay cuatro sensaciones básicas de las cuales se derivan todas las demás emociones: miedo, dolor, rabia y placer. Teniendo en cuenta la importancia del aspecto emocional de las dificultades de los niños, consideramos apropiado dedicar la segunda parte del libro a las emociones y a las cuatro sensaciones dominantes subyacentes.

I. El modelo

Preguntas centradas en la solución

El enfoque Centrado en la Solución fue desarrollado en Estados Unidos por Steve de Shazer en la Escuela de Milwaukee. Después de pasar muchos años estudiando la conducta problemática y tratando de cambiarla, pasó a estudiar la «conducta de solución» y cómo fomentarla.

Buscar excepciones

La historia no se repite, pero a veces rima.

MARK TWAIN

Identificar y explorar las soluciones ya existentes puede ser una herramienta muy poderosa que incrementa las probabilidades de un cambio exitoso (De Shazer, 1988). Cualquier cosa que el niño o incluso otras personas significativas estén ya haciendo en momentos «excepcionales» puede ser la base para una solución potencial. La búsqueda de excepciones es una indagación centrada en la solución, que descansa sobre la premisa de que los problemas no existen todo el tiempo; siempre hay excepciones que se pueden utilizar. Una excepción es algo que sucede en lugar del problema, habitualmente sin intención, o tal vez incluso sin comprenderlo. En la mayoría de los casos, las personas manifiestan excepciones a sus problemas, incluso a los pequeños problemas, que se pueden utilizar para introducir pequeños cambios que conduzcan a otros mayores. Sin embargo, hay situaciones en las que los individuos, aunque experimentan excepciones, se encuentran atrapados y cegados por el problema y no pueden reconocerlas. La mayoría de las veces acaban por pasarlas por alto, se olvidan de ellas y/o no consiguen continuar implantándolas. Así que, cuando se puede, resulta muy útil si conseguimos precisar y explorar signos de progreso y soluciones ya existentes en una situación aparentemente bloqueada, de tal forma que destaquemos recursos ya existentes y, por tanto, favorezcamos la posterior replicación de los patrones de excepción que ya funcionan.

Al centrarnos en las excepciones ya existentes, ponemos en crisis las percepciones rígidas. El hecho de que haya excepciones en una situación aparentemente sin salida induce a la persona a considerar la posibilidad de un cambio y a permitirlo. Metafóricamente hablando, al buscar excepciones estaremos «trabando la puerta con el pie para dejar que pase el cuerpo».

Steve de Shazer sostenía que en todo sistema hay una excepción, pero que a menudo el sistema mismo (familia, escuela, pareja e individuo) no la percibe. El sistema quizá acabe creyendo que la situación es imposible y que no hay ninguna salida. De manera que en estos casos tenemos que crear la excepción con el fin de poner en crisis una creencia rígida o profecía, con lo que dejamos un espacio para el cambio.

Si no hay ninguna excepción que reconozcamos, tendremos que trabajar para producirla mediante la técnica del «*como si*». Esta técnica se basa en la filosofía del «como si» de Vaihinger, que afirma que mientras que las sensaciones y los sentimientos son reales, el resto del conocimiento humano se compone de «ficciones» que solo se pueden justificar pragmáticamente. Vaihinger sostenía que los seres humanos nunca pueden conocer realmente la realidad subyacente del mundo y que, en consecuencia, construimos sistemas de pensamiento y, después, damos por hecho que esos sistemas encajan en la realidad: nos comportamos «como si» el mundo encajara con nuestros modelos. En particular, él utilizaba ejemplos tomados de las ciencias físicas, como los electrones, los protones y demás. Estos fenómenos han sido observados directamente, pero la ciencia finge que existen y utiliza las observaciones realizadas bajo estos supuestos para crear constructos nuevos y mejoras. Así pues, siguiendo esta filosofía, invitamos a la profesora a preguntarse *«cómo actuaría yo de forma distinta si la situación fuera diferente»*.

Ejemplo

La señora Guillén tiene que recordar continuamente a Mateo qué tiene que hacer y qué no. En este caso, podemos invitar a la señora Guillén a actuar como si él fuera un niño responsable pidiéndole que se plantee la siguiente pregunta: «Si se produjera un milagro y Mateo se volviera un niño responsable, ¿cómo cambiaría su comportamiento hacia él? ¿Qué cosas diferentes haría usted? De todas las cosas que se le ocurran, escoja la más modesta y póngala en práctica». Se lleva a la señora Guillén a imaginar la situación como si ya no estuviera presente la conducta desafiante. Se la lleva a imaginar a Mateo y también a sí misma más allá de la situación actual.

El objetivo de esta técnica es empezar a introducir un cambio en un sistema que está estancado, introducir un cambio en el patrón rígido de la interacción de la señora Guillén y Mateo Así, por ejemplo, estas serían las posibles respuestas que la señora Guillén podría dar a la pregunta acerca de lo que sucedería si Mateo fuera un niño responsable: relacionarse con él de una manera diferente, dejar de anticipar su negligencia, dejar de recordarle las cosas, dejar de escribirle notas (recordatorios) para ayudarle a que se acuerde, pedirle pequeños favores («¿puedes, por favor, ir al despacho del director para darle la hoja de asistencia?», «por favor, ¿puedes acompañar a Pedro al servicio?», «¿podrías ayudarme a colgar esta gráfica?», etc.). Como comprenderá el lector, al visualizar este escenario «como si» cambiará el lenguaje, el comportamiento y, en realidad, incluso la interacción entre la profesora y el niño. Se da la oportunidad al niño de que actúe correctamente. Esta es una oportunidad para cambiar la percepción y la reacción tanto de la profesora como del niño. Este se sentirá entonces valorado por la profesora, mientras que la docente empezará a poner en cuestión la percepción que tiene de su alumno y tendrá la oportunidad de llegar a conocer nuevas cualidades del niño, que estaban presentes, pero que con frecuencia quedaban ensombrecidas por su mal comportamiento. De modo que esta técnica genera tanto para la profesora como para el alumno una posibilidad de que experimenten algo distinto de lo habitual, algo que los libere de la interacción disfuncional. En sintonía con Alexander (1961), tenemos que generar una «experiencia emocional correctora»[4] que ponga en situación de crisis las creencias y profecías autocumplidas.

A menudo, pequeñas experiencias en apariencia triviales abren el camino a otras experiencias similares. En psicología social, este fenómeno se denomina «la técnica del pie en la puerta». Generando por otros medios la excepción, o lo que Watzlawick (1984) denominaba un «suceso azaroso planificado» (o situaciones planificadas de manera informal) provocamos una reacción en cadena con la que «la realidad disfuncional inventada» deja paso a «una realidad inventada más funcional». Dicho de otro modo, a cambiar de forma efectiva la profecía.

INTERVENCIONES EFECTIVAS:
UN PROCESO DE SOLUCIÓN DE PROBLEMAS

Al identificar los *intentos de solución disfuncionales* y *cómo empeorar el problema*, y al detallar y aprovechar las excepciones ya existentes y visualizar escenarios «como si», los docentes pueden encontrar «respuestas nuevas», *inputs* nuevos para generar sus intervenciones o, mejor aún, un plan de acción. Este conocimiento operativo de

---

4.   Alexander y French enunciaron su concepto de experiencia emocional correctora como el principio terapéutico fundamental de toda psicoterapia etiológica. Según su definición, supone «volver a exponer al paciente en circunstancias más favorables a situaciones emocionales que no podía gestionar en el pasado. Para recibir ayuda, el paciente debe someterse a una experiencia emocional correctora adecuada que repare la influencia traumática de experiencias anteriores» (Alexander y French, 1946). También señalaron que «la intuición intelectual por sí sola no es suficiente», una afirmación con la que en la actualidad están de acuerdo la mayoría de los psicoterapeutas.

113

la situación problemática y su solución aporta orientaciones concretas y factibles hacia el cambio deseado (Nardone y Watzlawick, 2004; Nardone y Portelli, 2005a). Se adopta el enfoque de escalar una montaña para alcanzar el objetivo deseado. Teniendo en mente ese objetivo construimos nuestro plan de acción de arriba abajo. El montañero repite este proceso de pensar *«de arriba abajo»*, se abre paso mentalmente montaña abajo inspeccionando obstáculos, desarrollando estrategias globales, programando planes alternativos, tácticas innovadoras, para desarrollar un primer plan de acción bien perfilado. Hay muchas vías hacia la cima de la montaña. No hay ningún camino directo. Incluso los profesores tienen que encontrar su vía de ascensión a la montaña. Cada individuo tendrá que comprender cuál es el cambio más asequible y tangible que puede poner en práctica. Muchas veces, el cambio más ínfimo basta para desencadenar una reacción en cadena imparable, o lo que Thom denominaba «el efecto mariposa».[5] Es decir, pequeños cambios en determinados parámetros de un sistema no lineal pueden hacer que el equilibrio cambie, lo que conduce a grandes y repentinos cambios del comportamiento de todo el sistema. El plan de acción debería ser riguroso, pero no rígido, lo que permitiría al profesor corregirlo y modificarlo a lo largo del camino.

Al adoptar este proceso de «conocer a través del cambio», quien soluciona el problema descubre cómo proceder para acrecentar el cambio. Las soluciones o mejoras efectivas del problema ayudarán a conocer mejor y, por tanto, a definir mejor el problema, lo que conduce a su vez a una intervención más ajustada y efectiva.

En sintonía con los conceptos de cambio e inmovilidad de Lewin (1951), acabamos por comprender cómo opera un proceso generando cambio y observando sus efectos variables y su nueva

---

5.   El efecto mariposa o la teoría de catástrofes, nacido del trabajo del matemático francés René Thom en los años sesenta, afirma que pequeños cambios en las condiciones iniciales pueden desembocar en una variación a gran escala e impredecible en el estado futuro del sistema.

dinámica. Según este supuesto, llegamos a conocer una realidad operando sobre ella, mientras ajustamos de forma gradual nuestras intervenciones para adaptarlas a los nuevos elementos de conocimiento que emergen (Nardone y Portelli, 2005a). Esto es lo que Lewin (1946) definió como *proceso de investigación-acción*. Las metodologías de investigación-acción están encaminadas a integrar acción y reflexión, de tal modo que el conocimiento generado en este proceso de indagación es relevante directamente para los fenómenos que se están estudiando. Reason y Bradbury (2013) afirman que la investigación-acción es un medio de puentear la teoría y la práctica en colaboración con otros en la búsqueda de soluciones prácticas a cuestiones de acuciante preocupación para las personas y las comunidades en general.

Emily Calhoun (1994) sugiere que los profesores tienen que estar dispuestos y ser capaces de «observar lo que hacen y tratar de hacerlo mejor», es decir, de adoptar el enfoque de la *investigación-acción*[6] para el trabajo.

El Modelo Estratégico de Solución de Problemas es en sí mismo resultado de un proceso de acción-reflexión de esta naturaleza, orientado por modelos de lógica matemática que se pueden revisar y verificar continuamente y que, además, debido a su formalización, se pueden replicar y trasladar a otras situaciones.

Este modelo representa el paso de un método de investigación que se propone descubrir la realidad de las cosas (conocimiento positivista y determinista) a una conciencia operativa (conocimiento constructivista) que permite generar el cambio deseado (Nardone, 2009). Es un modelo que se puede aplicar

6. Investigación-acción (IA) aplicada a contextos educativos. Aunque se atribuye a Lewin (1946), cuyo enfoque de investigación se centraba en la acción social, comparte conceptos con el aprendizaje experiencial de Dewey y el método científico inductivo de solución de problemas como lógica para solucionarlos. La IA no es un «método de indagación» rígido, sino un proceso autocorrector riguroso (Nardone y Portelli, 2005a). Los educadores que dirijan la IA forzarán la reevaluación de las teorías vigentes e influirán de forma significativa en lo que se sabe acerca de la enseñanza, el aprendizaje y la educación a lo largo de la vida.

en diversas esferas para resolver situaciones desafiantes. Es una especie de herramienta maestra que los docentes pueden utilizar para encontrar soluciones en las situaciones aparentemente sin salida, en relación con sus alumnos, pero también con el sistema escolar y consigo mismos.

II. LAS DIFICULTADES MÁS FRECUENTES

Capítulo 5

Las emociones: los colores de la vida

La vida es simplemente aquello que nos provocan los sentimientos.
Honoré de Balzac

El efecto de las emociones

Las emociones colorean nuestras experiencias vitales. Aun cuando nos consideremos seres racionales, que piensan las cosas, son nuestras emociones las que finalmente influyen en cómo percibimos la vida y reaccionamos ante ella. El gran filósofo Jean-Paul Sartre sostiene que nuestras emociones son estrategias a través de las cuales nos hacemos a nosotros mismos felices o miserables, puesto que dan significado a nuestra vida.

En la Antigüedad, Aristóteles afirmó: «Las pasiones son, ciertamente, las causantes de que los hombres se hagan volubles y cambien en lo relativo a sus juicios» (*Retórica*, II.1, 1378a). Gloria Solomon (2008) sostiene que somos nuestras emociones en igual medida que nuestros pensamientos y nuestros actos. Robert Cooper y Ayman Sawaf (1997) afirman que las emociones dan significación o sentido a las contingencias de la vida: son ellas, y no la razón, las que determinan si finalmente se desarrollarán nuestras capacidades o se atrofiarán.

A menudo nos zambullimos en una pelea, en una huida o en otras acciones en las que, de haberlo pensado detenidamente solo un momento, ciertamente no nos habríamos metido. Un axioma

119

escolástico afirma que *«nada alcanza la razón que no haya pasado antes por los sentidos».* Las emociones nacen de las sensaciones que son elaboradas y procesadas en el cerebro, concretamente en el sistema límbico. Es una estructura interna del cerebro situada entre el tronco del encéfalo y el córtex que controla la conciencia y la excitación y envía mensajes sensoriales al córtex, responsable del pensamiento, la memoria y el aprendizaje.

LAS EMOCIONES Y EL APRENDIZAJE

> *Las emociones no siempre se someten de inmediato*
> *a la razón, pero se someten de inmediato a la acción.*
> WILLIAM JAMES

Priscilla Vail (2004), especialista en aprendizaje, describe la emoción como «el interruptor de encendido y apagado del aprendizaje». Según Vail, cuando el interruptor se encuentra apagado, el sistema está inactivo y solo se halla disponible el potencial para el aprendizaje. Cuando el sistema límbico interpreta la información sensorial y la envía al córtex para su procesamiento, establece el tono emocional de la información antes de que llegue al córtex. Si el sistema límbico interpreta la información como algo positivo, envía un mensaje de finalidad y excitación y dirige nuestro comportamiento hacia un objetivo. Cuando esto sucede, nos sentimos motivados para actuar; el pensamiento y el aprendizaje se ven reforzados. Cuando la interpretación es negativa, el interruptor, y con él el pensamiento reforzado, se apagan.

Stephen y Carol Lankton, junto con William Matthews (1991), aceptan que todos los seres humanos, por el hecho de haber vivido, experimentan emociones o, al menos, tienen el potencial para sentirlas. La dificultad reside con frecuencia en el área de la *flexibilidad emocional* o en la propensión a utilizar capacidades pensadas en situaciones en particular. Milton Erickson nos recuerda que «los problemas psicológicos existen precisamente porque la mente consciente no sabe cómo iniciar la experiencia psicológica y el cambio de comportamiento en el grado en que nos gustaría» (Erickson y Rossi, 1979).

LAS EMOCIONES Y LAS PERCEPCIONES

No puede haber ningún conocimiento sin emoción. Podemos estar al tanto
de la verdad, pero hasta que no hayamos sentido su fuerza, no es nuestra.
A la cognición del cerebro se le debe sumar la experiencia del alma.
ARNOLD BENNETT

Las emociones surgen de los recuerdos y de las reacciones a acontecimientos en curso. Nuestras emociones se conforman de acuerdo con cómo pensamos (o cómo se nos hace o lleva a pensar) acerca de las experiencias pasadas y presentes. En sintonía con la perspectiva constructivista, el doctor Seligman (1998) sostiene que lo que importa no es lo que nos sucede, sino lo que pensamos acerca de lo que nos sucede. Nuestras percepciones y creencias son nuestra realidad. Por ejemplo, cuando un padre se enfada con su hijo, el niño podría atribuirlo a algo que él haya hecho para enfadar a su padre y, por tanto, sentirse culpable; podría temer el comportamiento del padre y escaparse; o reaccionar agresivamente ante la personalidad autoritaria de su padre. Otro ejemplo: un niño podría atribuir una nota de suspenso en un examen de matemáticas al hecho de que no es inteligente, y así empezar a temer los exámenes, mientras que si atribuye la mala nota del examen a que la prueba era verdaderamente difícil podría sentir rabia contra el profesor.

La idea de Theodor Kemper (1987) de que hay un número ilimitado de emociones posibles es importante. Mientras la sociedad diferencie muchas situaciones sociales, las etiquete y socialice a los individuos para que las experimenten, siempre seguirán apareciendo emociones nuevas. Kemper propone que, aunque haya expresiones ilimitadas de emociones, debe haber una comprensión de las sensaciones primarias a partir de las cuales se deriva o se construye toda una variedad de emociones.

Un supuesto generalizado de las teorías de la emoción es que existe un conjunto reducido de emociones básicas (Watson, 1930; Izard, 1977; Oatley y Johnson-Laird, 1987; Plutchik, 1962, 1980; Tomkins, 1962, 1963, 1984; Kemper, 1987).

Kemper (1987) propone cuatro emociones primarias psicológicamente fundadas: *miedo, rabia, depresión* y *satisfacción.* Tienen relevancia evolutiva, son transculturalmente universales y ontogenéticamente de pronta aparición y se vinculan empíricamente con resultados importantes de las relaciones sociales.

Las emociones secundarias, como la *culpa,* la *vergüenza,* el *orgullo,* la *gratitud,* el *amor,* la *nostalgia,* la *envidia* y demás se adquieren a través de agentes socializadores que definen y etiquetan estas emociones mientras el individuo está experimentando las reacciones autónomas de una de las emociones «primarias». Por tanto, la culpa es una respuesta socializada a la aparición de condiciones psicológicas de miedo; la vergüenza a las de la rabia; el orgullo a las de la satisfacción y así sucesivamente. Esto está en sintonía con lo que señalan Jaak Panksepp y Günther Bernatzky (2002), que creen que hay sistemas cerebrales diferenciados que median con las emociones sociales que emergen de la rabia, el miedo, la alegría y la tristeza.

El doctor Paul Ekman (1993), experto en el campo de la emoción, ha identificado cuatro emociones centrales que se experimentan y reconocen de forma universal: miedo, ira, tristeza y placer. La mayor parte de los investigadores cree que hay muchas familias o dimensiones de estas emociones que resultan de las innumerables mezclas, variaciones y matices posibles. Incluso Nardone (2007) comparte la opinión de que los seres humanos se ven enriquecidos por diversas emociones, pero todas ellas son evoluciones que parten de cuatro componentes básicos que él identifica como *sensaciones:* el *miedo,* el *dolor,* la *rabia* y el *placer.*

Basada en una perspectiva constructivista, la tesis de Nardone de que todo lo que nos llega está filtrado por nuestras sensaciones y percepciones es importante. Todos los seres humanos experimentan *las cuatro sensaciones*, que se fortalecen o se debilitan a lo largo de toda nuestra vida. No hay ninguna sensación correcta o equivocada, sino que, como el *yin* y el *yang* del daoísmo chino, están entrelazadas continuamente y se vuelven útiles o peligrosas según como se gestionen (Balbi y Artini, 2009).

Además, en la misma línea que esta hipótesis, Roberta Milanese y Paolo Mordazzi (2007) creen que las limitaciones o los bloqueos individuales de una persona emergen de una sensación dominante no controlada. Esta sensación básica dominante, al igual que todas las emociones que desencadena, no puede ser cancelada o anulada, sino que debería ser gestionada y orientada de forma efectiva para transformarla y que deje de ser nuestra debilidad para pasar a ser nuestra fortaleza, de ser un límite a ser un recurso.

Los niños y las cuatro sensaciones básicas

Mediante este enfoque trataremos de comprender los problemas de los niños. Esta nueva perspectiva evitará que caigamos en categorizaciones diagnósticas y diseños etiquetadores, al tiempo que nos ayudará a reunir conocimiento operativo/funcional que contribuya a que los docentes y los padres comprendan cómo intervenir de forma efectiva para ayudar a los niños.

El doctor Daniel Goleman (1995) afirma que no podemos manejar nuestra vida si somos incapaces de controlar nuestras emociones. En su libro sobre la «inteligencia emocional», Goleman explica que las emociones influyen en cómo percibimos la vida y reaccionamos ante ella, lo que, a su vez, determina cómo experimentamos y «sentimos» los acontecimientos de la vida como felices o devastadores. Adquirimos inteligencia emocional alcanzando nuestros objetivos y gestionando emociones. Las emociones mal gestionadas toman el control de nuestra vida y determinan el resultado.

Las emociones y sensaciones básicas influyen esencialmente en la forma en que experimentamos la vida y determinan cómo nos sentimos y cómo actuamos. A menudo las personas reaccionan a las experiencias de la vida avasalladas por una sensación dominante, que puede ser *dolor, miedo, rabia* o *placer* (Nardone, 2009). Los niños no son una excepción, su comportamiento en la vida cotidiana y, por tanto, también en la escuela, está filtrado con frecuencia por esta lente deformante. A los alumnos les gustaría aprender o, como decimos en terapia, colaborar con el profesor o el padre, pero muchas veces están bloqueados por una sensación básica predominante.

Ejemplos

A un niño excesivamente precavido le encantaría ir a la escuela, pero su miedo abrumador a fracasar le impide hacerlo. A un adolescente le gustaría tener amigos, pero su rabia no le permite hacer amistades porque discute ante cualquier pequeña diferencia de opinión. A un niño sensible le gustaría concentrarse en sus deberes escolares, pero no puede dejar a un lado las vívidas imágenes de su mascota enferma. Un niño no dejará de hacer el payaso hasta que logre la atención que ansiaba.

RACIONALIZAR LO IRRACIONAL

Con frecuencia, los profesores prueban formas racionales de convencer a sus pupilos «desafiantes» de que reaccionen y se comporten de otra forma. Utilizan una argumentación racional válida para que dejen el comportamiento a menudo ilógico y no deseado, pero solo acaban comprobando la magnitud de su propio fracaso.

Hay varios ejemplos en la historia de que «lo irracional triunfa sobre lo racional». El doctor David Borenstein (2011) señala que «en principio, los sentimientos no son lógicos. El hombre que ha racionalizado sus emociones es peligroso».

El objetivo de este capítulo es ayudar a los docentes a identificar las sensaciones dominantes subyacentes a las dificultades y los problemas específicos relacionados con los niños de tal forma que sean capaces de adecuar su lenguaje y sus intervenciones de manera acorde. Si los profesores son capaces de sintonizar con los sentimientos subyacentes de los niños, podrán utilizar las palabras apropiadas (lenguaje) y los medios efectivos (estrategia) para generar finalmente un cambio en el niño.

¿QUÉ SUCEDE CUANDO LOS NIÑOS NO PUEDEN GESTIONAR LAS EMOCIONES DE FORMA EFECTIVA?

El psicólogo evolutivo Michael Hoffman afirma que las emociones son responsables de que los niños procesen de una determinada manera la información, organicen los recuerdos y reaccionen ante el mundo que les rodea (citado en Pruett y Pruett, 1999). Así pues, los niños pueden acabar siendo víctimas de sus emociones mal gestionadas, externalizando o internalizando sus dificultades inadecuadamente.

DIFICULTADES SOCIALES, EMOCIONALES Y CONDUCTUALES

Las dificultades sociales, emocionales y conductuales (SEBD, *Social, Emotional and Behavioural Difficulties*) en la escuela están convirtiéndose en una causa creciente de preocupación en muchos países (Cooper y Cefai, 2013; Cooper *et al.*, 2000; Soles *et al.*, 2008; Smeets, 2009). En el mejor de los casos, el término SEBD es un paraguas impreciso que comprende conductas y formas de expresar las emociones entre escolares que las personas adultas y los alumnos experimentan como disruptivas y/o perturbadoras (Cooper, Smith y Upton, 1994).

El término SEBD, tal como se emplea en este contexto, está en sintonía con la definición aportada por Cefai y Cooper (2006), que lo consideran como aquellas dificultades sociales, emocionales y/o conductuales que interfieren con el aprendizaje, el funcionamiento social y el desarrollo del niño o niña y/o de sus iguales y que requiere de alguna forma de apoyo emocional para abordar las necesidades emanadas de esas dificultades.

Los niños de las sociedades occidentales, especialmente en los últimos veinte años, han padecido cada vez más de SEBD, o han sido diagnosticados de SEBD, y el diagnóstico de Trastorno de Déficit de Atención e Hiperactividad (TDAH) ha adquirido proporciones de epidemia, particularmente entre los niños de América del Norte (Timimi y Taylor, 2004). Los diagnósticos formulados habitualmente por psicólogos y demás profesionales de la salud consideran que la sobrecarga de actividad, la baja concentración y la impulsividad de los niños es una prueba positiva de que padecen un problema médico, lo cual está apoyado por grandes corporaciones médicas. De esta opinión se desprende que estos niños requieren intervención farmacológica periódicamente. Suelen ser tratados con estimulantes, como Concerta o Rubifén.

Los niños tienen entre cuatro y diez veces más probabilidades que las niñas de recibir un diagnóstico negativo y tratamiento farmacológico. Mientras que niños y niñas de solo 2 años son diagnosticados y se les prescribe una cantidad cada vez mayor de estimulantes (Timimi, 2007). En 1996, más del 6% de los niños menores en edad escolar de Estados Unidos estaba recibiendo tratamiento con psicofármacos. Estudios más recientes muestran que en algunas escuelas de Estados Unidos más del 17% de los niños varones ha sido diagnosticado y está tomando medicación, mientras que en el Reino Unido las recetas de medicamentos han aumentado desde las 6 000 en 1994 hasta las 345 000 en la segunda mitad de 2003.

Michael Rutter y David Smith (1995) afirman que desde finales del siglo xx ha habido un aumento propio de una epidemia en la frecuencia de SEBD en niños y niñas, lo que lleva a problemas de comportamiento y psicológicos graves y a expulsiones de la escuela (Parsons, 1999; Cooper *et al.,* 2000; Mooij, 1999).

SEBD es un término que incorpora realidades muy diferentes, desde comportamientos «externalizados», como la agresividad, la desobediencia, el vandalismo y el acoso escolar, hasta comportamientos «internalizados», como el repliegue social, la ansiedad, la depresión, la pasividad extrema, los trastornos de la alimentación, el consumo de sustancias y las autolesiones. Los comportamientos «externalizados» tienden a recibir más atención de los padres, los profesores y de la comunidad en general porque afectan negativamente a la vida de los demás. Por el contrario, los comportamientos «internalizados» quedan disimulados, o incluso es posible que el niño y su familia los oculten deliberadamente.

Comportamiento externalizado

Algunos niños tienden a externalizar o a carecer de control sobre sus emociones y su comportamiento (Cooper y Cefai, 2013). Pueden representar sus percepciones y sentimientos negativos siendo impulsivos o agresivos. Cooper (2006) define las dificultades externalizadas como aquellos modelos de conducta que los demás experimentan como disruptivos, antisociales y/o de confrontación. Muchas veces, la rabia es la sensación central asociada con los comportamientos externalizados. La rabia no está causada por el acontecimiento mismo, sino más bien por la percepción y la reacción de la persona enfadada ante ese acontecimiento. Con frecuencia, la frustración conduce a la rabia. Exactamente igual que las personas adultas, los niños experimentan frustración cuando sus deseos, esfuerzos y planes se ven obstaculizados; cuando no consiguen lo que quieren. Los niños que tienen poca tolerancia a la frustración perciben el mundo como algo «demasiado duro» y no pueden soportarlo. Aquellos con dificultades de aprendizaje suelen frustrarse con facilidad porque tareas como aprender a leer les resultan increíblemente difíciles. Los niños y adolescentes obstinados no suelen acatar las normas y se niegan a cumplirlas, ya sea que vengan de sus padres o de sus profesores. Sus propias reacciones y las tentativas del adulto de poner fin a estos comportamientos solo sirven para empeorar las cosas. Pero desarrollaremos este aspecto en los capítulos 8 y 9, dedicados a los comportamientos generados por la rabia y los basados en el placer.

Comportamiento internalizado

Otros niños que tienen problemas gestionando sus emociones tienden a sobrecontrolar o internalizar sus sentimientos. Quizá se sientan asustados, angustiados, infelices o tristes. Tal vez «repriman» el miedo o el dolor y padezcan síntomas psicosomáticos. Podrían temer al fracaso y al rechazo y, así, apartarse de los demás y pasar mucho tiempo solos, aun cuando no les guste estar solos. Podrían vivir atormentados por pensamientos obsesivos que les causan problemas para concentrarse y prestar atención en la escuela.

Estos niños no suelen ser disruptivos, ni angustiar a otros y, por tanto, muchas veces no se les presta atención. Pero estos comportamientos internalizados pueden desembocar en bajo rendimiento escolar, lo cual puede reforzar los sentimientos de ansiedad, tristeza y baja autoestima, afectando incluso a la esfera social.

GESTIONAR LAS SENSACIONES DOMINANTES

> *Con toda nuestra buena intención, muchas veces*
> *producimos las peores consecuencias.*
> OSCAR WILDE

Como veremos en los capítulos siguientes, con todas nuestra buena intención, nuestros intentos por controlar estas emociones pueden llevarnos a ser aún más víctimas de ellas. Las tentativas (nuestras y de otros) de ahuyentar o controlar las emociones dominantes acaban exacerbándolas, lo que nos lleva a perder aún más el control sobre ellas.

A menudo volvemos a los medios racionales para superar sensaciones irracionales, con lo que acabamos alimentando *el dolor, el miedo, la rabia* o incluso *el placer,* que nos domina aún más. Según el adagio latino: *similia similibus curantur,* es decir, «lo semejante cura lo semejante». Así, esto explica por qué los medios racionales no son cura para las sensaciones irracionales dominantes que nos incapacitan.

EXPERIENCIAS EMOCIONALES CORRECTORAS

A veces habría que poner en práctica acciones extrañas e inusuales para liberar la
mente de las ataduras convencionales. Entonces se hará visible el gran mundo.
DAVID LINDSAY

> *Tenemos que representar nuestra pasión para poder sentirla.*
> JEAN-PAUL SARTRE

Tal como afirmaba el escritor inglés Gilbert Keith Chesterton, «hay un camino que lleva del ojo al corazón y no pasa por el intelecto». Muchas veces nos vemos atrapados en el intento de aliviar a las personas de su miedo, rabia, dolor o placeres, pero sin éxito. Platón describió la emoción y la razón como dos caballos que tiran de nosotros en direcciones opuestas. En diversas situaciones los seres humanos se ven superados por las emociones y, por tanto, no pueden imaginar el camino hacia una nueva forma de percibir y comportarse. En estos casos, la única solución es «traer» a la experiencia un nuevo modo de sentir, percibir y pensar.

Por ejemplo, un niño temeroso solo puede sentirse seguro de sí mismo y de sus capacidades una vez que ha experimentado concretamente una situación en la que se siente valiente y con coraje. Así pues, de acuerdo con las palabras de Heinz von Foerster, «si deseamos ver, tenemos que aprender a actuar».

Franz Alexander (1946) cree que «la intuición intelectual por sí sola no es suficiente», ya que los individuos tienen que vivir una «experiencia emocional correctora», es decir, algo que les ofrezca una oportunidad de abandonar antiguos modelos de conducta con el fin de aprender o reaprender modelos nuevos a base de reexperimentar sentimientos y necesidades que habían quedado antes sin resolver. A menudo, esta oportunidad no se brinda mediante un discurso explicativo o descriptivo, sino mediante el uso del lenguaje impositivo.

En su libro *Laws of Form*, George Spencer-Brown (1973) desarrolla un brillante discurso sobre la fuerza del lenguaje impositivo en la comunicación matemática. Spencer-Brown explica que la forma primaria de comunicación matemática no es la descripción sino la instrucción. En este aspecto, es comparable a las formas de arte práctico, como la cocina, en la que el gusto por un bizcocho, aunque es literalmente indescriptible, se puede transmitir al lector en forma de un conjunto de órdenes denominadas «receta». La música es un arte similar. El compositor ni siquiera intenta describir el conjunto de sonidos que tiene en mente, menos aún el conjunto de sentimientos que provoca, sino que escribe una serie de instrucciones que, si el lector las obedece, pueden resultar en una reproducción, para el lector, de la experiencia original del compositor.

En la misma línea que el concepto de «experiencia emocional correctora» de Alexander, Nardone y Watzlawick (2004) creen que los individuos tienen que experimentar y sentir algo diferente para liberarse de las sensaciones, percepciones y reacciones que los constriñen. Solo si llevamos al niño a emprender determinadas acciones «diferentes», entonces la mera realización de estas hará que experimente algo que ninguna explicación o interpretación podrá jamás revelarle.

CONCLUSIÓN

Siguiendo la lógica no ordinaria de las sensaciones básicas subyacentes y los intentos de solución ineficaces que alimentan aún más la dificultad del niño, podemos encontrar orientaciones para diseñar acciones o intervenciones directas o indirectas que desencadenarán de forma efectiva y eficiente un cambio en el sistema aparentemente «atascado» para que se conviertan en algo nuevo. Estas intervenciones se analizarán con mayor profundidad más adelante, en el capítulo 10: «Cuando falla el sentido común: intervenciones no ordinarias».

Capítulo 6

Dificultades generadas por el miedo

Llevo las heridas de las batallas que he evitado.
Fernando Pessoa

Aprendí que el coraje no es la ausencia de miedo, sino el triunfo sobre él.
Nelson Mandela

El miedo es una sensación humana básica que nos ha ayudado a sobrevivir a lo largo de los siglos en este caótico y, a menudo, peligroso mundo. Gracias a nuestro genio, los seres humanos lo hemos transformado en un planeta bastante amable (viviendas seguras, medicina, tecnología, etc.), pero todavía hay muchas personas que viven en un terror continuo.

En un momento u otro, todos experimentamos angustias y miedos. Esto ocurre especialmente cuando nos enfrentamos a nuevos retos o nos hallamos en situaciones sobre las que creemos tener poco control o carecer de él por completo. Los niños no son una excepción; con frecuencia temen a las situaciones nuevas o a cosas que les hacen sentir inseguridad. La naturaleza de los miedos cambia a medida que los niños crecen y se desarrollan. Los bebés experimentan angustia hacia los desconocidos y se aferran a los padres cuando se ven confrontados con personas a las que no reconocen. Los niños pequeños experimentan angustia de separación y se alteran emocionalmente cuando uno de sus padres o los dos se marchan. Los niños de entre 4 y 6 años pueden temer a los monstruos y los fantasmas, mientras que los de entre 7 y 12 años pueden empezar a tener miedo a las enfermedades, las catástrofes naturales o, incluso, al rechazo. A medida que los niños crecen, tal vez algún miedo desaparezca o sea reemplazado por otro. Este tipo de sentimientos no solo son normales, sino también necesarios. Enfrentar el miedo puede preparar a los jóvenes para manejar experiencias tristes y situaciones desafiantes de la vida. Además, tener miedo a determinadas cosas o situaciones puede resultar útil porque vuelve a los niños prudentes y menos impulsivos y, por tanto, los hace comportarse de un modo seguro.

Aunque el miedo sea una sensación protectora, puede convertirse en un problema si sobrepasa un determinado umbral, cuando se torna tan generalizado que paraliza e inhibe la actividad humana y amenaza la tranquilidad. Si los sentimientos de miedo persisten, pueden dañar la sensación de bienestar de un niño. Por ejemplo, un niño con miedo a ser rechazado puede no lograr aprender habilidades sociales importantes, lo que produce aislamiento social.

Cuando el miedo se convierte en angustia y pánico

Cuando el miedo persiste, puede convertirse en una angustia abrumadora o desembocar en fobias específicas. Por mucho que un adulto espere que el niño crezca y se le pase, a veces sucede lo contrario y la angustia se consolida y adquiere mayor predominancia. Los seres humanos podemos percibir el miedo en muchos objetos y situaciones de las que tendemos a protegernos. El miedo estremecedor trae consigo la *evitación* o las *peticiones de ayuda* continuas (delegación de tareas, como el «ve tú allí por mí», «haz esto por mí» o la necesidad de estar acompañado, el «no me dejes solo»).

Con toda su buena intención, el individuo trata de controlar esta sensación avasalladora evitando directa o indirectamente cualquier situación que pueda ponerle en crisis, cualquier situación en que se sienta fuera de control. Pero, paradójicamente, cuanto más evita, más *tiene* que evitar, lo que le lleva a sentirse más incapaz y, por tanto, más propenso a evadirse aún más.

La persona queda atrapada en un círculo vicioso que acaba alimentando sus miedos irracionales. Esto a menudo se produce también en el plano psicológico. Cuanto más trata de encontrar el modo de controlar el miedo, más pierde el control. La persona que ahora teme perder el control empieza a hiperventilar. Esto se ve compensado por un aumento del ritmo cardíaco y respiratorio y por la sudoración, que trata de controlar y contra la que intenta luchar, pero con pésimos resultados, lo que le lleva finalmente a perder el control por completo, por ejemplo, con jadeos, ataques de pánico, deseos de huir, etc.

De manera similar, cuando un niño tiene miedo de algo, ya sea un objeto, un animal, un lugar, una persona, etc., *tratará de evitarlo* a toda costa pensando que ese es el mejor modo de gestionarlo. Así pues, el intento de solución del niño es eludir la situación amenazadora; pero cuanto más la evita, más necesita evitarla. El miedo parece crecer en su interior desde un acto de evasión hasta el siguiente. Pensemos en un ejemplo muy común entre los niños, la fobia a la escuela. Cuanto más empieza el niño a faltar a la escuela, más difícil le resultará volver a ella. Cuanto más se distancia del entorno temido, más difícil será acercarse a él.

Ejemplo

Desde su llegada a la nueva escuela, Patricia, una niña de 6 años, tiene miedo a quedarse sola en el nuevo entorno. Para hacer que se sienta más cómoda, los profesores y compañeros empezaron a turnarse para hacerle compañía. Pero al cabo de seis meses de su llegada, el miedo no se ha aplacado. Patricia necesita estar acompañada allá donde va por toda la escuela, incluso para ir al servicio.

Otro miedo habitual entre los niños es el miedo a la oscuridad, esto los lleva muchas veces a protestar y a no querer dormir solos. Para aliviar este miedo, con toda su buena intención, los padres suelen permitirle que duerma con ellos; pero cuanto más se niega el niño a dormir en su habitación, más difícil se hace para él y para los padres lograr que abandone su puerto seguro, es decir, la habitación de sus padres, y regrese a su cuarto.

INTENTOS DE SOLUCIÓN DE LOS ADULTOS

El primer intento de los adultos para tratar de ayudar a este niño atemorizado suele ser tranquilizarlo y convencerlo de forma racional de que «no hay nada que temer», pero al ver que esto resulta bastante inútil, y muchas veces por exasperación, acaban protegiéndolo de la situación temida, apartándolo de ella o haciendo las cosas por él. Estos intentos de solución llevados a cabo por los agentes que rodean al niño alimentan aún más y confirman su miedo (Nardone y Fiorenza, 1995). El adulto se siente frustrado porque ningún argumento elaborado parece hacer desaparecer el miedo que paraliza al niño, mientras que este se siente aún más incomprendido.

Nadie parece comprender y sentir su miedo cegador. Esto confirma el poco amor propio, la incompetencia y la «insignificancia» del niño ante el objeto monstruoso. Y eso parece acrecentar aún más su miedo subyacente y confirma sus convicciones (creencias), lo que le lleva a evitar la situación todavía más. El miedo del niño será tan exasperante que llevará al adulto a contradecir sus palabras y apartar al niño del objeto temido. El comportamiento protector de los adultos va contra lo que han predicado hasta el momento, a saber, que no hay nada de lo que tener miedo.

En otras palabras, el adulto niega verbalmente el miedo, pero acaba confirmándolo de manera no verbal. Este mensaje contradictorio genera incertidumbres posteriores (Bateson *et al.*, 1956) e indirectamente confirma al niño que en realidad hay algo que temer. En su manual de pautas familiares contemporáneas, Nardone, Giannotti y Rocchi (2008) muestran que los padres sobreprotectores tienden a criar niños inseguros y temerosos debido a estos mensajes contradictorios que transmiten continuamente.

La ansiedad se ha considerado el «resfriado habitual» de la salud mental infantil. En el corazón de la ansiedad se encuentra el miedo. Los niños ansiosos tienen una especie de sensación constante que se convierte en pánico cuando está presente el «estímulo diana». Hay niños que están ansiosos los días de colegio, otros cuando tienen que enfrentarse a situaciones sociales, otros cuando se sienten bajo presión, como, por ejemplo, ante los deberes escolares, proyectos, actividades deportivas o las clases de música. A menudo estos niños se sienten extremadamente incómodos en situaciones en las que tienen la sensación de que carecen del control o no son capaces de gestionar una situación, o cuando sienten que son observados o evaluados. Temen ser humillados o sentirse abochornados.

Algunos niños se angustian de forma más generalizada y se preocupan por las cosas en general. Sienten que son incapaces de controlar su preocupación. Quizá se preocupen por cómo les ha salido un examen, por su aspecto, por si gustan a otras personas como ellos o por lo que pueda suceder en el futuro. Los niños ansiosos en general son propensos a parecer «nerviosos» o «en ascuas». Entonces, tienden a mostrarse irritables y tensos. También pueden presentar problemas para dormir y para concentrarse y se cansan con facilidad. A veces, los niños ansiosos tratan de hacer frente a la ansiedad a base de ser perfeccionistas. Como es natural, esto no es posible y, por lo general, solo les hace sentir peor porque no consiguen sino comprobar la magnitud de su fracaso cuando no son perfectos.

Rituales para aplacar el miedo

Algunos niños ansiosos pueden incluso obsesionarse con cosas concretas, como la limpieza, la seguridad, su salud o ser los mejores en todo lo que hacen. Estos pensamientos los invaden constantemente. Parece que no pueden sacarse de la cabeza estas ideas aunque quieran hacerlo o lo intenten. Quizá traten de gestionar su ansiedad e impedir que estos acontecimientos temidos sucedan a base de entregarse a comportamientos compulsivos como lavarse las manos, hacer comprobaciones, acumular cosas compulsivamente o mantener rituales supersticiosos.

Comportamientos como el de comprobar reiteradamente si la puerta está cerrada, ser incapaces de tirar nada o tener que repetir un ritual, como tocar un objeto siete veces, una y otra vez, pueden constituir su tentativa de gestionar ese miedo. Aunque estas compulsiones son intentos de reducir los pensamientos obsesivos, no sirven para eliminarlos, sino que, peor aún, acaban alimentando aún más el miedo subyacente. Incluso en este tipo de casos, cuando los adultos tratan de convencer al niño de que no hay nada que temer y de que deje de repetir sus rituales, no obtienen ningún éxito.

El niño parece encontrar alivio solo cuando ha repetido su comprobación o su limpieza, aunque se trate solo de una ilusión momentánea, porque poco después estará una vez más atormentado por sus dudas. La situación suele llegar a tal extremo que, en un intento de «ayudar» al niño, los padres acaban convirtiéndose en verdaderos cómplices de sus rituales. O, por exasperación, o quizá porque piensen verdaderamente que de ese modo pueden aliviar el sufrimiento del niño, los adultos empiezan a participar en los rituales.

Ejemplo

Todos los días, llueva o haga sol, antes de ir a la escuela Simón tiene que pasar por delante de la casa de sus abuelos. Incluso los días que van con retraso, sus padres tienen que llevarlo hasta el otro extremo de la ciudad para que él vea a sus abuelos y les pida: «Bendíceme, abuela; bendíceme, abuelo». Sus padres dicen que es la única forma de que Simón se tranquilice para poder ir a la escuela.

Miedo al fracaso

El doctor Jim Taylor (2010) cree que el miedo al fracaso entre los niños de Estados Unidos ha adquirido hoy día proporciones de epidemia. El miedo al fracaso hace que los niños experimenten una angustia debilitante antes de presentarse a un examen, participar en una competición deportiva o actuar en un recital. Los lleva a permanecer por debajo del máximo esfuerzo, a no asumir riesgos y, en última instancia, a no obtener un éxito completo. Afirma que en el corazón del miedo al fracaso se encuentra la creencia infantil de que, si fracasan en la escuela, en el deporte, en las artes o socialmente, decepcionarán a sus padres, su grupo de iguales los rechazará, experimentarán vergüenza o culpa o se sentirán inútiles.

Vivimos en una sociedad que no tolera el fracaso. Muchas veces, con la mejor intención, los profesores, padres y demás personas significativas transmiten este mensaje. En consecuencia, evitar el fracaso se convierte en su forma de contemplar y vivir la vida. Pese a este profundo miedo al fracaso, muchos de estos niños no lo han experimentado realmente, sino que con frecuencia abandonan de antemano (autosabotaje) o evitan «riesgos» para garantizar que no lo experimentarán. El fracaso se percibe como algo que no pueden soportar, ni gestionar. Así que los niños con este problema van a lo seguro y lo evitan. Esto los alivia momentáneamente, pero, a la vez, sienten una sensación aún más abrumadora de frustración e incapacidad porque el único modo de tener verdadero éxito es asumir riesgos. Como dice Fernando Pessoa, *llevan las heridas de las batallas que han evitado.*

Uno de los aspectos más destructivos del *miedo al fracaso* es que los niños temen asumir riesgos. Como afirma el doctor Taylor, sin riesgos no puede haber mucho crecimiento o progreso. Al evitar riesgos, los niños se quedan atascados a perpetuidad y, paradójicamente, acaban viviendo en el fracaso porque nunca pueden descubrir el éxito absoluto. En otras palabras, solo si se asumen riesgos se puede crecer. Así, para alcanzar los objetivos de su vida, los niños deben abrazar y aceptar el fracaso. Solo haciéndolo quedarán liberados del miedo ante él y, en consecuencia, perseguirán el éxito.

Ejemplo

Javier es un chico inteligente de 14 años que empezó a rehuir toda clase de contacto social simplemente por evitar «situaciones embarazosas». Mandaba a su hermano pequeño a que le comprara cosas, a su madre a que le hiciera todos sus recados, hacía que sus amigos fueran los que hablaran. Se había organizado «con mucha inteligencia» para evitar exponerse al fracaso. Sin embargo, a medida que fue pasando el tiempo, fue sintiéndose cada vez más inseguro y aislado. Cuando los servicios de orientación y psicología del instituto nos lo derivaron, evitamos tratar de disuadirlo de su aparente «miedo irracional», como trataban de hacer la mayoría de sus familiares, profesores y amigos.

¿Cómo intervenir? Reconocimos su miedo al fracaso y reconocimos que era desagradable para todo el mundo, pero le pedimos que hiciera una pequeña tarea. Todos los días se lo invitaba a esforzarse más de la cuenta para pedir algo (algo que no le importara mucho) y por lo que tuviera que tratar de obtener un pequeño «no», que equivaldría a un pequeño rechazo. Por ejemplo, tenía que pedir un bolígrafo a un amigo sabiendo que este no lleva nunca bolígrafo, o preguntar la hora a alguien que no llevara reloj. En otras palabras, con el fin de liberarlo de su miedo teníamos que exponer a Javier a pequeños riesgos para inmunizarlo contra «recibir un no».

Javier regresó diciendo que a veces conseguía obtener un «no», pero que la mayoría de las veces la gente era tan amable que trataba de ayudarlo. E incluso que cuando obtenía el «no», no se acababa el mundo. Esta tarea le ayudó a tener una «experiencia emocional correctora» que puso en cuestión su percepción del fracaso. La segunda fase consistió en hacerle cometer deliberadamente algún pequeño error. Por ejemplo, escribir mal una palabra cuando está enviando un mensaje a un amigo, fingir olvidar un nombre aunque lo supiera bien, etc. Con los niños pequeños invitamos a los padres y/o profesores a cometer errores deliberadamente para transmitir al niño que «errar es humano». Una vez más, indirectamente llevamos a los niños a experimentar una «experiencia emocional correctora» acerca del fracaso para superar el miedo.

Niños que piensan demasiado

El miedo al fracaso puede llevar a un niño o niña a sobrecontrolarse, lo que a menudo conduce a bloquear reacciones naturales o comportamientos adquiridos y aprendidos previamente. Los niños suelen preocuparse demasiado por lo que están haciendo y acaban paralizados o bloqueados. Esta reacción incapacitante que denominamos «actuación bloqueada» se puede expresar de diversas formas, como el pánico escénico, el mutismo selectivo, quedarse en blanco en los exámenes, ruborizarse, fracasar en eventos deportivos, etc.

Una breve historia sobre un ciempiés ilustra este proceso con mucha claridad. Había una vez un ciempiés que andaba por ahí como todos los días. Una hormiga curiosa lo detuvo y le preguntó asombrada:

—Oye, ¿cómo te las arreglas para coordinar todas esas patas?

El ciempiés le respondió con energía:

—No sé, me sale de forma natural —y se marchó. Pero poco después se puso a pensar. Es verdad, ¿cómo hacía para coordinar todas esas patas y decidir cuál iba primero y cuál después...? Y de pronto acabó enredado en sus propias patas, incapaz de moverse.

Ejemplo

Jaime es un niño de 7 años, un alumno brillante que fue remitido a los servicios de orientación y psicología por sus profesores, que repararon en que no había estado muy activo verbalmente en clase desde el principio del curso. Desde el momento que entraba en clase hasta que llegaba la hora de marcharse a casa permanecía mudo. Sus padres se preocuparon cuando los profesores les refirieron la cuestión porque Jaime hablaba con facilidad en casa (con ellos, con su hermano y con sus abuelos), pero se volvía muy tímido y se quedaba sin habla cuando estaba en la escuela.

¿Qué se ha hecho? Al principio, sus padres pensaban que algo iba mal en la escuela, que o bien estaba sufriendo acoso escolar, o bien tenía problemas con la profesora, con sus compañeros o con el personal de la escuela. Pero una observación detenida reveló que Jaime disfrutaba yendo a la escuela, que en realidad adoraba a su profesora y a sus compañeros. Participaba activamente en las actividades de clase siempre que no le pidieran que hablara. Los padres y los docentes trataron de profundizar en el asunto e intentaron preguntarle a él y a sus amigos para ver qué iba mal, pero nunca recibían ninguna respuesta clara. Los profesores trataron de pergeñar toda clase de actividades para hacer hablar a Jaime (concursos, preguntas, actividades individuales y de grupo, etc., asignándole tareas de responsabilidad), pero no sirvió de nada. Durante un examen oral, con toda su buena intención, su profesora, en un intento por tranquilizarlo, le insistió en que tratara de responderle a una pregunta. Ella insistió exclamando que no debería vacilar a la hora de responder porque era un niño inteligente que seguramente lo diría bien. Otro intento fallido consistió en implicar a sus compañeros para que le insistieran en que hablara, pero eso solo le «ayudó» a hacerlo sentir más en primer plano y a cerrarse aún más.

El problema estaba empeorando, puesto que evitaba hablar a sus compañeros y amigos incluso fuera de la escuela. Las muy

pocas excepciones en que los profesores y los compañeros sor-
prendentemente le oían pronunciar una palabra era durante la
hora del recreo, mientras jugaban al fútbol, cuando se enfadaba
o cuando sus amigos lo decepcionaban por no pasarle el balón.

En esas ocasiones se oía a Jaime decir «oh, no», «¿por qué
no has...?», «¿no podrías...?», o incluso insultarlos. Los intentos
de solución ineficaces y las excepciones nos ayudaron a diseñar
nuestra intervención, basada en una de *Las 36 estrategias chinas*
de la Antigüedad: «*Surcar el mar sin que el cielo lo sepa*» (cf. Gao,
2002). Estaba claro que Jaime acababa sobrecontrolándose e in-
hibiéndose cuando se sentía observado o el centro de atención,
mientras que estaría más relajado al dejarse llevar cuando se hallaba
distraído, cuando no se encontraba tan centrado en sí mismo y
en sus acciones.

SÍNTOMAS PSICOSOMÁTICOS

Los niños ansiosos también pueden padecer síntomas psicosomáticos (Linna, Moilanen y Keistinen, 1991; Tamminen *et al.*, 1991;
Natvig y Klepp, 1992). Estos niños experimentan con frecuencia
malestar físico, aunque los controles médicos excluyan algún fundamento fisiológico. Los síntomas parecen guardar más relación
con factores psicológicos y emociones abrumadoras que con
lesiones físicas reales o causas biológicas (Tanaka *et al.*, 2000). Los
niños ansiosos pueden no expresar su miedo con palabras, sino
externalizarlo a través de síntomas físicos como náuseas, dolores de
cabeza, de estómago o de pecho, diarrea, mareos, dolores muscu-
lares y temblores, acné o alergias en la piel, palpitaciones, falta
de aliento, etc. La teoría psicológica considera que los síntomas
son una comunicación social para expresar emociones o para
simbolizar sentimientos que no se pueden verbalizar.

La prevalencia de quejas psicosomáticas en niños y adolescentes
ha sido contabilizada entre un 10 % y un 15 %. Diversos estudios

han descubierto una asociación entre el estrés psicológico y la salud psicosomática entre niños y adolescentes. Las fuentes potenciales de estrés pueden ser todas aquellas situaciones a las que el niño teme no poder hacer frente, en las que se siente incapaz (deberes escolares, rendimiento académico y deportivo, acoso, tomar la palabra en clase, cambios familiares, etc.). Los síntomas psicosomáticos suelen basarse en el miedo, pero también podrían ser expresión física del dolor y la rabia.

Ejemplo

Sonia, de 14 años, se quejó durante más de un año de fuertes dolores de estómago, que a menudo terminaban con un episodio de vómitos. Su pediatra ordenó una serie de pruebas diagnósticas y no encontró ningún fundamento físico para sus dolencias. Se descartó un patrón de evitación del instituto, puesto que Sonia asistía al centro de buena gana; era buena estudiante, gustaba a sus compañeros y a sus profesores y, además, tocaba el piano de forma sobresaliente. Aunque todavía era una joven adolescente, después del instituto pasaba muchas horas en casa practicando piano compulsivamente, yendo a ensayos o conciertos y a menudo se quedaba despierta hasta medianoche para terminar los deberes sin que sus padres tuvieran que decírselo.

Sonia era muy buena en todo lo que hacía (tanto en el instituto como con el piano), todo el mundo estaba muy orgulloso de ella y esa era la razón por la que no quería decepcionarlos. Incluso los domingos pasaba horas tocando sin parar. Viendo su dedicación, sus padres contactaron con una prestigiosa escuela de música, donde Sonia fue admitida para asistir cuando cumpliera 16 años.

Entró en un bucle por el que, por mucho que hiciera, nunca era suficiente, lo cual estaba introduciendo demasiada presión en su experiencia. Todas las mañanas, Sonia se despertaba con fuertes dolores de estómago y, en consecuencia, tenía que vomitar antes de comenzar su frenético día. Nunca se quejaba, tenía la sensación de que esta era su misión en la vida por los muchos sacrificios que estaban haciendo sus padres para enviarla a esa escuela. Tenía mucha presión. Era incapaz de enfrentarse abiertamente a su angustia, también porque las muy pocas veces que manifestaba su preocupación acerca de que pudiera fracasar, todo el mundo lo negaba, lo que le recordaba la imposibilidad de todo esto, en vista de sus excelentes resultados. Incapaz de expresar directamente su miedo al fracaso, reaccionaba a través de su cuerpo.

INTERVENCIONES EN DIFICULTADES GENERADAS POR EL MIEDO

El primer paso para liberar a los niños de sus miedos es poner en duda e interrumpir nuestros intentos de solución más habituales, que muchas veces mantienen el problema y lo empeoran. Con frecuencia, esto basta para romper el círculo vicioso de las retroalimentaciones que acaban aumentando el miedo del niño. Más de veinte años de experiencia clínica y de investigación en el Centro di Terapia Strategica de Arezzo, dirigido por el profesor Giorgio Nardone, han desembocado en la creación de intervenciones específicas que contribuyen a que los adultos puedan ayudar a los niños a superar sus miedos.

DESPLAZAMIENTO DE LA ATENCIÓN: *SURCAR EL MAR SIN QUE EL CIELO LO SEPA*

El miedo se convierte en pánico cuando nuestras intervenciones acrecientan la atención y la tensión del niño en el momento de enfrentarse a una «situación amenazadora». Cuanto más situamos el foco de atención sobre el problema percibido, especialmente en los momentos críticos, más aumentamos el miedo y la tensión, lo que lleva a la criatura a una mayor evitación o a un control reforzado. Por tanto, sobre todo en los momentos críticos, el único modo de evitar que el miedo sobrepase al niño (pero también al sistema que lo rodea) es desplazar la atención del miedo percibido hacia una tarea.

Cuanto más elaborada es la tarea o el ritual, más eficiente se vuelve. Una tarea que empleamos es la del «diario de a bordo» (Nardone, 1993). Esta maniobra es más efectiva con adolescentes que se vuelven conscientes y, por tanto, evitan sus miedos. Les decimos que procedan en su vida cotidiana como de costumbre, pero que llevan consigo un diario que nos ayudará a monitorizar y, por tanto, a comprender lo que les sucede en esos momentos críticos. Y cada vez que sienten que el miedo está surgiendo inesperadamente, deben sacar de inmediato el diario y rellenar la tabla con los apartados de *fecha y hora, lugar y personas, situación y pensamientos, síntomas, reacciones.*

La verdadera intención de la tarea es desplazar la atención del adolescente de su miedo hacia la tarea, con lo que consigue gestionar mejor el momento difícil él solo. Eso es *surcar el mar sin que el cielo lo sepa;* el adolescente consigue «surcar» un mar embravecido evitando ser arrastrado por las grandes olas.

Mapa de límites

Otra técnica empleada con frecuencia con los niños que tienden a evitar los objetos temidos, como salir de casa, ir a su cuarto a estar solo o sola, etc., es el denominado mapa de límites. Propuesto en forma de juego, se hace que el niño o niña pruebe sus límites delante de la situación temida. Se invita al niño a empezar a avanzar hacia el objeto temido, contabilizando sus pasos. Se le recomienda que tan pronto como empiece a sentirse incómodo se detenga de inmediato y evite dar un paso más. Ha de anotar el número de pasos, dar media vuelta y, después, retroceder dos pasos con respecto al límite registrado antes de comenzar de nuevo.

La idea subyacente es que al desplazar la atención del niño del objeto temido hacia la tarea, se lo aproxima más al objeto del miedo. Cuando se le presenta a modo de juego, se lo libra de su angustia y con frecuencia el deseo de superar su límite actual es más fuerte. Comienza una especie de competición consigo mismo para batir su propio récord. Siguiendo el mismo principio en el que se basa la *hipótesis de contacto*, que se suele emplear para superar el racismo y los prejuicios, al hacer que la criatura se aproxime más al objeto temido, empezará a familiarizarse con la situación. Conduciéndolo entre juegos para que entre en contacto más estrecho con el objeto del miedo, se logra que el niño experimente y, así, aprenda que «ESO no es tan amenazador». Estas experiencias emocionales correctoras lo liberarán suavemente de su percepción y sus reacciones generadas por el miedo.

INTERVENCIONES PARADÓJICAS:

APAGAR EL FUEGO AÑADIENDO LEÑA

Con frecuencia, en el caso del miedo, este se puede superar con el miedo mismo. Esto explica lo inútil que es decir a un niño que tiene miedo a ir a la escuela que no tiene por qué temer porque allí hay gente agradable, amigos, juegos, etc., cosa que no sirve para nada. A menudo, para liberar al niño de su miedo tratamos de convencerlo de que no hay nada que temer, pero con frecuencia este comportamiento desencadena la reacción contraria.

Los niños no se sienten comprendidos y podrían acabar pensando que son débiles porque temen esta situación «inofensiva» y, por tanto, tienen más miedo. De este modo, habilitar un espacio y un tiempo para contener el miedo nos permite llevarlo al punto de saturación. A veces, para frenar una conducta problemática hace falta prescribir la conducta problemática. Una técnica que empleamos para «combatir cualquier miedo» es la denominada «fantasía de lo peor» (Nardone y Portelli, 2005b), según la cual los padres permiten que el niño *evoque* literalmente *sus fantasmas,* que los toque para hacerlos desaparecer, si quiere.

Ejemplo

En los últimos meses, Ramón, un preescolar, empezó a despertarse en mitad de la noche llorando y gritando: «¡Hay un monstruo en mi habitación!». La primera reacción o tentativa racional de sus padres *fue tratar de aplacar el miedo del niño intentando convencerlo de que los monstruos no existen. Pero sus intentos de tranquilizarlo no aliviaron su miedo ni hicieron que los monstruos desaparecieran de su imaginación.*

Aunque hacer que el niño tome conciencia de la realidad puede funcionar una vez, si sigue despertándose por la noche con miedo a los monstruos, entonces debemos recurrir a maniobras no racionales y paradójicas llevando el miedo a su punto de saturación. En lugar de rechazar la realidad, es mejor animar al niño a que hable de su miedo antes de irse a la cama, hacer que describa al monstruo, el color, el tamaño, los ojos, los dientes... hasta que el monstruo acabe poco a poco siendo percibido por el niño como un monstruo amistoso.

La doctora Liat Sayfan (2009) mantiene que al permanecer con el niño en su mundo imaginario hacemos que se sienta más fuerte. De este modo se lo acompañará para que lo cambie, para que haga más positivo su mundo imaginario.

DOMINAR EL MIEDO PRESCRIBIÉNDOLO

Peter Stearns y Timothy Haggarty (1991) han señalado que el entusiasmo por animar activamente al niño a dominar sus miedos predominaba en el siglo XIX, tanto en la literatura como en los cuentos y libros para niños. Con frecuencia, los adultos eran la fuente de los miedos infantiles porque transmitían sus propios miedos e inseguridades a sus hijos. Permitir que el niño exprese así sus miedos en un lapso concreto de tiempo también ayuda a los padres o cuidadores a controlar mejor la situación temida (oscuridad, muerte, relámpagos, monstruos, etc.), con lo que transmiten a los niños de forma indirecta pero efectiva una sensación de seguridad que los tranquiliza más que un largo discurso.

Ritualizar los rituales

Los niños a veces se preocupan por si algo podría ser dañino, peligroso, malo o sucio... o por pensamientos de que podrían suceder cosas malas. Estas preocupaciones los llevan a generar comportamientos y rituales específicos para neutralizar sus miedos o mantenerlos a raya. Aunque algunos niños puedan acabar por darse cuenta de que en realidad no tienen que repetir los comportamientos una y otra vez, la ansiedad o el miedo pueden ser tan intensos que sienten que «es necesaria» la repetición para neutralizar el sentimiento desagradable. Muchas veces el comportamiento disminuye la angustia... pero solo temporalmente.

A largo plazo, los rituales de los niños acaban confirmando y alimentando el miedo subyacente. En estos casos, cuanto más les decimos que dejen de hacerlo, más acaban haciéndolo. Su miedo les obliga a hacerlo. Por tanto, lo único que podemos hacer es seguir el antiguo adagio «ya que no puedes vencerlo, únete a él». En otras palabras, cada vez que el niño se ve obligado a realizar uno de sus rituales, se le anima decididamente a repetirlo cinco veces, ni una más, ni una menos.

Nuestro sencillo proceder paradójico consigue una serie de cosas:

- Bloquea de inmediato el intento de solución del adulto, que es tratar de impedir que el niño lleve a cabo su ritual.
- Además, este procedimiento consigue que algo que está fuera de control se convierta en un comportamiento controlado porque ha sido prescrito.

149

• También lleva progresivamente la conducta no deseada a su punto de saturación.

Haciendo que lo repita cinco veces (después incrementamos la dosis a siete, luego a diez y a quince), convertimos el ritual en una tortura «terapéutica» hasta llegar a producir aversión hacia el ritual, lo que lleva a que el niño acabe por evitar realizarlo. Así pues, llega a experimentar por primera vez que aunque no realice el ritual, sus peores miedos no se hacen realidad. Siguiendo la técnica del pie en la puerta, empezamos a quebrar y desmantelar el miedo subyacente del niño.

PERMITIR UN PEQUEÑO DESORDEN PARA MANTENER EL ORDEN: *PRESCRIBIR UN PEQUEÑO «ERROR»*

Esta técnica sigue la misma lógica que la de la vacunación, según la cual se inocula una pequeña dosis de la enfermedad en el sistema para ayudar al sistema a generar inmunidad. A menudo los niños, sobre todo los más brillantes, temen cometer errores y ser juzgados (por sí mismos o por los demás) y, por tanto, evitan cualquier situación que pueda llevarlos a «hacerlo mal».

Ejemplo

Federico era un chico de 15 años, un alumno de sobresaliente, siempre el primero de la clase. Sus padres y profesores estaban muy orgullosos de él. Era la envidia de la clase, hasta que llegó el momento de prepararse para los exámenes finales. Empezó a tener alteraciones del sueño y a manifestar síntomas psicosomáticos, lo que le llevó a perderse los exámenes. No podía cumplir con la carga de trabajo escolar. Revisaba una y otra vez sus trabajos antes de entregarlos. Empezó a faltar al instituto debido a unos terribles dolores de estómago. Estos síntomas aparecían cuando tenía que entregar trabajos o presentarse a un examen. Su miedo a cometer errores, su alto nivel de exigencia, lo llevaba a cometer un error inmenso: evitar presentarse al examen final.

¿Qué es lo que funcionó? En este caso, el problema lo alimentaba el inhumano y poco realista nivel de exigencia de Federico. A través de una serie de relatos y anécdotas, se logró que el adolescente reconociera que estaba esforzándose por alcanzar un nivel imposible, lo que le llevaba continua e inútilmente a experimentar un fracaso. Él era quien estaba generando su propio malestar. Esta nueva perspectiva hizo que Federico acceda a realizar la tarea prescrita, esto es, introducir un pequeño error en su trabajo, extremadamente riguroso. Se invitó a Federico a cometer intencionadamente una pequeña falta de ortografía, a no poner algo, etc., y a observar que no sucede nada trágico. Esto suponía *generar voluntariamente un pequeño desorden que le permitiera mantener el orden.* Al permitirse cometer errores, se liberó de una ansiedad abrumadora que le estaba llevando realmente a fallar. Al permitirse un pequeño desorden consiguió tener más orden.

De hecho, el estudio de la naturaleza y su evolución a lo largo de los años permite apreciar que solo las criaturas que admitieron el desorden y, por tanto, experimentaron mutaciones, evolucionaron finalmente y sobrevivieron bajo las condiciones continuamente cambiantes de nuestro planeta. Todas las criaturas incapaces de cambiar y adaptarse al entorno acabaron extinguiéndose.

SEGMENTAR LOS MACROOBJETIVOS EN MICROOBJETIVOS CONCRETOS

Todo el mundo tiene miedo al cambio a gran escala, incluidos los niños. Los cambios, como asistir a una escuela nueva, preparar un proyecto, estudiar para un examen, coger el autobús, ver a gente, etc., pueden perfectamente producir inseguridad y generar miedo al fracaso. Como quien contempla una gran montaña, un niño puede sentirse intimidado por una tarea o un reto nuevos y, así, acabar evitándolo o abandonando. El adulto puede facilitar el dominio de esta experiencia descomponiendo en pequeños microobjetivos lo que el niño podría percibir como un «objetivo inmenso». Como los montañeros, deberíamos ayudar al niño a segmentar la escalada en diferentes etapas, lo que contribuirá a completar la misión. Esta maniobra sigue una de *Las 36 estrategias chinas* de la Antigüedad, que consiste en «partir después para llegar antes» (cf. Gao, 2002).

Conclusión

Nuestras emociones valoran rápidamente la significación personal de cualquier situación, lo que nos prepara para la acción o nos bloquea. Por ejemplo, el placer nos permite avanzar, la tristeza nos lleva a replegarnos pasivamente o a evitar el dolor experimentado previamente, el miedo nos conduce a huir y la rabia, a combatir.

Es nuestra percepción y la reacción asociada lo que conduce a un individuo a establecer, mantener o cambiar su relación con el entorno sobre una cuestión determinada (Campos, Frankel y Camras, 2004; Saarni *et al.*, 2006). Así pues, una vez más, tratar de convencer racionalmente al niño para que abandone su miedo no funciona. Con frecuencia, acabará sintiéndose incomprendido, más vulnerable y más incapaz ante el obstáculo. Solo *haciendo* pueden los niños aprender y convencerse a sí mismos de que pueden superar el obstáculo o el reto aparentemente insalvable.

Es más, a menudo las buenas intenciones del adulto a la hora de ayudar a los niños a afrontar nuevos retos poniéndose en su lugar o minimizando sus miedo llevan al niño a sentirse más vulnerable y, con ello, a intensificar aún más la situación desafiante (Nardone, Giannotti y Rocchi, 2008). Los adultos deben actuar como ángeles guardianes del proceso de aprender haciendo. Deben evitar ponerse en el lugar del niño y limitarse a guiarlo en el camino, permitiéndole que camine en solitario y cometa sus propios errores, pero también que conquiste sus propias victorias (Mariotti y Pettenò, 2014).

Capítulo 7

Dificultades generadas por el dolor

El mejor camino para salir es siempre atravesar.
Robert Frost

Investigadores de la Universidad de Harvard han descubierto que nuestra experiencia del dolor depende de si creemos que el dolor lo ha causado alguien deliberadamente o no. Se sabe desde hace mucho tiempo que nuestros estados mentales pueden alterar la experiencia del dolor, pero los hallazgos de Kurt Gray y Daniel Wegner (2008) sugieren que nuestra percepción de los estados mentales de los demás también puede influir en cómo sentimos y gestionamos el dolor.

Ejemplo

Sandra regresó de la escuela muy inquieta. Su madre sabía que algo iba mal. Cuando la llamó para cenar, empezó a llorar y a gritar. «No quiero comer, deja de fastidiarme. ¡Os odio a todos! ¡Os odio a todos!», y se marchó corriendo a su cuarto y cerró de un portazo. Al cabo de un rato, su madre fue a su cuarto, donde encontró a Sandra llorando en la cama. Se sentó a su lado y dijo en voz baja: «Debe de doler», y se quedó allí a oscuras, en silencio. Sandra empezó a sollozar desesperadamente, pero al cabo de un rato dejó de llorar y contó a su madre lo que había pasado. Ella escuchó atentamente. Cuando Sandra terminó, le preguntó: «¿Hay algo más?». Sandra añadió más detalles y volvió a llorar amargamente. Cuando Sandra dejó de hablar, su madre le dijo: «Debe de doler que Tina, tu mejor amiga, se burle de

155

ti así». *La niña aceptó el abrazo y el apoyo de su madre mientras continuaba llorando en sus brazos. Después, tan repentinamente como se desató la tormenta de lágrimas, acabó. Se levantó y anunció alegremente: «Mamá, ¿sabes que mañana Tina y yo vamos a hacer una cosa juntas?»*.

No todos los niños manifiestan su dolor llorando. Algunos se impacientan ante cualquier pequeña frustración, o se muestran inseguros, o exigentes; otros pierden el interés por sus juegos o actividades favoritas; muchas veces se encuentran inquietos o cansados y tienen dificultades para pensar o concentrarse. Estos niños también se pueden sentir inútiles o indignos, desesperanzados, impotentes y culpables y tienen baja autoestima.

Con el dolor, los niños pueden tener problemas para dormir, o dormir demasiado. Quizá pierdan el apetito o coman más que de costumbre. Muchas veces se encuentran agitados, cansados y presentan dificultades para pensar o concentrarse. Los niños deprimidos también pueden sentirse indignos, desesperanzados, impotentes y culpables y tienen baja autoestima. Pueden incluso abrigar pensamientos suicidas. Cuando un niño habla de suicidio, aunque sea informalmente, los padres/profesores/adultos nunca deben ignorar o minimizar esa declaración. Cualquier pensamiento suicida debería ser tomado en serio y requiere atención profesional inmediata.

Algunos niños tratan de mantener sus emociones bajo control, pero estas salen a relucir de todas formas. Los niños ansiosos o tristes pueden quejarse de problemas físicos como dolores de cabeza o de estómago cuando llega la hora de ir a la escuela, hacer un examen o los deberes. A menudo, un chequeo médico no logra encontrar un origen físico de este malestar. Muchos niños faltan a clase debido a estas quejas, lo que solo sirve para reforzarlas como medio para evitar algo desagradable y los problemas escolares aumentan debido al tiempo perdido. Otros niños acaban preocupándose por la comida como medio para evitar sentimientos negativos y sentirse mejor. Algunos comen de más porque tienen ansiedad o están deprimidos. Cuando ganan peso, se sienten mal por su apariencia. Otros piensan que están demasiado gordos incluso cuando no es así y no dejan de tratar de perder peso. Creen que si adelgazan serán perfectos y gustarán a todo el mundo. Los niños que se centran demasiado en la comida y en la envergadura de su cuerpo suelen no sentirse muy bien consigo mismos.

Del mismo modo, los jóvenes que fuman o consumen alcohol o drogas no suelen sentirse muy bien consigo mismos. Consumir drogas y alcohol quizá los haga sentir mejor un rato, pero cuando desaparecen los efectos de estas sustancias, los sentimientos negativos vuelven. El consumo de drogas o alcohol para «tratar» los sentimientos de ansiedad o depresión nunca funciona y suele producir problemas adicionales que incrementan las emociones negativas (Papantuono y Portelli, 2011). Son una ilusión a la hora de ayudarnos a «soportar lo que no podemos soportar».

El dolor es una sensación que guarda relación con algún acontecimiento que se produjo en el pasado, pero que continúa importunando en el presente (Balbi y Artini, 2009), exactamente igual que una herida abierta. Esta sensación abarca diversas dimensiones, físicas y emocionales, vinculadas con una pérdida real, con la tristeza (Milanese y Mordazzi, 2007). No hay manera de borrar un acontecimiento desagradable, pero la forma en que lo tratamos puede ayudar a sanarlo o prolongar el dolor.

PÉRDIDA, TRISTEZA Y DOLOR

La pérdida, la tristeza y la desilusión se pueden experimentar en relación con uno mismo (sentirse física, social, emocional o intelectualmente incapaz), con los demás (abandono, muerte, traición, violencia, ilusión) o con el mundo (catástrofes naturales y humanas, desgracia, fe, divinidad, justicia, etc.) (Muriana, Pettenò y Verbitz, 2006).

157

Preferiríamos que nuestros niños conocieran la pérdida, la tristeza y la desilusión en pequeñas dosis, como quien se acostumbra a un medicamento amargo dando pequeños sorbos antes de tragarse una cucharada llena. Hasta la infancia más protegida ofrece oportunidades para probar las amarguras de la vida: un juguete se rompe, los mejores amigos se mudan, una mascota muere, un libro se pierde, un amigo no nos invita a su fiesta, etc. Cada una de estas experiencias enseña al niño que el dolor pasa, al tiempo que lo prepara para enfrentar inevitables pérdidas, tristezas y desilusiones de mayor calado. Pero a veces hasta los niños pequeños pueden encontrarse engullendo una medicina amarga inesperadamente y de un trago. Como hemos mencionado antes, no todos los niños (ni, en este aspecto, los adultos) expresan su dolor llorando o refunfuñando. Algunos pueden quejarse de *síntomas psicosomáticos* como los dolores de cabeza o de estómago, sin ninguna causa física.

El pediatra del comportamiento y el desarrollo Robert Needlman (2001) considera que el dolor se presenta en oleadas; la primera llega tras el impacto inicial y se desvanece a medida que la incredulidad aumenta, después vuelve a aparecer en nuevas oleadas, suscitadas por evocaciones o sencillamente porque los recuerdos que fueron expulsados de la conciencia reaparecen en un momento dado.

Los niños incluso procuran enfrentarse al dolor tratando de rechazar o negar lo que ha sucedido. Por ejemplo, un niño que había perdido a su padre en un accidente de coche seguía mirando por la ventana esperando que volviera a casa. Sigmund Freud ha explicado el mecanismo de defensa de la negación como un medio para mantener a raya el dolor. Pero este intento de solución de «apagar la llama» no es tan funcional, pues aunque apaguemos el fuego, si dejamos los rescoldos basta una pequeña brisa para reavivar el fuego. Muchas veces, los padres y profesores ocultan cosas a los niños, o les cuentan mentiras para protegerlos de sucesos dolorosos, pero todo esto parece volver las cosas aún más dolorosas y más difíciles de manejar tanto para el niño como, incluso, para los propios adultos.

Ejemplo

Cuando Rebeca tenía 10 años le diagnosticaron miastenia gravis juvenil (MGJ).[1] Para protegerla de aquella dolorosa noticia, sus padres evitaron hablarle de que tenía esa enfermedad que la incapacitaba, aunque eso significara que tuvieran que inventar toda clase de excusas para justificar sus frecuentes episodios de mareos, cansancio físico y otros síntomas en aumento muy acelerado.

Rebeca se cansaba con muy poca actividad y empezó a tener problemas de masticación y deglución. El hecho de que se le cayeran los párpados era tan grave que Rebeca tenía dificultades para ver. Sus padres tuvieron que inventar toda clase de excusas para que se someta a chequeos médicos mensuales y para gestionar su régimen médico.

Aunque la niña parecía ignorar su diagnóstico, siempre estaba triste porque podía ver el dolor en los ojos de sus padres, pese a que ellos trataban de enmascarar toda la situación.

Jean Piaget (1926) ha demostrado que en los niños el pensamiento abstracto no está aún totalmente formado y, por tanto, la significación o el sentido de los acontecimientos depende para ellos de las sensaciones y reacciones expresadas por sus padres. Además, en este tipo de situaciones, los niños acaban rellenando las lagunas que no satisface el adulto, lo que acaba despertando fantasías aún más dolorosas para completar el puzle. Los propios adultos suelen tener dificultades para enfrentarse a los sucesos dolorosos y, por consiguiente, bloquean el intento de su hijo de elaborar la cuestión. A menudo los adultos recurren a maniobras de evitación para no hablar y elaborar un acontecimiento doloroso porque piensan que es un modo de ahorrarle al niño otro trauma.

1.   La miastenia gravis juvenil (MGJ) es la forma infantil de la miastenia gravis (MG), una enfermedad autoinmune por la que el organismo produce anticuerpos que atacan a los receptores de la acetilcolina y, a veces, a otras proteínas de las intersecciones neuromusculares. No tener suficientes receptores para la acetilcolina ocasiona que los músculos se debiliten con el tiempo.

Esto no significa que tengan que hablar continuamente de la cuestión, sino dedicar un tiempo y un espacio específicos a elaborar el acontecimiento doloroso y, si es necesario, llorar por lo sucedido para superarlo.

Ejemplo

Una vez nos llamaron para acudir a una escuela porque los profesores no sabían cómo gestionar una situación que estaba generando tensión en la clase. Matías, un niño de 9 años, se cayó y se dio un golpe en la cabeza mientras jugaba; aunque un poco mareado, se levantó y después del descanso asistió a clase antes de volver a casa. Aunque todo parecía estar bien, al cabo de unas horas perdió el conocimiento y fue llevado urgentemente al hospital, donde le diagnosticaron un coma irreversible. Los profesores quedaron impresionados al enterarse de la noticia, y no podían explicarse el asunto. Perplejos, para proteger a los demás niños solo les contaron parte de la historia: que Matías estaba en el hospital y que regresaría pronto. Pero cuando pasó un tiempo, Matías no regresó. Para proteger a la clase del dolor, los profesores insistieron en que Matías se pondría bien y pronto volvería con ellos. Los niños insistían en preguntar por Matías: qué hacía, como estaba de salud, si participaría en la función escolar anual, etc.; y con grandes dificultades los profesores trataban de cambiar de tema.

Intentos de solución comúnmente adoptados por los adultos ante las dificultades generadas por el dolor

Muy a menudo los adultos procuran proteger a los niños del dolor omitiendo los acontecimientos, cambiando de tema e, incluso, mintiendo al respecto. Pero, una vez más, con toda nuestra buena intención, producimos las peores consecuencias. Al tratar de proteger del dolor acabamos prolongándolo.

TRAUMA

Hay situaciones en las que los adultos, conscientes de la situación traumática experimentada por el niño, insisten en preguntarle si está bien, aunque el niño no muestre ningún signo de tristeza y pueda incluso seguir realizando sus actividades como de costumbre. Por desgracia, en estos casos el adulto, con el afán de impedir el dolor, acaba manteniéndolo. No todos los niños reaccionan igual ante las situaciones traumáticas. Ante una determinada situación algunos pueden encontrar un sentido que se adapte bien a ellos y les permita avanzar de forma efectiva.

Desde una perspectiva constructivista, las personas construyen activamente su realidad individual y «crean sus propios modelos de representación del mundo» (Meichenbaum y Fitzpatrick, 1993). Los sucesos traumáticos toman a la persona por sorpresa y ponen en cuestión o modifican su realidad personal (Epston, 1991). Este tipo de situaciones, que puede guardar relación con el yo, con los demás y con el mundo, desafía dolorosamente la realidad inventada por la persona, sus modelos de representación del mundo y los fundamentos que sustentan su sensación de seguridad y control.

EFECTOS DEL TRAUMA

Es importante comprender que un suceso traumático desafía nuestro sentido del control y la percepción que tenemos de nosotros mismos, de los demás y/o del mundo. Pero es necesario precisar que no todas las personas expuestas a una situación de estrés traumático desarrollan síntomas de estrés postraumático. Y aun cuando el estrés postraumático se diferencia de otros problemas, como la persona ha sido víctima realmente de un suceso que menoscaba su percepción del mundo, parece que el resultado depende de su reacción a la hora de hacer frente al suceso estresante. ¿Podrá la persona liberarse mentalmente de su pasado traumático o su estado de ansiedad evolucionará hacia un trastorno de estrés postraumático en el que el pasado continúa fluyendo e invadiendo el presente?

Autolesiones y estrés

Muchos niños y adolescentes luchan en la actualidad por hacer frente a altos niveles de estrés en la escuela, en su casa, con sus pares y con su propia imagen. A menudo son bombardeados por demandas diversas para las que quizá sienten que «no están a la altura», o que no se encuentran preparados para enfrentar (familias rotas, exámenes, competiciones deportivas, quedar al cuidado de hermanos y hermanas, altas expectativas). Sus padres y la escuela les brindan una vida sobrecargada de actividades que muchas veces les deja poco margen para respirar.

Ejemplo

Desesperada, la madre de Bruno lo llevó a terapia. Una semana antes lo había sorprendido en su cuarto haciéndose cortes en el cuerpo. Pensó de inmediato que su hijo quería suicidarse. Él lo negó al instante, pero al cabo de unos días afirmó en tono provocativo que si ella seguía insistiendo, él se suicidaría de verdad para liberarse de su hostigamiento. Cuando el adolescente acudió a terapia dijo que hacerse cortes le ayudaba a aliviar la frustración que atravesaba debido a sus estudios.

El comportamiento en apariencia absurdo de Bruno para aliviar su tensión no es una excepción. Las autolesiones son muy frecuentes en la adolescencia. A menudo son un comportamiento sin expresión verbal que busca alivio para un estado mental de agitación. Diversas investigaciones demuestran que las conductas autolesivas no afloran originalmente como un acto autodestructivo o de castigo a uno mismo, sino como un medio para inducir un dolor físico de tal modo que anestesie el dolor emocional. Como evidencian Angela Favaro y Paolo Santanastaso (2006), es importante que diferenciamos entre grandes actos de autolesión, característicos de individuos que padecen esquizofrenia o demencia y carecen de control sobre sus impulsos, y otras formas de conductas autolesivas menores en individuos adolescentes.

Es necesario precisar que en este texto nos ocupamos de las formas menores de conducta autolesiva, es decir, del acto deliberado de causar daño al propio cuerpo mediante cortes, arañazos, mordiscos, arrancarse pelo, etc., pero que no provoca en la persona, al menos de forma inmediata, un daño permanente o incapacitante.

Las autolesiones se convierten en un modo de amortiguar el dolor y la frustración, en una práctica diaria necesaria, ya que la fuente de la ansiedad continúa presente. Cuando se mantiene a lo largo del tiempo, el proceso de alivio del dolor se vuelve en sí mismo una adicción placentera, algo sin lo que no se puede vivir. Al igual que el consumo de sustancias nocivas, las conductas autolesivas no tienen una única causa. Se dan en todas las culturas y con toda clase de antecedentes socioeconómicos. Sin embargo, una de las razones principales por las que los adolescentes se ven atraídos por las conductas autolesivas es el efecto de las endorfinas. Cuando los adolescentes se hacen cortes o quemaduras, segregan endorfinas que se introducen rápidamente en el torrente sanguíneo y experimentan una sensación adormecedora o placentera. Al igual que la adicción a las drogas, unas endorfinas «altas» proporcionan un rápido alivio ficticio de la angustia emocional y de otros elementos estresantes de su vida.

Habitualmente no pretende ser una tentativa de suicidio. Su propósito no es poner fin a la vida de uno mismo, aun cuando, sin duda alguna, es un modo nada saludable de hacer frente al dolor emocional, la ansiedad y la frustración. Diversas investigaciones afirman que el suicidio en los adolescentes es más bien un accidente, en lugar de un acto deliberado (Papantuono, 1999).

Con frecuencia es más bien un medio para alcanzar otro fin, o una anestesia para un dolor emocional o una frustración que con frecuencia se vuelve insoportable, o un medio para adormecer un dolor psicológico con un dolor fisiológico.

Sin embargo, es verdad que quienes juegan con fuego pueden acabar quemándose. No obstante, la inmensa mayoría de los adolescentes de los que se informa que han corrido el riesgo de perder la vida debido a sus prácticas de autolesiones afirman que su intención no era poner fin a su vida, sino más bien aliviarse de una situación de estrés insoportable. Es necesario destacar que aunque las autolesiones pueden proporcionar una sensación de calma momentánea y cierto alivio de la tensión, normalmente van seguidas de culpa y vergüenza y del retorno de las emociones dolorosas. Aquello con lo que se pretende aliviar el dolor lo aumenta. Además, las autolesiones generan la posibilidad de realizar acciones de agresión contra uno mismo que sean más graves o, incluso, fatales.

La conducta autolesiva, el consumo de sustancias y la bulimia con síndrome de vómitos, que son muy habituales en adolescentes, comparten varios rasgos comunes que implican más que una mera correlación estadística. De hecho, comparten una génesis, una persistencia y un proceso similares y desempeñan una función semejante: al principio sirven como autorregulación compensatoria, antes de transformarse en actos irresistiblemente agradables (Nardone, Milanese y Verbitz, 2005; Papantuono y Portelli, 2011).

CUANDO EL DOLOR SE CONVIERTE EN PLACER

Todos estos comportamientos compulsivos son un medio sedativo eficaz contra alguna forma de frustración o dolor, pero con el tiempo pasan a ser una pura búsqueda de sensaciones transgresoras. Los pacientes a los que atendemos afirman explícitamente que recurrieron a este tipo de compulsiones a veces para inducir placer, y otras para apaciguar el dolor. A menudo, con el paso del tiempo el valor del placer toma el poder.

En tales casos, el mismo síntoma tendría una función placentera, por lo que se debería abordar con una intervención basada en el placer. Es más, mediante las autolesiones, los niños pueden llegar a manipular y hacer rehenes a quienes los rodean. Las autolesiones pueden convertirse en un medio para conseguir de los demás lo que quieren y para permitirles tener el control absoluto. Así pues, la conducta autolesiva reporta beneficios secundarios. Esto lleva a los niños o adolescentes a resistirse a la ayuda y a negarse a recibirla porque las ventajas del problema superan las desventajas o los aspectos angustiosos de la situación.

AYUDAR A UN NIÑO A ENFRENTARSE AL DOLOR

Cuando vemos a los niños sufrir, tratamos de aliviar su dolor, pero por lo general descubrimos que producimos el efecto contrario. Sin embargo, es importante que transmitamos a los niños el mensaje correcto, es decir, que el dolor forma parte de la vida y que está bien sentir tristeza y experimentar y expresar el dolor. Es importante que nos aseguremos de que comprenden que no estamos enfadados, decepcionados o asustados por su tristeza.

Además, para aliviarles el dolor y la angustia tratamos de levantarles el ánimo intentando mostrarles «la cara más luminosa de la vida». Pero con frecuencia esto produce un efecto paradójico. El niño o niña se angustia todavía más profundamente porque se siente aún más solo en un mundo ofuscado por esas negras nubes emocionales, pues (a diferencia de nosotros) no puede ver la luz a través de ellas. Esto incrementa su frustración. Nuestra prisa por aliviar el dolor del niño no le permite aceptarlo y dejar de que se decante. Aunque no sea fácil, debemos permitirles que vivan el dolor y consolarlos diciendo que los sentimientos de tristeza pasan, pero que necesitan su tiempo y su espacio.

Cuando los sentimientos estén listos para desaparecer, desaparecerán. Dicho de otro modo, tenemos que ofrecer un hombro para brindar consuelo, ofrecerles escuchar, pero evitar insistir en que el niño hable de sus sentimientos. El mejor modo de abordarlo es hacer un simple comentario como «pareces triste» y, después, guardar silencio. A menudo, solo el hecho de que los demás se interesen es un remedio suficiente que permite al niño aceptar la angustia y encontrar medios para liberarse de ella.

Con frecuencia, los adolescentes se avergüenzan de mostrar que son vulnerables, de modo que si les mostramos, y no solo les decimos, que todos y cada uno de nosotros tiene sus vulnerabilidades y que eso está bien, se vuelve mucho más fácil para ellos expresar su dolor y su angustia.

OFRECER UN PÚLPITO

Cuando los padres o profesores acuden a nosotros, los invitamos a proporcionar al niño una especie de púlpito en el que se sienta libre de expresar su dolor, su miedo y su frustración mientras nosotros guardamos un religioso silencio. Se invita a los adultos a que acepten todo lo que el niño dice aunque puedan no estar de acuerdo. Ese es el mejor modo de ayudarles a aceptar el dolor, antes de encontrar las explicaciones y los medios de liberarse de él.

Como dice una de *Las 36 estrategias chinas* de la Antigüedad, hay que «salir después para llegar antes» (cf. Gao, 2002). Tenemos que bloquear nuestra urgencia por ayudarlos con demasiada rapidez o por encontrar sentido en su dolor, debemos ayudarlos a recorrer su propio proceso de creación de sentido. Como afirma Blaise Pascal (1670), «por lo general, las personas se dejan persuadir mejor por las razones que han descubierto ellos mismos que por las que han llegado a su mente procedentes de otros»; y los niños y adolescentes no son una excepción.

Como ángeles guardianes, podemos acompañarlos a lo largo del camino, pero no podemos ocupar su lugar. Especialmente con los niños pequeños, podemos ofrecer tanto en casa como en la escuela oportunidades que les permitan expresar sus sentimientos incluso a través de medios simbólicos, como la pintura, el modelado de arcilla, los juegos de construcciones, los juegos de rol, la composición de canciones, etc. Desahogar el dolor de forma simbólica puede ser muy efectivo especialmente para los niños pequeños, a quienes resulta difícil articular sus sentimientos. Ofreciéndoles un medio, el dolor se va decantando poco a poco. Como enseña Robert Frost, el mejor modo de salir de algo difícil es atravesarlo; por desgracia no hay atajos.

Sin embargo, si, por la razón que sea, el dolor o la tristeza no amainan al cabo de una o dos semanas, o sucede que se vuelven más agudos o interfieren con las actividades diarias del niño, como la escuela o los amigos; o si nosotros mismos estamos afectados, preocupados o asustados por la situación, sería mejor hablar con un psicólogo o un especialista con el fin de recibir apoyo y orientación para ayudar a nuestro hijo o alumno.

Capítulo 8

Dificultades generadas por la rabia

Todo lo que empieza con ira acaba en remordimiento.
Benjamin Franklin

La cólera es mi comida.
Ceno de mí misma
y alimentándome me mato de hambre.
William Shakespeare

La rabia es una emoción a la que normalmente atribuimos una connotación negativa, aunque sea una reacción humana natural y una sensación básica. Experimentamos rabia cuando sentimos que nuestras necesidades, deseos, esfuerzos o planes se ven obstaculizados o bloqueados por factores internos (el yo) y/o externos (los otros o el mundo). Aunque la rabia suele considerarse un sentimiento socialmente inaceptable, hasta el más reflexivo de los individuos puede sentirla cuando se enfrenta a frustraciones y tenga una decepción. Desde una edad temprana se nos educa para que la contengamos y la neutralicemos y se espera que lo hagamos para evitar sus devastadoras consecuencias. Sin embargo, en su *Ética nicomáquea* (II, 1126a), Aristóteles insistía en que quienes no se irritan en el momento debido son tenidos por necios.

Cuando la rabia se vuelve dominante

La rabia se vuelve un problema cuando se convierte en un modo de afrontar la vida, cuando no se puede ver a través de ella. Nadie se preocupa si un niño tiene un breve arrebato de rabia en una situación en particular, pero este comportamiento se vuelve un problema cuando se convierte en una actitud o un modo de estar en el mundo, como le ocurre al protagonista del poema *Orlando furioso*, de Ludovico Ariosto.[1] Orlando era un famoso paladín cristiano que se enamora de Angélica, princesa de Catay. Orlando tiene que enfrentarse a todo tipo de aventuras, buenas y malas, hacer frente a múltiples obstáculos para seguir a su amada Angélica, que por su parte se enamora del caballero Medoro. Después de todos los sacrificios que había hecho, Orlando, desesperado, pierde la cabeza y acaba enfurecido con el mundo entero. Si la rabia es una sensación natural esencial, ¿qué la lleva a desbordarse y a convertirse en una reacción dominante y en un modo de estar en el mundo?

La rabia aumenta exactamente igual que el vapor dentro de una olla a presión. Si no se gestiona de forma efectiva, no deja de aumentar hasta que alcanza su punto de saturación. Al no encontrar más espacio, estalla de forma violenta. Es el intento mismo de solución que consiste en reprimirla o evitarla lo que puede convertirla en realidad en un estimulante feroz, esto es, en la rabia que avasalla y que hace perder el control.

La persona acabará implosionando o explotando; en ambos casos, la rabia la invade y condiciona su forma de abordar la vida. Por tanto, el mero intento de contenerla conduce a su estallido.

---

1. *Orlando furioso* o, literalmente, «Orlando enloquecido», es un poema épico de Ludovico Ariosto que ha ejercido gran influencia en la cultura posterior. La primera versión apareció en 1516, aunque el poema no se publicó con su forma completa hasta 1532.

Figura 3. Intento de solución básico = contención

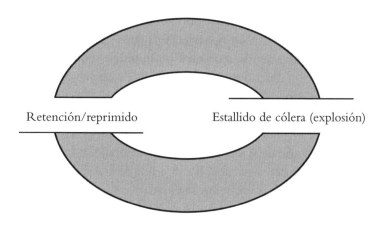

Retención/reprimido   Estallido de cólera (explosión)

William James recoge este círculo vicioso de contención-explosión en su artículo «¿Qué es una emoción?» (1884). En determinadas personas, la energía explosiva con la que se manifiesta la pasión en ocasiones críticas parece relacionada con la forma en que la reprimen durante los intervalos.

Los estallidos o manifestaciones de rabia muchas veces no vienen desencadenados por un acontecimiento específico y particular, sino que por lo general son el resultado de la acumulación de sentimientos de rabia, que se ven aún más alimentados por los intentos de solución para reprimirla.

Los estallidos de rabia son el resultado inevitable de una escalada de frustración o irritación reprimidas. Solomon (2008) define el enfado y la irritación como versiones triviales o veladas de la rabia. La rabia puede nacer de frustraciones menores sufridas por intentos infructuosos de resolverla. Por ejemplo, a menudo encontramos niños con dificultades de aprendizaje que acaban muy enfadados e incluso se vuelven violentos cuando reiteradamente no consiguen hacer lo que otros niños logran sin estrés y sin esfuerzo.

La rabia es básicamente un juicio o una percepción de que uno ha sido perjudicado u ofendido. En general, esa rabia o bien se dirige hacia quien ha perpetrado la ofensa, o bien se desplaza hacia otra persona o situación, o hacia una tarea frustrada. Cuando un sujeto se siente acosado u obstaculizado, puede sentir la necesidad de atacar para defenderse. Esta conducta defensivo-agresiva se convierte en la norma, en la actitud del niño ante las experiencias de la vida. Con el tiempo, esta sensación nubla todas las demás y se convierte en una forma de estar en el mundo. Exactamente igual que la versión de Albert Camus del personaje mitológico de Sísifo, que manifestaba su rabia hacia la totalidad del despreciado y desafiante cosmos, aunque en realidad su rabia estaba dirigida contra los dioses que ordenaron su castigo.

La rabia en los niños

Exactamente igual que los adultos, los niños pueden responder con rabia en situaciones que perciben como amenazadoras para su autoestima y bienestar (desaprobación, injusticia, valoraciones, daño, bochorno, abandono, obligaciones, etc.). Si un niño se siente atacado o acosado en la escuela porque no sabe leer o no sabe jugar, es probable que reaccione con rabia (Mariotti y Pettenò, 2014). Con frecuencia, los niños con dificultades de aprendizaje se sienten frustrados porque tareas como aprender a leer les resultan increíblemente difíciles. Con toda su buena intención, las correcciones continuas de padres o profesores para que no se pierda pueden llevar al niño a sentirse más frustrado e irritado, lo que acaba en un estallido de rabia.

Los niños y adolescentes expresan la rabia de maneras muy diferentes. A veces, es muy fácil reconocer su rabia, como cuando se muestran hostiles, agresivos o destructivos. Estos niños y adolescentes llaman así la atención de padres, profesores, profesionales de la salud mental o incluso del sistema judicial.

Sin embargo, muchas expresiones de rabia son más sutiles y pueden pasar desapercibidas al no exteriorizarse como agresión o violencia. De hecho, mientras que estas son expresiones de rabia explícitas, otros niños y adolescentes pueden manifestarla con síntomas psicosomáticos como dolores de cabeza, acidez de estómago, palpitaciones y temblores. Las conductas generadas por la rabia pueden conducir a dificultades para toda la vida en el ámbito de las relaciones, la autoestima, los logros académicos o las formas para alcanzar objetivos.

Ejemplos de conductas generadas por la rabia

Victoria tira la comida del plato para expresar irritación ante las peticiones de su madre de que coma deprisa.

Alex, de 5 años, rompe el sonajero de su hermano recién nacido porque tiene celos de la atención que le prestan sus padres.

Laura, brillante y de buen trato, desconcierta a todo el mundo al dar un portazo cuando se marcha a su cuarto después de haber perdido en un juego con una amiga.

Elementos contra los que niños y adolescentes pueden dirigir su rabia:

* Hacia ellos mismos (por ejemplo, con autolesiones).
* Hacia los otros (acoso escolar, rebeldía, comportamiento provocativo, desafección, agresión verbal o física, portazos y destrucción de objetos).
* Hacia el mundo (conducta desviada, delincuencia, vandalismo, participación en sectas).

Si la rabia no se canaliza en la dirección adecuada, todas estas conductas relacionadas con ella pueden discurrir por una senda autodestructiva.

Los alumnos con rabia son con frecuencia excesivamente sensibles y nerviosos, contestan enseguida y de forma agresiva a los profesores, a los padres e, incluso, a los compañeros de clase. Pueden ser disruptivos en clase, molestar a los demás niños, acosarlos y enzarzarse en peleas. Pueden ser resentidos y mostrarse rebeldes con las normas y las figuras de autoridad. Pueden descargar o desplazar su rabia sobre los objetos que les rodean a base de golpes, dando portazos o incluso rompiendo objetos. También pueden negarse a hacer los deberes y a obedecer cuando tanto padres como profesores les dicen lo que tienen que hacer. A veces, su comportamiento puede empeorar hasta el extremo de volverse tan malo que suelen ser expulsados temporal o definitivamente de la escuela o meterse en problemas con la justicia.

En la adolescencia, es probable que adopten conductas rebeldes y autodestructivas, como las autolesiones, hacerse cortes, consumir sustancias, el vandalismo, etc. Por paradójico que resulte, cuanto más quieren rebelarse y liberarse algunos jóvenes de las constricciones sociales que los frustran, más enredados acaban en ellas, como, por ejemplo, los jóvenes que se autodefinen como «pacifistas» y acaban implicándose en levantamientos violentos para transmitir su mensaje a favor de la paz. Hemos tenido diversos casos trágicos de jóvenes que se vuelven violentos para manifestar su desacuerdo en las cumbres del G8.

Lo niños con problemas de rabia tienen mayor riesgo de ser rechazados por sus iguales, presentar dificultades académicas, carecer de habilidades sociales y entregarse después al absentismo escolar, al consumo de drogas, sufrir embarazos adolescentes, abandonar la escuela, cometer robos, violencia grave, caer en la delincuencia o acabar siendo un padre violento física o sexualmente y tener problemas mentales. Las conductas hostiles en la escuela, más que el origen étnico o la clase social, auguran problemas graves en el futuro (Hybarger, 2006).

A veces, los niños y adolescentes que actúan de esta forma son conscientes de su comportamiento indeseable y se avergüenzan del resultado (aunque raramente lo expresen), pero parecen incapaces de comportarse de otro modo. La rabia los ciega y los lleva a reaccionar así (Nardone, 2012; Mariotti y Pettenò, 2014). Su mal comportamiento solo sirve para empeorar las cosas (Hybarger, 2006). A menudo se sienten mal consigo mismos, pero no pueden refrenar su carácter. Se ven atrapados en un círculo vicioso.

La expresión de rabia pocas veces es suficiente para aliviar por completo «la fuerza que bulle en el interior de la olla a presión». Aunque uno necesite expresar su frustración, hacerlo estallando y actuando con agresividad no ayuda a librarse de la rabia y del sentimiento subyacente de injusticia. Al contrario, la tentativa de liberarse de ella acaba muchas veces alimentándola. En realidad, parece que cuanto más expresan su rabia de forma explosiva, más probable es que acabe apareciendo en el futuro. Se convierte en otro hábito aprendido. Se vuelve «la forma» de desenvolverse en la vida. La vida parece un campo de batalla lleno de enemigos de los que defenderse.

A menudo, esta forma impulsiva agresiva de tratar las frustraciones no les da resultados en su trato con los demás. Cuando una persona expresa su opinión vivamente con rabia, el oyente se ve tan atrapado por el «drama» que no logrará recibir el mensaje, lo que vuelve absolutamente inútil todo el esfuerzo y la «pasión» vertidos en transmitir el mensaje. Esto desencadena aún más frustraciones en la persona enfurecida y muchas veces da lugar a posteriores malentendidos con los demás. La persona se ve atrapada por una necesidad continua de demostrar que está en lo cierto y los demás, equivocados, llegando a veces incluso a extralimitarse simplemente para demostrar lo que dice, lo cual le hace perder credibilidad. Esto sucede con frecuencia en la adolescencia, cuando para demostrar que sus padres o profesores están equivocados, los jóvenes pueden adoptar conductas o hábitos autodestructivos (Papantuono y Portelli, 2011).

La rabia tiene un impacto negativo directo sobre las relaciones. Con frecuencia, los niños iracundos viven con rabia toda experiencia social, lo que no facilita que los demás se acerquen a ellos. Habitualmente, estos niños y adolescentes tienen grandes dificultades para hacer amigos y conservarlos. Les cuesta establecer relaciones íntimas cálidas con sus iguales y también con las personas adultas. Esto suele deberse a que, como se ha dicho anteriormente, el niño que está cegado por la rabia empieza a adoptar una actitud agresiva-defensiva con el fin de defenderse de lo que él percibe que son ataques potenciales (Mariotti y Pettenò, 2014). Finalmente su profecía acaba cumpliéndose. Al considerar que los demás buscan atacarlo, establece relaciones conflictivas.

Estas relaciones difíciles acaban confirmando su tesis o percepción subyacente de que «los otros son malos» y refuerza su convicción de empeñarse más en el intento de solución ya empleado, es decir, defenderse aún más. Lo cual termina convirtiéndose en su guion repetitivo. Su estilo de comunicación y de relación suele conducir a una escalada simétrica con los demás, lo que genera una serie de relaciones conflictivas y en disputa.

LOS INTENTOS DE SOLUCIÓN DE LOS ADULTOS

Los adolescentes se enfadan mucho con sus padres: reconocer esta rabia forma parte de su modo de reconocerlos a ellos. Si la rabia no se reconoce, entonces su expresión se incrementa. El progenitor parece súper fuerte. El adolescente trata de convertirse en un súper atacante.

TERRI APTER

La rabia en los niños suele impactar y preocupar a los adultos, que con toda su buena intención tratan de mitigar el fuego, pero acaban desencadenando reacciones aún más explosivas. Los adultos parecen en cierto modo soportar el miedo y el dolor de los niños; sin embargo, la rabia resulta incomprensible «a esta edad» y, por tanto, no es bien tolerada. Sus intentos de apaciguar al niño enfadado diciendo que no hay nada por lo que enfadarse o que nadie quiere hacerle daño alimentan más esas llamas.

La tentativa más habitual de los adultos para abordar la rabia en los niños es la de *razonar* con ellos, explicándoles todos los motivos «por los que no deberían estar tan enfadados» (Mariotti y Pettenò, 2014). Pero casi siempre esto agudiza la conducta defensiva, con lo que confirma así su percepción subyacente de que «*no me comprenden y son injustos conmigo*».

Cuando razonar con él no funciona, los profesores o los padres quizá intenten *ignorar la conducta del niño*, pero con pésimos resultados, puesto que sus expresiones agresivas son muchas veces demasiado provocadoras para escapar a la atención del profesor (Nardone y Fiorenza, 1995; Nardone, 2012). También vemos que el niño exhibirá «más de lo mismo» hasta que su mensaje consiga abrirse camino. Esto significa volverse más violento y provocador; su comportamiento no puede seguir desatendido y, por tanto, hay que tomar alguna medida. En este punto, el docente tiene que recurrir a *medios y castigos correctores más drásticos* para que el niño ponga fin a la conducta no deseada, pero eso parece exasperar aún más su actitud defensiva-agresiva, puesto que el castigo no hará más que confirmar la sensación de injusticia, según su percepción.

INTERVENCIÓN ESTRATÉGICA

La mayoría de los profesores, ante los ataques de rabia de sus alumnos, confiesan que se sienten indefensos, desarmados y les resulta muy difícil manejar a los niños rabiosos y agresivos.

Ejemplo

La señorita María solicitó nuestra intervención porque no podía gestionar un problema habitual de clase: las peleas entre niños. Una situación que, según confesó esta profesora, estaba escapándosele de las manos. Empeoraba cada vez más con el paso del tiempo. Era la tutora de Pedro y Juan, dos niños de primaria que no dejaban de empujarse, atizarse y morderse en clase, pero también durante los recreos en el patio. Los dos eran muy mandones y chocaban con facilidad por la más mínima cuestión, lo que a continuación les llevaba a enzarzarse en peleas violentas todos los días.

¿Cómo lo abordó la profesora? ¿Qué intentó hacer? La señorita María había hecho todo lo posible por comprender por qué esos niños se aborrecían, pero no la llevó a ninguna parte y los dos acababan culpando al otro. Trató de que se hicieran amigos hablando con ellos al tiempo que subrayaba las cualidades positivas del otro, pero sus peleas no hicieron más que volverse cada vez más frecuentes, hasta que una mañana, en clase de matemáticas, llegaron a los golpes. Acabaron peleándose en el suelo con mucha violencia y terminaron por hacer mucho daño a otro niño que trataba de separarlos.

Desesperada, tuvo que llevar a toda prisa a los tres niños a la enfermería, sangrando. Ella misma tuvo que separar a los chicos porque se habían vuelto muy agresivos. En colaboración con otro profesor, ejerció de mediadora para «poner paz entre ellos». Pero este enfoque demostró no ser efectivo, pues los niños reaccionaban aún más violentamente y la acusaban de tomar partido. Sintiéndose impotente, la señorita María empezó a imponerles castigos y, aunque esto iba en contra de sus métodos de enseñanza, empezó a enviarlos al despacho del director. Durante el mes anterior a su petición de ayuda habían sido enviados al menos una vez a la semana al despacho del director, donde se les daba un sermón y se los castigaba... pero parecía que eso tampoco funcionaba. Ni siquiera la intervención correctora del director mejoró su comportamiento.

La señorita María tuvo que informar a los padres de los niños, que se preocuparon mucho, sobre todo cuando ella tuvo que llamar a su casa para informarles que sus hijos habían sido expulsados temporalmente por pelear. Incluso sus padres trataron de hablar con ellos para que abandonaran este mal comportamiento, pero sin resultado alguno. Mientras padres y profesores trataban de convencerlos de que se hicieran amigos, más furiosos y enfadados acababan los dos, se acusaban mutuamente y su rabia se dirigía también hacia los adultos, que parecían no comprender que «uno tenía razón y el otro estaba equivocado».

Los niños que se ponen furiosos expresan una reacción emocional a sus necesidades, tal como ellos las perciben. Con la mejor de las intenciones, la señorita María estaba utilizando métodos constrictores para controlar la rabia de sus alumnos. Así, siguiendo la lógica paradójica que mantiene y empeora el problema, acabamos por comprender que cuanto más refrenamos su rabia, más aumentamos la presión.

Si seguimos la lógica del problema podemos detener este círculo vicioso. Paradójicamente, bloquear la rabia hace que esta se vuelva aún más virulenta. Así, nuestra intervención debía ir en dirección contraria. Con el fin de gestionarla y dominarla, tenemos que darle un espacio, un contenedor, debemos dejarla fluir.

¿Qué puede romper el círculo vicioso? Prescripción de un debate cara a cara

En este caso, invitamos a la señorita María a llevar a cabo un procedimiento no convencional. La invitamos a dedicar media hora del tiempo de su clase a estos niños y a su problema. Durante dos semanas, todos los días, a la misma hora del día, tenía que interrumpir la clase y dedicar 30 minutos a Pedro y Juan. Durante esta media hora, cada niño disponía de 15 minutos, ni uno más, para expresar su rabia hacia el otro, mientras que el otro y el resto de la clase, incluida la señorita María, tenían que mantener silencio religiosamente se dijera lo que se dijera.

Si empezaba Pedro, entonces Juan tenía que dejar que hablara 15 minutos hasta que le tocara su turno, y viceversa. Al día siguiente cambiaban el orden. Al principio, la señorita María dudaba porque le preocupaba que las peleas fueran en aumento, pero cuando le explicamos la lógica de esta maniobra, decidió aplicarla con confianza. Su otra preocupación era que le parecía injusto para los demás niños que se dedicara media hora de su clase a este problema, aunque enseguida reconoció el hecho de que si este problema se mantenía, la clase perdería más de media hora cada día; así que decidió continuar. Para su sorpresa, durante la media hora asignada a los niños no se pusieron violentos; más bien, a medida que iba pasando el tiempo sus encendidas acusaciones fueron dejando paso a la manifestación tranquila de sus incomprensiones. Además, al habérseles concedido un espacio para exponer sus acusaciones, Pedro y Juan no sentían la necesidad de pelear con el otro fuera de clase. Y además, en esos escasos momentos en que estaban a punto de atacarse mutuamente, se les recordaba que podrían hacerlo durante sus respectivos 15 minutos del día. Esto permitió a la señorita María tener más control del grupo e impartir su clase. Es más, le ayudó a establecer una relación de mayor confianza con ambos niños, que dejaron de percibir que ella estuviera tomando partido por alguno de los dos.

Al cabo de un par de semanas, la relación entre Pedro y Juan cambió de forma espectacular: eran más que civilizados el uno con el otro y jugaban juntos a menudo. La señorita María fue capaz incluso de encargar a los dos niños una tarea escolar para que la hicieran juntos.

La hipótesis del contacto,[2] una importante teoría de la psicología social, nos enseña que solo reuniendo a las partes enfrentadas podemos llegar a imponernos al prejuicio y al odio. Pero esto solo se puede conseguir si concedemos un espacio para que la

---

2. Se suele atribuir a Gordon W. Allport (1954) la elaboración de la hipótesis del contacto, también conocida como Teoría del Contacto Intergrupal.

rabia fluya y desaparezca del sistema. En otras palabras, primero debemos librarnos de lo malo para dejar espacio a lo bueno.

Paradójicamente, siguiendo nuestras instrucciones, es decir, ofreciendo un espacio específico para que los chicos vertieran su veneno, se consiguió controlar la situación. Esta indicación está en sintonía con el viejo adagio que habla de *«matar a la serpiente con su propio veneno»*. En este caso, además de calmar las aguas, esta maniobra permitió que los niños expresaran y, por tanto, trabajaran su incomprensión. En la mayoría de los casos, cuando a los chicos se les da media hora para verter su veneno, solo lo harán un par de días porque a menudo no hay ningún malentendido o incomprensión real, sino solo un tira y afloja. Las discusiones surgen para que yo pueda mostrar mi punto de vista a los espectadores, para mostrar que yo tengo razón y el otro está equivocado, para mostrar que él es débil y yo soy fuerte.

Pero ¿qué puede hacer una profesora si comprende que un niño está desbordado por la rabia, pero la parte directamente responsable y culpable no está presente (o no se la puede implicar)? ¿Puede esto poner un límite para este tipo de intervención? En absoluto. Otra técnica muy efectiva que sigue la misma lógica es lo que denominamos «Cartas de rabia» (Nardone, 2012).

Se ha descrito como una de las ideas más exitosas de la historia de la psicología social. Allport expuso el primer esbozo ampliamente aceptado de la hipótesis del contacto afirmando que la auténtica familiaridad resta importancia a los prejuicios. En otras palabras, el mero conocimiento no hará que las personas nieguen sus prejuicios y estereotipos sobre los otros, puesto que es muy probable que acepten solo aquellos fragmentos de información que se ajustan a su esquema preconcebido del mundo. Es mediante el encuentro real con el otro como las personas pueden ser capaces de eliminar sus estereotipos acerca de él.

CARTAS DE RABIA

Invitamos al profesor a encargar al niño que escriba cartas de rabia dirigidas al causante, que empiecen diciendo «*Querido...*» (nombre de la persona a la que desprecia) y en las que pueda «contarle todo» a esa persona. En estas cartas el niño es libre de expresar su rabia enérgicamente y sin restricciones.

Obviamente, estas cartas no se entregan a la parte responsable, sino que se entregan al profesor para «que comprenda mejor la historia». Este seguramente acabará afirmando que hasta entonces había subestimado lo frustrante que era esta situación para el niño. En realidad, la intención principal de esta manifestación es provocar que el niño se conceda un espacio para su rabia. Al volcarla en las cartas insultando a la persona, convirtiéndola en el blanco de sus acusaciones, el niño empezará a liberarse de ella, lo que le llevará a encontrar la paz con su «enemigo». El hecho de que el adulto haya llegado a frenar sus tentativas de defender al enemigo llevará al niño a apaciguar su rabia. Ahora no hay ninguna razón para atacar porque no hay ninguna razón para defenderse.

Ejemplo

La técnica de las cartas se utilizó con Diana, una niña de 10 años que padecía una enfermedad de la piel muy rara, epidermólisis bullosa, que produce ampollas en la epidermis. En el caso de Diana las ampollas y las llagas no se forman en zonas visibles, pues las tiene en las plantas de los pies, en la espalda, en las axilas, etc., pero le producen mucho dolor y fatiga cuando se mueve.

Diana era una niña muy fuerte que nunca permitía que su enfermedad limitara sus actividades diarias. Insistía en hacer las mismas actividades que hacen los demás chicos: estudiar, jugar, correr, bailar... pero todo esto le costaba gran esfuerzo, fatiga y frustración. Nunca se quejó abiertamente de su enfermedad, pero en los últimos meses empezó a sentirse muy frustrada y a mostrarse quisquillosa con sus padres, profesores y compañeros de clase. Estos últimos empezaron a guardar distancias con ella por temor a su carácter agresivo y competitivo.

Diana pidió ayuda a su tutora. Se quejó de sus compañeros y los acusó de aislarla y de no invitarla a sus juegos. Durante el diálogo con la tutora, Diana vertió su frustración con el mundo: «Nadie comprende lo que tengo que pasar». Culpó a sus amigos por no ayudarla, a sus padres por haberle transmitido esa herencia y también a Dios por haberle «regalado» semejante enfermedad. Diana decía todo esto con mucha rabia y amargura, pero al cabo de un rato retiró todo diciendo que no debía decirlo y que eso no la hace ser una buena cristiana.

Estaba claro que Diana había estado reprimiéndose y no se permitía expresar la rabia acumulada. Las cartas de rabia le ayudaron a hacerlo, al tiempo que le sirvieron para guardar el secreto (porque se negaba a revelar su enfermedad por temor a que los demás se compadecieran de ella, cosa que no quería que sucediera), le ayudaron a manifestar su frustración. Al escribir estas cartas de rabia, que después se convirtieron en una especie de diario, ella controlaba su rabia y evitaba presionarse demasiado y ser tan exigente consigo misma.

CUANDO LA RABIA REPORTA BENEFICIOS SECUNDARIOS

La rabia puede convertirse en un hábito o automatismo que reporta beneficios secundarios. Los niños pueden asumir el hábito y aprender cómo y cuándo enfadarse. Por su parte, los adultos continúan exhortándolos a guardar calma y reprimir el enfado, muchas veces porque temen que hagan algo peligroso. De este modo los niños emplean esto como una estrategia de manipulación para conseguir lo que quieren (Hybarger, 2006).

Se puede utilizar para acosar e intimidar, lo que reporta ventajas o beneficios secundarios.

Ejemplo

Gabriel era un hijo único que no estaba acostumbrado a que le dijeran NO. Últimamente, su conducta había empezado a empeorar. Amenazaba a sus padres para conseguir lo que quería, por ejemplo quedarse a dormir en casa de su amigo, tener un teléfono móvil, etc. Sabía que sus padres querían que acabara la educación secundaria, así que saltarse el instituto se convirtió en su «amenaza principal» para conseguir lo que quería. Sus padres, preocupados, se tragaban el cuento siempre, incluso cuando pidió tener una motocicleta. Al principio se negaron, pero sus amenazas y su actitud agresiva empeoraron. Aunque Gabriel era menor de edad y no tenía permiso de conducir, ellos «tenían que conseguirle la motocicleta para que estuviera bien».

Muy a menudo vemos a niños que tienen berrinches cuando las cosas no salen como o cuando ellos quieren. Para detener tales conductas, los padres ceden y atienden su petición. Con toda su buena intención, algunos pueden incluso llegar a darles regalos para distraerlos y que se sientan bien. Desafortunadamente, este intento siempre fracasa y en vez de mejorar la situación, la empeora.

Ejemplo

Samuel era un amante compulsivo de los dulces. Pedía a la señorita Fabiola, su profesora de apoyo, que le comprara dulces para poder hacer tranquilamente sus tareas de clase. La señorita Fabiola le compraba dulces e incluso le conseguía más, para así tenerlo contento cuando empezara a mostrarse nervioso en clase. La cuestión es que Samuel se comportaba cada vez peor para conseguir más dulces. De modo que este comportamiento no estaba mejorando en absoluto.

Una vez que un niño percibe que sus crisis de rabia son un modo de conseguir lo que quiere, ¿por qué habría de dejar de tenerlas una y otra vez?

Cuando los beneficios secundarios ocultan el aspecto problemático o las desventajas (regañinas, pocos beneficios, etc.), podemos decir que el comportamiento tiene una función, una necesidad, un propósito, así que se convierte más bien en una actitud orientada al placer. Esta actitud no se limita solo a los «seres queridos» (como sus devastados padres...). Los niños y adolescentes suelen extender esta conducta «gratificante» incluso en la escuela y con los amigos. Esto se analizará en el capítulo siguiente.

CAPÍTULO 9

CONDUCTAS BASADAS EN EL PLACER

El gran placer en la vida es hacer aquello
de lo que la gente piensa que somos incapaces.
WALTER BAGEHOT

Lo prohibido tiene un encanto
que lo hace inefablemente deseable.
MARK TWAIN

EL JUEGO: CONDUCTA BASADA EN EL PLACER

Según Abraham Maslow (1961), cuando las personas tienen satisfechas sus necesidades básicas pasan a satisfacer necesidades superiores y se conceden tiempo para hacer cosas sencillamente por el disfrute de hacerlas. En las sociedades occidentales, donde, gracias a la riqueza económica, las necesidades de supervivencia se ven satisfechas, nuestra conducta está a menudo orientada hacia el placer: gratificar nuestros sentidos (estético, gustativo, sentimental, olfativo, juegos sexuales, juegos de poder, etc.).

Desde la Antigüedad, el juego se ha considerado un medio básico para obtener placer y distensión, haciéndonos olvidar las dificultades de la vida. Para los antiguos griegos, el juego era esencial para todos los ciudadanos. El teatro, los Juegos Olímpicos y demás rituales deportivos, la música y la filosofía eran todos ellos elementos importantes de la vida en la antigua Grecia.

Gadamer (1960) sostiene que la estructura del juego absorbe al jugador y lo libera de tomar la iniciativa, que es una carga de

187

la existencia. A través del juego, los individuos salen de la vida ordinaria e ingresan en un «mundo de libertad». A menudo, los jugadores dirán que el tiempo vuela cuando están absortos en la «diversión del juego».

LOS NIÑOS Y EL PLACER

La mayoría de los niños exhiben comportamientos o rutinas repetitivas normales desde el punto de vista del desarrollo. Las supersticiones, los juegos ritualizados y los juegos y canciones repetitivos son característicos del desarrollo infantil normal. De hecho, muchos comportamientos de juego de la infancia refuerzan la socialización y promueven el desarrollo.

El doctor Ian Osborn (1998) cree que todos los niños tienden a los rituales placenteros: los niños pequeños llegan a esperar las rutinas de la alimentación y el baño, los de 4 y 5 años se habitúan a rituales relacionados con los cuentos para irse a dormir o con balancearse, dar saltos, hacer garabatos, cantar canciones, repetir palabras, etc. Los rituales normales empiezan a la edad de 2 años y comienzan a desaparecer entre los 5 o 6 años, cuando los niños empiezan a ser más activos en la vida.

¿CÓMO DEBE UN PADRE O UN PROFESOR DECIDIR SI ESTAS CONDUCTAS SON NORMALES O PROBLEMÁTICAS?

Los rituales se consideran problemáticos cuando acaban por anular (Nardone y Portelli, 2005a) o empiezan a desviar la atención del niño de su actividad cotidiana; por ejemplo, entorpeciendo sus capacidades para aprender o para desarrollar relaciones sociales. Los niños y niñas podrían desarrollar rituales específicos que les transmiten una sensación reconfortante. El problema surge cuando esto toma el control de su vida y no les deja continuar con sus actividades diarias, por ejemplo, cuando los juegos se convierten en compulsiones incontrolables.

Ejemplo

Omar es un niño de 6 años que en cuanto empezó a leer, adoptó un juego concreto que le distraía de las actividades cotidianas y volvía locos a sus padres. Cada vez que veía algo escrito que empezaba por una vocal en el titular de un periódico, en un rótulo de neón, en la lista de la compra de su madre o en carteles, etc., gritaba la vocal en voz alta y, después, la repetía una y otra vez. Sus padres, sorprendidos por este comportamiento, trataron al principio de comprender por qué «lo tenía» con las vocales. Así que su primer intento fue preguntarle a Omar por qué hacía eso y trataron de buscar una explicación, pero sin éxito; nunca recibieron una respuesta clara. Entonces, frustrados por sus interminables repeticiones, trataron de detenerlo con castigos, pero esto no servía más que para exacerbar aún más su conducta.

Otro ejemplo

Rosa, una niña de 4 años, adoptó otro curioso juego. Cada vez que se sentaba para comer, jugaba con la comida separando cuidadosamente en el plato los alimentos por sus colores, su forma o su textura. A la madre de Rosa le costaba más de dos horas conseguir que se terminara el plato. La situación se estaba volviendo insoportable porque Rosa cogía un berrinche cuando su madre le interrumpía o interfería en su juego.

Así pues, podemos decir que los juegos o rituales son normales en el desarrollo de un niño, pero que pueden convertirse en un problema cuando toman el control de su vida y les impiden llevar a cabo sus actividades habituales. Pueden tomar el poder sobre ellos cuando se vuelven la manera en que el niño o niña mantiene a raya sus miedos o angustias, o cuando son un medio para manipular una situación o a los demás.

COMPORTAMIENTOS PLACENTEROS RELAJANTES

El juego es una forma de evitar sentimientos de impotencia cuando nos vemos confrontados con situaciones nuevas y en apariencia complejas (Heinrich, 1999). Puede acabar convirtiéndose en un modo de relajarse después de padecer frustraciones, miedos y dolor, pero puede tomar el control de la situación y llegar a ser una conducta auténticamente basada en el placer (Nardone y Selekman, 2011). Laborit (1969) afirma que cuando una acción se repite a lo largo del tiempo se convierte en un ritual placentero, cosa que puede suceder incluso con una conducta autolesiva. La neurociencia ha demostrado que la estimulación del circuito del castigo puede inhibir el circuito de la recompensa, lo que sustenta la observación ordinaria de que el castigo puede impulsar muchos placeres.

Por otra parte, Nardone y Selekman (2011) han demostrado que los rituales consistentes en hacerse cortes, quemarse, arañarse, tirarse del pelo, etc., se originan en primera instancia como una forma de comportamiento compensatorio para apaciguar el dolor psicológico, pero que poco a poco, a base de repetirlo en el tiempo, se convierten en un auténtico y verdadero placer compulsivo incontrolable. Cuando se repite en el tiempo, el efecto sedante de anestesiar el dolor psicológico puede transmutarse en una forma de ritual intensamente placentero.

Internet es muy popular tanto entre los más jóvenes como entre los adultos. Pasan horas y horas navegando por la red, chateando en redes sociales virtuales, devorando información, etc., muchas veces sin dejar sitio para la vida real. Puede convertirse en una verdadera compulsión basada en el placer y nunca parece ser suficiente. Con frecuencia, los padres tienen dificultad para hacer que sus hijos pongan fin a esta compulsión. Cuanto más tratan de impedirles esa dependencia, más la desean ellos. Sin darse cuenta, los padres inflaman el deseo y generan el fenómeno de la fruta prohibida.

LA PRISIÓN DE LA COMIDA

En su obra *Las prisiones de la comida*, Giorgio Nardone, Roberta Milanese y Tiziana Verbitz (2005) nos revelan que los trastornos de la alimentación están basados en el placer. Afirman que las personas con bulimia encuentran placer en las comilonas (y que con frecuencia van seguidas también de purgas, que deja sitio para posteriores comilonas), una práctica acostumbrada en la antigua Roma y considerada como el culmen del placer.

También consideran las comilonas un placer sustitutivo, es decir, un placer que sustituye a otro placer «más difícil de alcanzar». Por otra parte, los anoréxicos se abstienen del placer (comida, emociones, intimidad, etc.) porque temen que esto los avasalle y pierdan el control. Además, los anoréxicos suelen ser perfeccionistas y obtienen placer de la ilusión de tener control sobre su cuerpo y su apariencia.

Se atribuye al doctor Richard Morton, médico personal del rey Jacobo II de Inglaterra, haber hecho la primera descripción de la anorexia en 1689. Afirmaba que la anorexia «hace sentir bien» a las mujeres jóvenes. Y lo hace porque ellas (en efecto, en su mayoría son mujeres jóvenes o niñas) con frecuencia tienen un ligero sobrepeso, experimentan una fuerte sensación de éxito cuando empiezan a dejar de comer y eso las lleva a perder peso. Es más, en nuestra sociedad moderna, la delgadez se venera aún más porque vivimos en un mundo orientado hacia la estética. Ser delgado está considerado una cualidad deseada y con frecuencia envidiada que transmite satisfacción personal y despierta la admiración de los demás. Obviamente, esta obsesión creciente por la delgadez y su búsqueda atrapa a la joven en un círculo vicioso, donde su búsqueda de la belleza la convierte paradójicamente en un escalofriante «saco de huesos» o en un «esqueleto andante». Ciertos comportamientos como la sobrealimentación, la compra compulsiva, la masturbación, la automutilación, la adicción al sexo, las apuestas, etc., pueden convertirse en una especie de *placer sustitutivo*, un placer o gratificación que reemplaza a otro placer «más difícil de alcanzar», como el de la socialización, la intimidad, la sexualidad, etc.

LA FALTA DE AUTOCONTROL EN LOS NIÑOS

Ejemplo

Pablo es un chico brillante, la señora Gómez sabe que podría hacer mucho más en su asignatura si dedicara solo un par de horas a estudiar. Sin embargo, aunque la señora Gómez insiste en hacérselo comprender, él prefiere dedicarse a jugar al fútbol con sus amigos en lugar de estudiar. Como la mayoría de los niños, está impulsado por su deseo efusivo de jugar para satisfacer una gratificación instantánea.

La habilidad de dar preferencia a los objetivos a largo plazo frente a otros más inmediatos es conocida como gratificación diferida, que comporta paciencia, disciplina y control de los impulsos, que con frecuencia son ajenos a niños y adultos por igual.

La impulsividad a menudo está considerada un síntoma fundamental del TDAH, los trastornos de la conducta (TC), el Trastorno Negativista Desafiante (TND), la adicción y el trastorno de la personalidad antisocial. La impulsividad se suele definir como «una predisposición» hacia las reacciones «rápidas» y no planificadas sin atender a las consecuencias negativas de esas reacciones. Las personas impulsivas no se toman el tiempo suficiente para planificar o tener en cuenta las consecuencias de sus actos.

Diversas investigaciones demuestran que para prevenir el TDAH, el TC, el TND o las adicciones y la conducta antisocial los jóvenes deben controlar sus impulsos. Estos proceden de nuestro instinto elemental por obtener placer de las cosas, como por ejemplo la comida, la comodidad, las propiedades, el espectáculo, los afectos, el sexo y la influencia social. Todo lo mencionado estimula una parte del cerebro denominado sistema mesolímbico dopaminérgico, que también es responsable de las adicciones. Esta es la razón por la que las personas pueden ser «adictas» a todo lo anterior. Los comportamientos impulsivos como la mentira compulsiva, el robo en las tiendas (cleptomanía), la conducta violenta, la piromanía, los actos sexuales aleatorios, etc., vienen dictados por una urgencia irresistible y descontrolada que proporciona cierta emoción. Este tipo de conducta está a menudo basada en el placer desde un plano psicológico; representa la sobreexcitación del sistema cerebral interno.

A los jóvenes y a los niños les intriga el placer, que determina la mayor parte de sus conductas. Mientras que nuestro cerebro posee sistemas bien desarrollados que nos dicen qué hacer en lo que se refiere al placer, en los jóvenes hay más dificultades para controlar o frenar esas fuentes de placer porque se sienten atraídos por ellas. Como nuestras señales de «¡Adelante!» son tan fuertes, es muy importante aprender a activar el botón de «¡Alto!» y, por tanto, a decir no.

Este aprendizaje debería empezar tan pronto como empiezan los impulsos, es decir, alrededor de los 2 años. El botón de «¡Alto!» corresponde al centro de control de impulsos, que se encuentra en los lóbulos frontales del cerebro y en una estructura cerebral llamada *amígdala*. Estas zonas especializadas del cerebro se desarrollan durante la infancia y la adolescencia. También se pueden reforzar con la práctica desde la infancia y a lo largo de la edad adulta.

Todos y cada uno de nosotros ha nacido con una cierta dosis de capacidad para controlar nuestros impulsos. La genética influye en la estructura y en la química de la amígdala y los lóbulos frontales, pero la experiencia opera sobre ellos para modificarlos estructural y químicamente. Esta es la razón por la que incluso los niños nacidos con un bajo control de impulsos pueden mejorar su capacidad con el tipo de enseñanza adecuada.

En su libro *Just like his father?*, la doctora Liane J. Leedom (2006) muestra que una buena educación parental puede ayudar a los niños en situación de riesgo a superar la conexión «genética» con la conducta antisocial, la adicción y el TDAH. Aunque es psiquiatra, la autora recoge diversas investigaciones que demuestran que biología no equivale a destino. El control de impulsos es una capacidad adquirida. Así pues, ella dice que incluso los niños que están en riesgo genéticamente porque tienen familiares biológicos con TDAH, adicción o conducta antisocial o porque tenían los lóbulos frontales y la amígdala debilitada por una lesión en la cabeza, una enfermedad psiquiátrica o consumo de sustancias nocivas, pueden recibir ayuda para desarrollar el control de impulsos.

El comportamiento impulsivo de los niños «en situación de riesgo» despierta prácticas correctoras punitivas en los adultos. El castigo de la conducta problemática no sirve de mucho para ayudar a desarrollar el control de impulsos de estos niños. En realidad, este estilo corrector punitivo empeora su conducta, volviéndolo más agresivo y obstinado, lo que, a su vez, desencadena un tira y afloja entre el adulto y el niño: una auténtica lucha de poder.

El placer a través del juego socialmente efectivo

Juliana Yacubian y Christian Buchel (2009) afirman que el cerebro también puede crear un sistema de recompensas basado en el placer de la interacción social. Desde pequeños comprendemos el placer del juego socialmente efectivo, esto es, obtener placer de la manipulación de las relaciones sociales y los sentimientos. Desde sus primeros días, el bebé aprende a despertar la emoción parental con espíritu de juego simplemente sonriendo a la persona adulta, reclamando atención, iniciando un juego concreto, mostrando sus habilidades, fingiendo no oír cuando se le llama o simulando angustia para recibir una respuesta.

La mayoría de las personas disfrutan siendo el centro de atención. Todos disfrutamos sintiéndonos importantes y teniendo el control y los niños no son una excepción. En realidad, no hay nada malo en buscar atención; es un impulso natural y una necesidad humana. Sin embargo, es la forma en que tratamos de llamar la atención o de tener el control lo que con frecuencia se convierte en el problema. Los niños que «no se sienten lo bastante bien» acaban molestando en clase para llamar una atención de la que, de otro modo, estarían privados. Con frecuencia descubren que molestar en una clase, además de reportarles atención, también se convierte en un medio para tener el control sobre la persona adulta y la situación.

Ejemplo

Nicolás aprendió que «haciéndose el tonto» y molestando a sus compañeros de clase ponía en dificultades a su profesor, quien al cabo de un rato lo expulsaba de clase. Con ello, conseguía perderse la odiada clase de matemáticas.

En los animales, el impulso de dominación es importante porque la jerarquía social determina el acceso a la comida, al agua y a las potenciales parejas. En los seres humanos, el instinto de dominación es la fuerza que nos hace querer ser los primeros, estar en lo más alto, asumir puestos de liderazgo y disfrutar de tener el control sobre otros. También es la fuerza que nos hace querer ser admirados y envidiados por los demás. El instinto nos lleva a querer conseguir más, esforzarnos por poseer la casa más grande, el coche más rápido, la ropa más bonita, el mejor empleo y la esposa más atractiva.

El problema surge cuando esta necesidad de conseguir más, de ser admirado, envidiado y/o de tener tanto control hace desgraciados a la persona que lo desea y/o a todos los demás. La desgracia se produce cuando nunca es suficiente, en ese punto los seres humanos adoptan *«comportamientos prohibidos transgresores»* *para satisfacer esa necesidad.*

Comportamientos transgresores
y beneficios secundarios

Sobre todo los adolescentes, aunque también se ha visto este fenómeno en niños pequeños, suelen tener comportamientos que están considerados poco éticos, inmorales o autodestructivos. Los más jóvenes se ven atraídos por actos o gestos que los padres, la escuela y la sociedad proclaman y predican que son «malos», por ejemplo, las palabrotas y los gestos obscenos, los actos o connotaciones sexuales, las malas compañías, las autolesiones, el consumo de tabaco y las adicciones.

Cuanto más intenta frenar el adulto estos comportamientos, más atractivos se vuelven para los jóvenes, que con frecuencia hacen exactamente lo contrario de lo que se les dice en un intento de conformar su identidad diferenciada. Esto infunde el fenómeno de la fruta prohibida. Esta dinámica también se da con las relaciones. Los más pequeños se ven atraídos con frecuencia por los malos ejemplos o por los «compañeros inadecuados». Para esto hemos acuñado el término *«fenómeno de Romeo y Julieta»*. Paradójicamente, cuanto más tratamos de apartar al niño o adolescente del objeto prohibido, más acaban sintiéndose fascinados por él.

Cualquier acción puede acabar convirtiéndose en un placer en sí mismo o puede reportar placer indirectamente. Todas las acciones pueden acabar siendo placenteras basándose en el hecho de que conceden a la persona *beneficios secundarios.* Con frecuencia, las ventajas llegan a superar las desventajas, lo que lleva a la persona a mantener su conducta. Esto es muy común en los niños, cuando lo que el adulto considera que es «mala conducta» puede reportarles un comportamiento deseado inmediato, como la compasión, la atención, el poder sobre el adulto, las recompensas materiales, la libertad frente a responsabilidades cotidianas, etc.

Ejemplo

Gastón era el bravucón de la escuela. Robaba almuerzos, pegaba a otros chicos, amenazaba al personal de la escuela, pintaba grafitis en las paredes de la escuela, etc. Los profesores y el director trataron de convencerlo de que abandonara esta conducta. Lo castigaban con permanencias y expulsiones temporales. Se llamó a los padres en numerosas ocasiones para que acudieran a la escuela, ¡pero no servía de nada! Gastón no escuchaba, ¡sencillamente seguía haciendo el tonto! Estaba convirtiéndose en un pequeño delincuente. Todo el mundo estaba muy preocupado, aunque procedía de una familia adorable. Todo esto no tenía sentido (para los demás), pero sí para Gastón, a quien sencillamente le encantaba ser el centro de atención.

¿Cómo podemos explicar este comportamiento? Aunque sean reprendidos o castigados continuamente, determinados alumnos siguen «comportándose mal». Mediante esta conducta obtienen atención y una identidad. Ahora él no es solo un número, sino que es «el malo»... ¡y eso gusta! Desde la perspectiva del niño, este comportamiento le concede numerosos beneficios secundarios que superan las desventajas de la situación. Gracias a esta conducta, el niño acaba evitando la actividad de clase, ya que con frecuencia es expulsado del aula. Todo el mundo empieza a hablar de él, de modo que obtiene cierta notoriedad. Andy Warhol explica esta actitud de búsqueda de atención en una de sus citas más célebres: *«Lo que importa no es lo que eres, sino lo que ellos piensan que eres».*

Además, el «comportamiento no controlado» da al niño poder sobre el profesor porque hace que este pierda el control, lo que otorga al niño una atractiva imagen de atrevido entre sus compañeros de clase.

Los niños muestran continuamente una conducta agresiva para abrirse paso entre sus iguales, pero también entre las personas adultas. El acoso escolar es un ejemplo claro. Todos los chicos saben que golpear a otro niño o atormentarlo está mal, sin embargo, siguen haciéndolo porque sienten que tienen *poder:* son temidos y/o incluso buscados por sus iguales gracias a sus modales sádicos y violentos. El deseo de poder es un concepto destacado en la filosofía de Friedrich Nietzsche,[1] que nos recuerda que el instinto de poder es la principal fuerza impulsora de los seres humanos. Los logros, la ambición, el esfuerzo por alcanzar el puesto más alto posible en la vida para sentir el control... son manifestaciones de la voluntad de poder.

Conductas basadas en la oposición y la provocación: una lucha de poder

Con frecuencia, los niños y adolescentes adoptan y mantienen una conducta de oposición-provocación para definir y redefinir su identidad y su poder. También muestran normalmente una aguzada percepción social y aprenden rápidamente cómo manipular a las personas para obtener los resultados que desean. La mayoría de los adultos no consigue darse cuenta de que esto a menudo es una decisión no consciente o premeditada por parte del niño o niña (es decir, «pensada detenidamente»), sino que tan solo está respondiendo a su entorno de un modo que le ha reportado recompensas en las experiencias anteriores.

La mayoría de las veces, los niños no son siquiera conscientes de sus intenciones. Cuando se produce una discusión entre una persona adulta y un niño, el centro de atención del adulto es encontrar la resolución de la disputa. Para el niño que adopta una conducta de oposición o antagonista, el centro de atención no se encuentra en la resolución de la discusión, sino en «ganarla». Ganar no necesariamente se refiere al resultado de la discusión, sino que

---

1.   Friedrich Nietzsche (1844-1900). Véase *La voluntad de poder*, proyecto abandonado por Nietzsche en 1888 y publicado póstumamente como compilación de fragmentos.

es un medio para obtener un objeto o una actividad deseada. En otras palabras, volviendo a los *axiomas de la comunicación humana* (Watzlawick, Weakland y Fisch, 1974), el adulto se centra en el contenido, mientras que el niño se centra en la relación, esto es, obtener ventaja sobre los padres, el profesor, etc.

Para el niño o niña antagonista, ganar significa que es capaz de demostrar su poder. Este se puede obtener de diversas formas. Por ejemplo, puede demostrar que tiene poder si es capaz de hacer enfadar al padre, porque una discusión con la madre puede retrasar la asistencia a una cita, o sencillamente incrementar la tensión en el hogar. Lo que hay que recordar es que el niño antagonista no está interesado en la resolución, ni en las soluciones lógicas/racionales, sino que su centro de atención es tener el conrol.

A través de la aplicación regular de un comportamiento aversivo, el niño antagonista controla el hogar o la clase, con lo que obtiene poder y territorio. Los padres, profesores y demás personas que cuidan de niños antagonistas se descubren con frecuencia a sí mismos evitando cualquier cosa que pueda servir de confrontación y pudiera convertir al doctor Jekyll en el señor Hyde.

Ejemplo

La señorita Hernández descubre que cuando Fabio estaba en clase, parecía como si todos sus compañeros tuvieran que andar de puntillas, con cuidado de no hacer nada que pudiera provocar su conducta de oposición, que con el tiempo se ha vuelto así con casi todo. Esta sensación de intimidación permite al niño antagonista obtener muchas victorias silenciosas. Como consecuencia de ello, al niño se le podría estar permitiendo saltarse los límites y, en ocasiones, quebrantar normas.

Los intentos de solución con la conducta basada en el placer

Los intentos de solución más habituales consisten en:

- pedir que el niño refrene esta conducta (lo que aumenta su atractivo)
- hablar con el niño para que pare (lo irracional gana a lo racional)
- castigar (que muchas veces incrementa los beneficios secundarios)
- rendirse ante la conducta de oposición (intento de solución final)

Cuando los adultos tienen regularmente la sensación de que sus intentos racionales no sirven para nada, se sienten impotentes y acaban abandonando. Intimidados por estas conductas, pasan de una actitud de control a otra permisiva. Esto no hace más que sentar las bases para permitir que la conducta basada en el placer se desarrolle más y gane más territorio. Lo cual permite que el niño «tenga la sartén por el mango».

Intervenciones «ganar sin pelear»

Para que falte un placer, primero hay que buscarlo: una paradoja de la vida.
Hugh Black

Si lo que quieres es placer, no elimines el deseo. Búscalo con inteligencia.
Huston Smith

Las conductas basadas en el placer suelen ser muy intimidatorias y se consideran como altamente resistentes, casi imposibles. Sin embargo, los casos se volverán imposibles porque se los considera así, o porque se gestionan de forma inapropiada. Metafóricamente hablando, buscamos la llave en el lugar equivocado y acabamos por creer que no hay llave. Richard Fisch, John H. Weakland y Lynn Segal (1982) afirman que las dificultades ordinarias de la vida se vuelven más graves y más desalentadoras porque el problema inicial ha sido mal gestionado y, por tanto, sigue sin resolverse, lo que confirma la tesis de que es un caso imposible. Estos patrones suelen traducirse en la aplicación de intervenciones lineales (Watzlawick, Weakland y Fisch, 1974). Con frecuencia, los adultos limitan sus opciones a determinadas formas de comportamiento, manteniéndose en lo que parece lógico o racional.

Ejemplo

Iván es castigado a quedarse en la escuela después de clase por mal comportamiento; el problema se ha abordado mediante la aplicación de un castigo. Así, si Iván vuelve a comportarse mal, la conclusión lineal lógica es dejarlo castigado después de la escuela dos días, luego tres, y así sucesivamente. Si Iván sigue comportándose mal, tendemos a incrementar la dosis pensando que debemos hacer «más de lo mismo». Sin embargo, su comportamiento sigue sin cambiar.

Maag (1999b) sostiene que si el castigo fuera efectivo con ese niño se debería utilizar menos en lugar de más, pues, por definición, el comportamiento debería disminuir. Utilizamos lo racional para gestionar lo irracional, pero lo irracional siempre gana a lo racional. Los adultos no suelen percibir y aceptar que determinadas conductas desafiantes pudieran seguir una lógica basada en el placer y tener una función: ofrecer beneficios secundarios.

ELIMINAR LOS BENEFICIOS SECUNDARIOS

Los adultos suelen verse intimidados por el comportamiento de los niños que no consiguen comprender.

Ejemplo

La señora Torres no podía comprender cómo era que Emilio, que procedía de una familia muy acomodada, seguía robando después de todos los castigos y expulsiones que ella le había impuesto. Las meras tentativas de detener racionalmente este comportamiento irracional no deseado simplemente lo hacían empeorar, lo que llevaba a la señora Torres a sentirse impotente e incapaz de controlar la situación.

Los niños son más inteligentes de lo que pensamos; enseguida toman conciencia de que su conducta desafiante (decir palabrotas, masturbarse, faltar, tener rabietas, etc.) son el mejor modo de desarmar al adulto. Con ello, el niño descubre un modo de usurpar la autoridad parental. El comportamiento intimidatorio coloca a los niños en una posición de ventaja por la que ellos fijan las reglas del juego que tienen que jugar los adultos. Este es uno de los principales beneficios de esta táctica.

El primer paso para gestionar la conducta desafiante es eliminar los beneficios secundarios o ventajas anexas. Así, lo primero que hemos de preguntarnos es *cuáles son las ventajas anexas que este niño está obteniendo de esta situación.* Estas pueden adoptar formas diversas; alcanzar objetos deseados, evitar ciertas tareas, alargar un horario, recibir atención, obtener ciertos privilegios (ver la televisión, faltar al colegio, etc.). La primera ventaja anexa que hay que abordar es la respuesta emocional del adulto que, con frecuencia, bajo toda esta tensión, acaba perdiendo el control. Muchas veces, los niños emplean afirmaciones como «te odio» o «no me quieres» para provocar una respuesta emocional en el «cuidador». En otras palabras, el niño detecta el «botón» para llevar al adulto al colapso emocional y que, entonces, este desista de su petición. El castigo físico suele empeorar las cosas porque los adultos acaban superados por los sentimientos de culpa y, entonces, ceden a la petición del niño simplemente para aliviar su propia culpa. El castigo físico suele ser una consecuencia de la falta de control del adulto.

Robert Zaslow y Marilyn Menta (1975) descubrieron que la falta de control del adulto está en el centro de los procesos persistentes de comportamiento indeseable en los niños. El niño o niña empieza controlando a los otros mediante un acto, que utiliza y mantiene como una medida de resistencia hacia lo que sea que le disguste. Así, lo primero que debe hacer un adulto para poder manejar esta conducta no deseada es recuperar su posición jerárquica, esto es, tomar de nuevo las riendas.

A través de su comunicación verbal y no verbal, el adulto, sin ser agresivo o violento, tiene que transmitir el mensaje de que está a cargo de la situación. Fijar los límites y, tranquilamente, pero con firmeza, insistir en determinados estándares de conducta que proporcionan al niño una sensación de seguridad y contribuyen a que perciba que el adulto tiene el control. Diversas investigaciones (Nardone, Giannotti y Rocchi, 2008; Papantuono y Portelli, 2011; Nardone, 2012) demuestran que en la sociedad actual los padres e incluso los educadores han pasado de emplear patrones autoritarios muy estrictos a aplicar estilos de educación y crianza abiertamente permisivos, que imponen muy pocos límites que respetar y muy pocas reglas que cumplir.

Al actuar habitualmente como amigos, acaban perdiendo la estima de sus hijos, que empiezan a ignorar su autoridad. Los educadores, primero y principalmente, deberían ganarse el respeto de sus alumnos; solo de este modo pueden orientar a los niños para que «mejoren por sí mismos».

Es más, determinada conducta desafiante persiste porque otras personas significativas no coinciden en la manera de gestionarla. Como dice un viejo adagio, «unidos venceremos». Nos hemos enfrentado con frecuencia a situaciones en las que los padres u otras personas significativas tienen percepciones (chico malo, chico enfermo) y reacciones diferentes (blanda, dura) ante la conducta no deseada del niño, lo que deja paso a que este siga haciendo lo mismo porque el desacuerdo de los adultos le da más control sobre ellos. Por tanto, un paso importante para «derrotar» la conducta no deseada es conseguir que las personas significativas unan sus fuerzas. Se dan instrucciones a padres y profesores para que adopten el mismo procedimiento disciplinario, de tal forma que transmitan el mismo mensaje, «nosotros tenemos el control», lo que no deja al chico más salida que acatar sus directrices. Incluso en hogares con los dos progenitores, ambos deberían estar de acuerdo, implicados y comprometidos con la realización de los cambios necesarios involucrados en tratar al niño antagonista.

COMPORTAMIENTO FUERA DEL CONTROL / BAJO CONTROL

Los educadores buscan ayuda habitualmente cuando el comportamiento se ha disparado hasta hacerse insoportable y ya no es suficiente fijar límites. Aquí debemos recurrir a diferentes maniobras no ordinarias. Un viejo adagio dice que «el mejor modo de montar a caballo es hacerlo en la dirección en la que va el caballo». En otras palabras, solo alineándonos primero en la dirección del caballo puede llegar a ser posible, más adelante, conducirlo lenta y deliberadamente en la dirección deseada. Por tanto, si no podemos vencerlo, tenemos que unirnos a él... ¡pero de un modo inteligente!

PRESCRIPCIÓN DEL SÍNTOMA

Una intervención terapéutica estratégica utilizada cuando un síntoma o conducta no deseados no responden a las intervenciones ordinarias es la «prescripción del síntoma».[2] En estos casos

2.   Esta técnica fue desarrollada como uno de los diversos métodos de «intervención paradójica» por un grupo de terapeutas de familia en el MRI (Palo Alto, California), que basó su enfoque en el trabajo del doctor Milton Erickson, un pionero de la hipnoterapia. Erickson pedía a sus pacientes que representaran activa y conscientemente el síntoma que les incomodaba. En muchos casos, la

resistentes, se fomenta paradójicamente el síntoma o la conducta no deseada con el fin de ponerla bajo control y que, con ello, seamos capaces de reducirla. Al prescribir la conducta no deseada del niño (esto es, pedir que la realice, por paradójico que resulte) el padre o profesor llegará finalmente a tener el control.

Intervención

Un ejemplo clásico sería pedir al niño que siempre tiene grandes rabietas que empiece y llore y grite tanto como pueda. «Ángela, tienes que expresarte, estamos aquí por ti, suéltalo, por favor».

Esta técnica paradójica se puede aplicar en diferentes contextos cuando los niños oponen resistencia a nuestras indicaciones razonables y lógicas con una conducta desafiante relacionada con la comida, el sueño, el juego, etc. La aplicación básica de una instrucción paradójica es pedir al niño que haga lo que va a hacer de todas formas, atrapándolo en un doble vínculo que resulte corrector o, como a nosotros nos gusta describirlo, «una situación en la que ganan todos». Si el niño llora y grita, el padre tiene el control, pues fue quien dio permiso al niño para hacer exactamente eso. El padre difícilmente puede enfadarse cuando el niño está haciendo lo que se le ha dicho que haga. Si el niño no llora, ni grita y, en lugar de eso, afirma que no necesita llorar y gritar, el padre sigue teniendo el control porque el niño ha tomado una buena decisión y el resultado final es el deseado. De cualquiera de las dos formas, ¡el adulto y el niño ganan! En su libro *Understanding and Treating Difficult Children and their Parents*, F. Cline (1979) escribió que «un doble vínculo terapéutico supone poner a un niño en una situación en la que... ¡la única salida es la salud!». Esto sigue una de *Las 36 estrategias chinas* de

---

desviación se podría amplificar y utilizar como una «cuña» para modificar la totalidad de la conducta.

la Antigüedad: *«Hacer subir al enemigo al desván y luego quitar la escalera»* (cf. Gao, 2002).

Las instrucciones paradójicas cortocircuitan la resistencia del niño porque, al prescribirle la conducta no deseada, se comportará «espontáneamente» de otra forma, no porque se le diga que lo haga (lo cual con frecuencia genera más resistencia), sino para demostrar que sus padres no pueden decirle lo que tiene que hacer (Haley, 1984). El niño toma la iniciativa de la nueva conducta. El fundamento de la instrucción paradójica terapéutica es dar a los niños la oportunidad de hacer buenas elecciones.

Las instrucciones paradójicas funcionan porque sortean el comportamiento descontrolado de un niño y las sensaciones subyacentes en un espacio específico, llevándolo con ello a tener más control. Además, eliminan las batallas por el control y el poder que a menudo se disparan hasta ser confrontaciones entre el adulto y el niño. Todo lo cual lleva a ambas partes a «ganar sin pelear».

Conclusión

Al dar instrucciones paradójicas, los educadores y los adultos preocupados por la conducta problemática inducirán un cambio de conducta, que consecuentemente desencadenará un cambio en la percepción. En el caso de las conductas no deseadas, los intentos habituales de explicar, convencer o recompensar/castigar al niño para que abandone esa conducta tienden a fallar. Es entonces cuando las intervenciones paradójicas no ordinarias muestran su utilidad, al llevar al niño a cambiar su conducta y a darle la posibilidad de vivir una «experiencia emocional correctora» (Alexander y French, 1946; Alexander, 1961) que aporta un cambio en la percepción y en el proceso de pensamiento (Nardone y Salvini, 2007; Nardone, 2012).

III. INTERVENCIONES NO ORDINARIAS EFECTIVAS

CAPÍTULO 10

CUANDO FALLA EL SENTIDO COMÚN: INTERVENCIONES NO ORDINARIAS

> *Fui a una tienda en la que tenían de todo,*
> *pero se negaron a venderme nada concreto.*
> RALPH WALDO EMERSON

Ejemplo

Carlos, de 10 años, era un alumno atrevido de la señorita Durán. Su palabra favorita era «no». Alteraba la clase, ignoraba las explicaciones de la maestra y las tareas, generando sus propias actividades en el aula (jugar a las cartas, escuchar música, etc.). Desataba el caos en la clase y doblegaba a la señorita Durán, que ya no podía dar la clase. Ella trató de hablar con él para que abandonara esa conducta no deseada, ¡pero no sirvió de nada! Entonces lo mandó a la psicóloga de la escuela, en cuyo despacho permaneció con gesto desafiante y en silencio durante toda una hora. La señorita Durán tuvo que recurrir a medidas correctivas, así que empezó a obligarle a quedarse después de clase, lo expulsaron temporalmente, etc., pero el comportamiento de Carlos nunca mejoró. En realidad, después del primer semestre, su conducta antagonista llegó a ser tan mala y tan temeraria, que fue expulsado de la escuela.

Con frecuencia, los profesores y cuidadores se ven enfrentados a niños que no son dóciles o no siguen sus indicaciones. «Aunque se lo estén diciendo por su propio bien», los niños siguen siendo desafiantes o desobedientes. Lorraine Rocissano, Arietta Slade y

209

Victoria Lynch (1987) definieron la docilidad como la obediencia a las instrucciones y prohibiciones de los adultos, la cooperación con sus solicitudes y sugerencias y la disposición para aceptar sugerencias en situaciones de enseñanza.

En su soberbio artículo «Why They Say No: Foundational Precises and Techniques for Managing Resistance», John Maag (1999a) sostiene que los jóvenes que exhiben conductas desafiantes suelen ser percibidos como rebeldes, desobedientes de las instrucciones, no cooperadores y antagonistas. La desobediencia grave o el comportamiento de resistencia es una de las razones más frecuentes por la que los niños son remitidos a examen psiquiátrico (Kuczynski *et al.*, 1987). Entonces las dificultades se transforman en problemas, que se convierten en patologías.

Hill Walker, Geoff Colvin y Elizabeth Ramsey (1995) afirman que la desobediencia sirve de «conducta de entrada» para que los niños desarrollen problemas psicológicos graves, puesto que los adultos empiezan a sentirse indefensos cuando se ven confrontados con la situación desafiante. Como nada parece funcionar, llegan a creer que al niño le pasa algo muy malo.

Gestionar las resistencias

Los adultos tratan de inculcar en los niños formas de ver el mundo y de reaccionar ante él que han funcionado bien para ellos, pero pueden no sintonizar con las perspectivas de los niños. Los adultos esperan que los niños comprendan sus buenas intenciones y acepten la autoridad. Tratar de sermonear o de obligar de otro modo a que un niño acate la versión del mundo de un adulto puede dar lugar a resistencias (Maag, 1997b). La perspectiva del mundo que tienen los pequeños es diferente a la de los adultos. Por tanto, insistir en decirle a un niño que haga los deberes argumentando que si no lo hace acabará trabajando en una fábrica y, como consecuencia, sufriendo en el futuro, no parece funcionar en absoluto. La percepción de los niños es del aquí y el ahora. No logran ver lo que el adulto puede ver o ha experimentado en su propia piel. Con frecuencia, lo que los adultos consideramos sentido común no tiene ningún sentido para los niños, lo que los lleva a resistirse u oponerse a nuestras sugerencias o intervenciones lógicas.

Investigaciones hechas desde el enfoque de la Terapia Breve Estratégica sobre problemas y resistencias relacionados con los niños (Nardone y Fiorenza, 1995; Nardone y Portelli, 2005a; Papantuono, 2007; Balbi y Artini, 2009; Mariotti y Pettenò, 2014) han revelado que, en la mayoría de los casos, los pequeños no se resisten a las sugerencias de los adultos porque quieran, sino porque no son capaces de hacerlo de otro modo. Suelen resistirse al cambio porque están bloqueados por una sensación y una percepción básicas dominantes que pueden estar generadas por el miedo, la rabia o el dolor o basarse en el placer. Así, un niño seguirá evitando ir a la escuela mientras la perciba como un lugar peligroso. Los niños antagonistas más desafiantes son resistentes al cambio porque este tipo de conducta preserva los beneficios del «aquí y ahora» antes que las desventajas de su situación actual, por lo que se resistirán a cualquier forma de intervención que pudiera modificar esa situación ventajosa (Papantuono, 2007).

John Maag (1999b) sostiene que para gestionar de forma efectiva la resistencia de un niño, los adultos no deben tratar de hacer que se ajuste a una concepción adulta de lo que debería ser. Más bien, deben unirse a él en sus marcos de referencia, tratar de seguir su percepción subyacente y encontrar intervenciones adecuadas para sacarlo de sus círculos viciosos disfuncionales de percepción-reacción. A menudo, esta percepción parece muy estrambótica, irracional o ilógica, pero sigue una lógica no ordinaria (Nardone y Portelli, 2007).

Milton Erickson, que adopta el mismo marco mental que su hija, expone un ejemplo espléndido (Rosen, 1982). La hija de Erickson llegó a casa de la escuela primaria y dijo:

—Papá, todas las niñas del colegio se muerden las uñas y yo también quiero estar a la moda.

Siguiendo la lógica no ordinaria de la niña, Erickson respondió:

—Bueno, sin duda deberías estar a la moda. Creo que la moda es muy importante para las niñas. Ahora vas muy por detrás de ellas, que han tenido ya mucha práctica. Así que creo que la mejor forma de que te pongas al día con las niñas es que te asegures de que te muerdes las uñas lo suficiente todos los días. Bueno, creo que si te muerdes las uñas quince minutos, tres veces al día, todos los días exactamente a tal y tal hora, puedes alcanzarlas.

Ella comenzó con entusiasmo al principio. Después empezó a retrasarse, poco a poco lo fue dejando y un día terminó diciendo:

—Papá, voy a empezar una nueva moda de uñas largas en la escuela.

En este ejemplo, Erickson siguió el marco de referencia de su hija y aceptó que era importante estar a la moda. Este «unirse al niño» es un requisito para obtener obediencia con la solicitud. Si Erickson hubiera tratado de evitar que su hija se mordiera las uñas a base de sermonearla diciendo que morderse las uñas es una mala costumbre y castigándola para mostrarle lo malo que es, lo más probable es que su hija hubiera acabado ofreciendo resistencia y se hubiera sentido atraída por la conducta prohibida. Esta intervención va en contra de la mentalidad habitual de la mayoría de los adultos, pero está en sintonía con la de la niña. Es un tipo de intervención definitivamente inusual, pero funcionó porque sigue la lógica no ordinaria subyacente de la niña.

Erickson presentó el hecho de morderse las uñas como algo normal, incluso le dijo que lo hiciera más y mejor. Transmitió la intervención no ordinaria como una oportunidad para practicar el comportamiento, y se lo transmitió a la niña de forma tranquila, mostrando que no estaba enfadado sino, más bien, complacido de que la niña tuviera la oportunidad de practicar. Walker *et al.* (1995) apreciaron con perspicacia que «si un niño obedece o no la instrucción de un adulto tiene que ver tanto con cómo se enmarca y cómo se transmite la orden como con las consecuencias, o su ausencia, que se siguen de la transmisión». Los adultos deberían considerar las intervenciones no ordinarias como una oportunidad para que el niño descubra por sí solo que su comportamiento es fútil, absurdo y carente de sentido. Seguir y prescribir un comportamiento al que el niño no puede objetar legítimamente se incorporará magníficamente a las capacidades de los adultos para gestionar la resistencia con el mínimo esfuerzo. El cuidador obtiene el control sobre lo que anteriormente parecía un comportamiento incontrolable.

CONDUCTA DESAFIANTE:
LO IRRACIONAL GANA A LO RACIONAL

Ejemplo

Marcos no dejaba de pedir permiso para salir de clase. Preocupada, la señora Díaz preguntó al niño por la frecuencia de sus visitas al servicio: necesitaba lavarse las manos para no contaminarse de gérmenes. La señora Díaz intentó hablar con él racionalmente para que abandonara este comportamiento mostrándole que no tenía por qué preocuparse, enseñándole lo limpia que estaba la escuela y lo sano que estaba él. Pero Marcos, con una sonrisa de suficiencia en el rostro, respondió: «Claro, mis lavados de manos funcionan», y regresó al lavabo.

Determinadas conductas desafiantes, que los procedimientos lógicos ordinarios no consiguen resolver, se definen con frecuencia como irracionales, estrambóticos o anormales, lo que deja en el adulto una sensación de impotencia e imposibilidad para gestionarlos. La historia está llena de anécdotas que confirman que lo irracional gana a lo racional.

Watzlawick y la Escuela de Palo Alto afirman que «si hay un problema, hay una solución» (Watzlawick *et al.*, 1974); solo tenemos que comprender y seguir su lógica no ordinaria subyacente

213

y en apariencia irracional (Nardone y Portelli, 2005a). Diversos estudios (Bateson *et al*., 1956; Nardone y Watzlawick, 2004; Nardone y Portelli, 2005b) han revelado, especialmente al tratar el sufrimiento psicológico, que comprender la lógica subyacente de un problema puede proporcionar el conocimiento científico necesario capaz de orientar al terapeuta en la planificación de maniobras efectivas y eficientes para alcanzar un objetivo predecible.

Los problemas humanos inexplicables e imposibles de gestionar se definen y etiquetan con frecuencia como patologías porque no consiguen cumplir con la lógica ordinaria. Las maniobras racionales de sentido común parecen inútiles para combatir «el problema», lo que nos lleva erróneamente a deducir y confirmar la idea *a priori* de que son irracionales. Nardone y Watzlawick (2004) muestran que estos problemas no son ilógicos, sino que más bien siguen una lógica no ordinaria. Sin embargo, lo que no conseguimos explicar y controlar lo calificamos de malo, extraño o, peor aún, patológico.

GANAR SIN PELEAR: ¿POR QUÉ LAS INTERVENCIONES
PARADÓJICAS SON EFICACES?

Las instrucciones paradójicas parecen desafiar a la lógica ordinaria. La idea subyacente al trabajo paradójico es que los adultos ganen sin pelearse con los retos que el comportamiento «equivocado» de los niños les presentan. Intervenciones paradójicas como la de «prescribir el problema» utilizan la conducta no deseada contra sí misma para que se autoanule. Según el adagio, «si no puedes vencerlo, únete a él». A veces, para eliminar la conducta problemática o una sensación avasalladora es preciso aceptarla y prescribirla. De este modo podemos tomar el control sobre ella. Evitando tratar de resistirse a él, el síntoma pierde su función.

Cuando los adultos aceptan la resistencia de un niño y la prescriben, la resistencia se convierte en cooperación. Jay Haley (1973) expuso que Milton Erickson señalaba este aspecto utilizando la analogía de una persona que quiere cambiar el curso de un río. Si se opone al río tratando de bloquearlo, el río simplemente le pasará por encima y le rodeará. Pero si acepta la fuerza del río y lo desvía en otra dirección, la fuerza del río abrirá un nuevo cauce.

Los humanos llevan fascinados por las paradojas desde la Antigüedad. Desde la paradoja más antigua registrada, la de Anaximandro, pasando por la Edad Media y la Ilustración hasta la actualidad, podemos encontrar múltiples ejemplos de las paradojas empleadas para resolver nuestros dilemas y problemas (Sørensen, 2003).

El uso de la paradoja para resolver padecimientos psicológicos no es nuevo. En la década de 1930, Knight Dunlop[1] aplicó la técnica de la «práctica negativa» a problemas como el tartamudeo o la enuresis. Viktor Frankl (1960) utilizó lo que denominó «intención paradójica» para alterar el significado de los síntomas para sus pacientes. El «psicoanálisis directo» de John N. Rosen (1953) enfatizaba las ventajas de favorecer que los pacientes psicóticos se entregaran a conductas sintomáticas también cuando recaían.

Las técnicas paradójicas han sido desarrolladas aún más por Watzlawick *et al.* (1974), Fisch *et al.* (1982), Barker (1981), Weeks y L'Abate (1982), Shoham y Rohrbaugh (2001, 2004), Fiorenza (2000), entre otros. En *Paradoja y contraparadoja*, el grupo de Milán describió diversas intervenciones paradójicas utilizadas con familias rebeldes (Selvini-Palazzoli, Cecchin, Prata y Boscolo, 1978). Es importante señalar que las instrucciones o sugerencias paradójicas se emplean cuando los métodos directos con la conducta y las maniobras racionales de sentido común han fracasado.

---

1. Knight Dunlop acuñó el término «práctica negativa». En la década de 1920 expuso cómo *practicar* una respuesta no deseada para *hacerla desaparecer*. En palabras de Dunlop, defendió «la práctica de una respuesta con el propósito de romper la costumbre de dar esa respuesta». Este curioso enfoque a veces funciona para eliminar tics repetitivos en la cabeza o en el cuello, denominados *tics motores*. La mayoría de las personas tratan de eliminar un tic motor intentando suprimirlo, pero a veces la fuerza de voluntad fracasa y los tics se mantienen a pesar de todos los esfuerzos conscientes por eliminarlos. Por otra parte, a veces, tratar de hacer que se produzca el tic *practicándolo* lo hace desaparecer.

Ejemplo

Diego y David están peleándose todo el tiempo e insultándose, molestándose y empujándose. Obviamente, lo primero que se intentó hacer fue separarlos. Si esto funcionaba, perfecto. Pero, por desgracia, los niños siguieron, sin hacer caso a lo que la señora Alarcón les había dicho muy razonablemente.

Habitualmente, nuestro primer intento es invitar a los chicos a que paren, pero a menudo esto solo funciona unos minutos, en el mejor de los casos. Así que en lugar de decirles que paren, se lo prescribimos. Como no podemos detener la conducta, la controlamos. Durante el recreo, a Diego y a David se les fijó una hora y un lugar donde pudieran enzarzarse en esta conducta. Hacen falta un espacio, un cronómetro y un árbitro. La idea es permitir que los dos chicos se entreguen a esta conducta para que se anule sola. Todos los días, Diego y David son llevados juntos y durante 30 minutos se les permite insultar, gritar y tal vez incluso lanzarse cojines. Se les permitió entregarse a esta conducta sin castigo, ni reprimenda. Al cabo de un par de días, Diego y David se negaron a continuar con las instrucciones de pelearse y prefirieron ir a jugar al patio.

Ejemplo

Sara es una niña corpulenta; tiende a comer de más, sobre todo comida basura. Sus padres trataron de detenerla, pero eso se tradujo en que comiera más, e incluso a escondidas. Así que en lugar de tratar de limitar la cantidad de alimento que comía, se utilizó una intervención paradójica. Se da a Sara comida extra. «Me alegra que tengas buen apetito, cómete esta otra bolsa de patatas fritas, por favor, y este…». Al principio Sara recibió esta propuesta con enorme entusiasmo… «por fin», exclamó, y devoró la comida extra. Lo mismo sucedió el segundo día, e incluso el tercero. Pero llegado el cuarto, cuando sus padres la invitaron a comer el alimento extra, se rebeló y se negó a hacerlo. Lo que al principio era un placer espontáneo se convirtió en una pura tortura impuesta, lo que generó aversión hacia la conducta no deseada.

En todos y cada uno de los casos, los niños se entregan a conductas por un motivo y, a menudo, ese motivo es satisfacer una necesidad. La necesidad puede ser de atención, puede ser de cariño, puede ser un modo de expresar rabia o una forma de comunicar algo. Mostrando al niño que no intentamos detener la conducta, sino que en realidad estamos dispuestos a dejar que se intensifique, el niño comprenderá, sin necesidad de decírselo, que estamos interesados en descubrir la razón de esa conducta. Si les pedimos explicaciones, los niños no serán capaces de responder y seguramente nos dirán que lo ignoran. Pero, si perciben que estamos de su lado y no contra ellos, es más probable que transmitan alguna información que de otro modo habría quedado sin expresar. Aunque es muy importante especificar eso en la conducta infantil, a menudo no hay un verdadero «porqué» o una razón racional, pero con el paso del tiempo esa conducta empieza a tener una función y una razón.

Los profesores, padres y demás cuidadores tienen que darse cuenta de que *hacer más de lo mismo*, como decirles a sus hijos que dejen de hacer tal o cual cosa, y esperar un resultado diferente es, en el mejor de los casos, inútil. Como afirma John Maag (1997), la locura es algo que con jocosidad se define como hacer lo mismo una y otra vez y esperar que el resultado sea diferente. Por tanto, cuando tomamos conciencia de que con nuestro actual comportamiento no estamos obteniendo los resultados que queremos, nuestro propio comportamiento se vuelve irracional y, por tanto, «actuamos como si estuviéramos locos». Por consiguiente, como seres racionales debemos darnos cuenta de que tenemos que detener nuestros intentos de solución fracasados y hacer algo diferente. La intervención paradójica es, por lo general, algo muy distinto y genera una respuesta diferente.

Como se ha mencionado más arriba, la prescripción del síntoma o problema y los métodos paradójicos fueron muy utilizados por el ingenioso hipnoterapeuta Milton Erickson (O'Hanlon y Hexum, 1990) para solucionar comportamientos intimidatorios. Ed Jessee y Luciano L'Abate (1980) han señalado que las intervenciones paradójicas con los niños podrían tener un enorme potencial porque este método de intervención requiere capacidades verbales e intuición limitadas, produce resultados rápidos y es particularmente adecuado para la conducta antagonista. Las intervenciones paradójicas llevan al cuidador a liberarse de las disputas dialécticas, que con frecuencia conducen al niño a persistir. Las intervenciones paradójicas funcionan porque inducen al niño a demostrar lo contrario de lo que propone el cuidador haciendo lo correcto. En otras palabras, llevan al cuidador a ganar ante la conducta intimidatoria sin combatirla.

Resultados con los que ganan todos

Los problemas infantiles intimidatorios habituales son la conducta de oposición-provocación, la utilización de expresiones vulgares, la mentira compulsiva o también, lo que impresiona aún más, las manifestaciones de actitudes agresivas y violentas, el placer erótico autoinducido y las autolesiones, entre otros.

Incluso en estos casos tan intimidatorios, el mejor modo de hacerse cargo de la conducta es evitar combatirla y más bien prescribirla. Al tomar las medidas adecuadas, se invita al niño a exhibir varias veces al día su conducta perturbadora como una especie de petición de complacer a las personas que le rodean. La prescripción produce un efecto paradójico. Al hacer que los padres o profesores pidan al niño que exhiba un comportamiento específico, obtenemos un doble efecto:

- ayuda a aplacar a los padres o profesores porque ahora son ellos los que solicitan tal comportamiento y, así, tienen la sensación de control en lo que antes se consideraba y trataba explícitamente como una conducta inapropiada y perturbadora.

- la conducta perturbadora del niño quedará despojada de su espontaneidad y sus cualidades preocupantes.

Lo anterior sitúa ahora al niño ante un doble vínculo (Bateson *et al.,* 1956; Watzlawick, Beavin y Jackson, 1967; Sluzki y Ransom, 1976; Nardone y Portelli, 2005a) con la ilusión de elegir entre (a) continuar con la conducta, que ahora está vaciada de significado porque ya no es involuntaria y espontánea y (b) desobedecer yendo en contra de la prescripción y, por tanto, abandonar la conducta perturbadora. La mayoría de las veces, el niño empezará a negarse a actuar de este modo sencillamente porque se le ha dicho.

Punto de saturación

Si la persona adulta mantiene esta estrategia, el niño empezará a abandonar ese comportamiento. Esto se produce porque las intervenciones paradójicas llevan la conducta no deseada al punto de saturación. Esto sigue una de *Las 36 estrategias chinas* de la Antigüedad, que invita a *«apagar el fuego añadiendo leña»* (cf. Gao, 2002). Por ejemplo, con una persona fóbica obsesiva tenemos que llegar a descubrir que el mejor modo de controlar una reacción incontrolable como el pánico es lograr que la persona busque voluntariamente incrementar su reacción espontánea para llevarla paradójicamente a su autoanulación.

La evolución de la lógica no ordinaria

La Terapia Breve Estratégica (Nardone, 2000; Nardone y Portelli, 2005a) ha llegado a diseñar protocolos específicos que emplean una intervención paradójica denominada «la prescripción (y su evolución) de la peor fantasía», que sigue la lógica de la paradoja «echar más leña para apagar el fuego». Al prescribir el mismo miedo, llevamos a la persona a que acabe liberándose de él. Al mirar al miedo a la cara nos volvemos valientes. Asimismo, invitamos a los padres o cuidadores a dar al miedo un espacio en el que los pequeños estén acompañados para hablar y volcar su miedo. Al hacerse cargo de su temor, acaban liberándose de él.

Con las conductas compulsivas se invita a padres y cuidadores a permitir que los niños las practiquen aún más. *Cada vez que el niño exhiba uno de sus rituales, dile que lo haga cinco veces, ni una más, ni una menos. El niño quizá se niegue a hacerlo, pero si necesita hacerlo, invítalo a hacerlo cinco veces.* Al principio, el niño continúa repitiendo la compulsión pensando que será mejor, pero con el paso del tiempo se le pide que lo haga siete veces, después diez veces, hasta que realizar la compulsión se convierte en una auténtica tortura que se traduce en que el niño decide no hacerlo. Al prescribirle la compulsión o el ritual, lo llevamos a su punto de saturación o autoanulación.

La paradoja y la prescripción paradójica del síntoma se utilizan con frecuencia en la Terapia Breve Estratégica para el tratamiento de diversas patologías. Sin embargo, es importante subrayar el que la paradoja no es más que una de las lógicas no ordinarias. Nardone y Watzlawick (2004) sostienen que los límites del enfoque estratégico tradicional y los de la comunicación pragmática se encuentran en mantener confinadas todas las lógicas no ordinarias en el seno de la paradoja. La paradoja se transmitió como el gran contenedor de la ambigüedad. Esto no solo es incorrecto, sino también reduccionista, puesto que relega este fenómeno a solo uno de los componentes de la lógica no ordinaria (Watzlawick y Nardone, 1997).

Tres tipos de lógicas no ordinarias

La lógica no ordinaria, paraconsistente y no alética (Da Costa, 1989; Da Costa, Newton y French, 1989; Grana, 1990) es una rama de la lógica matemática que estudia un fenómeno humano común: el autoengaño. Los seres humanos estamos continuamente construyendo realidades o, en palabras de Elster (1979), tratando de aproximar más la realidad a nuestros deseos, para lo cual empleamos autoengaños que confirman y/o protegen nuestras realidades inventadas.

Autoengaño

Un ejemplo claro extraído de la vida cotidiana puede ser el de un padre que encuentra toda clase de justificaciones de autoengaño para explicar y disculpar la conducta agresiva y traicionera de su hijo cerrando los ojos a un hecho ampliamente conocido: que su hijo consume drogas. O un empresario autoritario y desdeñoso que frente al continuo reemplazo de su personal justifica esta situación recurrente (ante sí mismo y ante los demás) diciendo que es una evidencia clara del enorme desinterés y la falta de compromiso presente en «nuestra» generación joven.

Todos recurrimos al autoengaño para protegernos de lo que no está sincronizado con nuestras percepciones y creencias. Estamos acostumbrados a considerar el autoengaño como algo negativo, que hay que excluir y evitar, pero estamos predispuestos por naturaleza a hacer uso de él. El autoengaño es con frecuencia funcional, pues nos ayuda a abordar situaciones nuevas y encontrar puntos de referencia en nuestra vida; pero puede volverse patogénico y acabar limitándonos si se torna demasiado rígido.

Continuamente hacemos uso del autoengaño en nuestra relación con los demás y con el mundo (Nardone y Watzlawick, 2004). Así que cuando intervenimos sobre problemas humanos deberíamos tener en cuenta las lógicas de autoengaño subyacentes.

En 1956 se produjo una verdadera revolución con el desarrollo de la teoría del doble vínculo[2] de Bateson y sus colegas. Fue un trabajo innovador en el estudio de la conducta humana porque se distanciaba de las limitaciones producidas por el sentido común, la racionalidad y, por tanto, la lógica ordinaria. Publicada hace más de sesenta años, esta teoría sigue siendo muy efectiva. La Terapia Breve Estratégica se basa en ella. Nardone y Balbi (2009) muestran cómo al definir y descubrir estas lógicas del autoengaño podemos llegar a construir estrategias capaces de romper equilibrios patogénicos de percepción y reacción que se resisten a las intervenciones ordinarias.

Nardone y Watzlawick (2004) mantienen que hay tres lógicas diferentes dentro de nuestro marco:

* *La lógica de la paradoja*
* *La lógica de la contradicción*
* *La lógica de la creencia*

Las realidades patogénicas se construyen y se mantienen, o se basan, en una o más de estas tres lógicas. Al rastrear la lógica subyacente de un trastorno específico podemos revelar el sistema perceptivo-reactivo patogénico y, consecuentemente, descubrir las intervenciones apropiadas capaces de romper este equilibrio disfuncional.

---

2.   Las personas quedan atrapadas en un *mensaje* sin salida que transmite dos o más significados que con frecuencia se *contradicen* o se *niegan*. Véase el revolucionario estudio de Bateson *et al.* (1956) «Toward a Theory of Schizophrenia», sobre la relación entre comunicación y comportamiento esquizofrénico.

LA LÓGICA DE LA PARADOJA

La paradoja es un fenómeno paraconsistente en el que el mismo mensaje comporta dos significados inversos o contradictorios (Watzlawick y Nardone, 1997). Produce un efecto discordante simultáneo, no de forma consecutiva como en las contradicciones. En este sentido, el ejemplo más claro es sin duda la paradoja del mentiroso, atribuida a Eubulides de Mileto (siglo IV a. C.), según la cual, si un hombre afirma: «Estoy mintiendo», ¿lo que dice es verdadero o falso? Si llevamos esta afirmación a su conclusión lógica, podemos deducir que solo es verdad si no es verdad o, mejor aún, que el hombre está mintiendo solo en el caso de que esté diciendo la verdad y viceversa: dice la verdad cuando está mintiendo.

La ambigüedad, concepto fundamental de esta lógica no ordinaria, no acepta verdades unívocas, que son otra ilusión humana, puesto que son inexistentes. Así, somos paradójicos cuando conseguimos transmitir ambigüedad en un mensaje singular.

Diversos comportamientos patológicos se mantienen de forma regular y empeoran mediante mensajes paradójicos que transmitimos nosotros mismos. Por ejemplo, si tiendo a evitar reiteradamente determinadas situaciones «atemorizadoras» (subir a un ascensor, conducir en la autopista, presentarme a un examen, etc.), evitándola estoy al mismo tiempo transmitiéndome a mí mismo dos mensajes, el más obvio de los cuales es «estás a salvo»; pero el otro, que es más sutil pero más incapacitante, es «eres incapaz» de manejar esa situación. El segundo mensaje aumentará paradójicamente mi miedo a esa situación y confirmará progresivamente mi falta de confianza en mis capacidades. Así pues, la evitación trae evitación, lo que paradójicamente aumenta el miedo al objeto evitado.

Buscar el control me hace perder el control. Este es un fenómeno paradójico típico, común a varios problemas psicológicos. Al igual que el niño que quiere escribir el poema perfecto y reflexiona una y otra vez buscando obsesivamente la palabra «perfecta» y acaba en un bloqueo mental absoluto. O la persona que busca el orden absoluto en su vida y termina en un «desorden» total, típico de los trastornos obsesivo-compulsivos. Como sostiene Paul Watzlawick, «paradójicamente creamos lo que no queremos que perdure».

De manera similar, los intentos de los docentes de bloquear una conducta no deseada paradójicamente la agravan aún más. Mientras que las intervenciones paradójicas, al seguir la misma lógica del problema, lo llevan a la autoanulación. Las intervenciones paradójicas siguen la afirmación de Hipócrates[3] *similia similibus curantur*, esto es, lo semejante cura lo semejante. Para que el lector comprenda las intervenciones paradójicas específicas expuestas en los capítulos relacionados con las cuatro sensaciones, el miedo se cura utilizando el miedo contra sí mismo, la rabia con la rabia, el dolor con dolor y el placer con placer.

LA AYUDA QUE BLOQUEA Y NO AYUDA EN ABSOLUTO: LA LÓGICA DE LA CONTRADICCIÓN

Otra lógica no ordinaria es la de la contradicción. A menudo decimos o hacemos algo y, poco después, decimos o hacemos algo que lo contradice: nuestra comunicación es contradictoria, no paradójica. Mientras que la lógica de la paradoja comporta que ambos mensajes lleguen al oyente al mismo tiempo, la lógica de la contradicción tiene una secuencia temporal que separa los dos mensajes diferentes. Si yo tuviera que decir a alguien «tienes razón, pero yo voy a hacer otra cosa», esto sigue la lógica de la contradicción.

---

3. Hipócrates (c. 460-c. 370 a. C.) fue un médico de la antigua Grecia. Fue una de las figuras más destacadas de la historia de la medicina y padre de la medicina occidental. Operaba bajo el supuesto de que todas las enfermedades tenían una causa natural, en lugar de sobrenatural, como se creía en aquella época. En el tratado *Las epidemias* se decía a los médicos que anotaran los síntomas específicos y los observaran diariamente. Con ello, podían hacer una historia natural de una enfermedad y, de ese modo, pronosticar su evolución en el futuro.

En nuestra vida cotidiana somos contradictorios con frecuencia: decimos una cosa pero acabamos haciendo lo contrario.

Pese a toda su buena intención, los padres podrían actuar de una forma contradictoria. En un momento tranquilizan al niño diciendo que no hay nada que temer en su habitación, pero poco después lo llevan a su propia cama. Los docentes también pueden ser contradictorios. Imaginemos que una pedagoga o profesora de apoyo sabe que el niño tiene baja autoestima, así que lo elogia y le dice continuamente que es un buen estudiante, pero cuando llegan al trabajo de clase acaba haciéndole los deberes. Sus intenciones son buenas porque no quiere que se sienta inferior a los demás. Pero cada vez que ella hace sus deberes le está transmitiendo que cree que él no puede hacerlos solo. Así que, aun cuando afirma que es un alumno brillante, actúa como si no lo fuera.

La mayoría de los adultos rara vez somos conscientes de nuestras ambigüedades. Sin embargo, estas son muy habituales y hacen que transmitamos mensajes de doble vínculo. La contradicción se puede manifestar entre dos adultos cuando uno dice «sí» y el otro dice «no» a la misma petición del niño. No es necesario que los adultos estén en conflicto para transmitir a los niños mensajes contradictorios. Los niños se ven atrapados en un doble vínculo porque reciben mensajes contradictorios de los agentes significativos que los rodean. Este fenómeno suele producirse entre progenitores, pero también entre profesores y entre un padre y un docente. A menudo, los adultos no están en sintonía, lo que genera pura confusión y desorientación en el niño. Más que las personas adultas, los niños necesitan orientaciones firmes para construir significado en el mundo que les rodea, pero muchas veces los agentes significativos que los rodean (padres, padrastros, abuelos, cuidadoras, profesores, etc.) transmiten mensajes contradictorios, lo que puede tener repercusiones graves sobre los niños, especialmente si esto sucede todo el tiempo.

En el ámbito educativo, el hecho de optar por acciones correctivas puede ser muy perjudicial (Nardone, Giannotti y Rocchi,

2008). A menudo, el mismo cuidador o cuidadora tiende a cambiar sus métodos de corrección, ya sea porque no puede hacer frente a los efectos de sus actos (por ejemplo, el niño llora desconsoladamente, se siente avergonzado delante de los demás) o porque no está tan convencido de que este sea el modo de proceder, lo que le lleva a cambiar fácilmente de estrategia, pero crea más confusión y trastorno en el niño. Igual que en el experimento descrito por Gregory Bateson (1972) en su obra maestra *Pasos hacia una ecología de la mente*, donde los métodos contradictorios intermitentes llevaron a los delfines al borde de la locura.

LA LÓGICA DE LA CREENCIA: CREAR DE LA NADA

Ejemplo

La madre de Tania no podía evitarlo. Aunque su hija tuviera un armario lleno de ropa, ella insistía en ponerse la camisa amarilla y los pantalones vaqueros para todas las ocasiones. Tania se ponía agresiva cada vez que su madre le decía que la camisa amarilla y los pantalones vaqueros no estaban todavía listos para ponérselos. Nadie podía convencerla de lo contrario: tenía que ponérselos. La camisa amarilla y los pantalones vaqueros habían hecho que le saliera bien el examen de matemáticas, así que pidió a su madre que lavara y secara esa ropa para el examen de física. Como había funcionado, quería llevar la misma ropa para ver a José, el chico que le gustaba. Y así poco a poco, Tania quería llevar la camisa amarilla y los pantalones vaqueros en todas las situaciones, incluso en la boda de su primo.

La lógica de la creencia es otro elemento de la lógica no ordinaria. Según el modelo de la lógica matemática, se trata de una maniobra comunicativa muy sutil que lleva a una persona a creer en lo irracional mediante el uso de lo racional (Watzlawick y Nardone, 1997). Es otro fenómeno habitual de nuestra vida cotidiana. Esta lógica se emplea cada vez que creemos que algo es verdadero, hasta el punto de que llegamos a manipular y alterar nuestra percepción para confirmar nuestra creencia y negar toda evidencia que la refute. La lógica de la creencia tiene diferentes variantes. Se emplea cuando mantenemos una convicción sobre algo y buscamos continuamente evidencias que demuestren que es verdad.

Rituales propiciatorios

Los rituales propiciatorios son muy habituales en los niños. Descansan sobre la lógica de la creencia y suelen empezar como un juego que los niños adoptan por una causa, a menudo accidentalmente, para mitigar su inquietud y su nivel de ansiedad antes de un evento importante o para propiciar un buen resultado. ¿Pero qué sucede? Si el evento sale bien, empiezan a utilizar el ritual con más frecuencia hasta que llegan a un punto en que no pueden actuar sin él. Con el tiempo, el ritual se convierte en un instrumento propiciatorio verdaderamente útil. Ese mismo proceder tiene lugar en los pacientes obsesivo-compulsivos, que de manera similar empiezan a realizar un ritual mágico propiciatorio para evitar que sucedan desgracias (Nardone y Portelli, 2005a). Y como no les sucede nada malo, se confirman a sí mismos que el ritual los ha mantenido a salvo y, por tanto, se construye una creencia irracional que después se ve confirmada por la necesidad de realizar el ritual propiciatorio cada vez que tienen que hacer algo.

La construcción de profecías

Ejemplo

Silvia no quería ir a clase de danza una semana después de haber empezado el curso. No conocía a nadie allí. Ninguna otra niña era de su mismo barrio ni de su escuela. Además de empezar las clases con retraso, estaba convencida de que las otras niñas ya habrían formado grupos y, sencillamente, la excluirían. Su madre insistía en que debía ir, así que Silvia, enfurecida, así lo hizo. Llegó tarde, entró en el aula a hurtadillas y, evitando el contacto visual, se colocó al final de la sala. Una vez terminada la clase, cogió su bolsa y se fue a casa a toda prisa sin cambiarse de ropa en el vestuario. Siguió haciendo lo mismo durante tres semanas consecutivas, hasta que decidió abandonar porque no encajaba con «esas niñas presumidas». Su profecía se autocumplió.

La lógica de la creencia subyace a lo que en la literatura denominamos habitualmente la profecía autocumplida. En *Behemoth*, Thomas Hobbes (1681) afirma que «la profecía es en muchas ocasiones la causa principal de los acontecimientos pronosticados». Muchas veces acabamos siendo víctimas de nuestras propias profecías. Un ejemplo ilustrativo puede ser el de un hombre que entra en un café pensando que desagrada a la gente del bar y que no es bien recibido, de modo que al entrar en el lugar, lanza una mirada desconfiada y atenta. La gente de la cafetería, al verlo con semejante actitud defensiva, se volverá hacia él con desconfianza, confirmando su sospecha: que todos lo miran con rechazo. No se da cuenta de que todo esto es una construcción de la realidad que fabricó él mismo. Aunque siguiendo la misma lógica, pero reorientándola de un modo positivo, si la misma persona tuviera que ir a la misma cafetería pero cambiara su actitud y entrara con una sonrisa, descubriría una realidad diferente.

No solo los niños formulan profecías, sino también otras personas significativas de su entorno. Esto está en sintonía con el efecto Pigmalión de Robert Rosenthal y Lenore Jackson, sobre el poder de las expectativas para crear la realidad, que hemos desarrollado en el capítulo 3. Las expectativas y creencias del profesor acerca de un niño pueden hacer que este destaque o fracase. Las altas expectativas de los docentes los llevaron a mostrar mayor atención y apoyo a los estudiantes, que a su vez se sienten apoyados y valorados por sus profesores y, por tanto, creen más en sí mismos y acaban más motivados y trabajan más. Los docentes pueden formular profecías que se autocumplen. Como dice una de *Las 36 estrategias chinas* de la Antigüedad: «*Crear de la nada*» (cf. Gao, 2002).

CAMBIAR LAS PROFECÍAS

Una maniobra ordinaria que sigue la lógica de la creencia es la prescripción del «*como si*» (Nardone y Watzlawick, 1993). Esta intervención no ordinaria modifica la profecía para que deje de ser funcional y la convierte en otra funcional. He aquí un ejemplo que ayudará a entender de qué se trata. Jorge es un chico de 15 años que empezó a no querer salir por temor a que lo rechazaran y acabara solo. Sostenía que eso había sucedido en las muy pocas ocasiones que había salido: los demás se apartaban de él. Así que le dijimos que probara con este experimento:

> «*Todas las mañanas desde ahora hasta la próxima vez que nos veamos, me gustaría que empezaras haciéndote esta pregunta. ¿Qué cosa diferente a lo habitual haría hoy si pensara que soy deseable y que los demás me buscan? ¿Qué cambiaría? De todas las cosas que te vengan a la mente, me gustaría que escogieras la más ínfima, pero concreta, y la pusieras en práctica. Todos los días haz algo ínfimo, pero diferente, como si te sintieras más deseable y buscado. Es un experimento. Pruébalo*».

Jorge regresó al cabo de dos semanas: había cambiado radicalmente. El chico de aspecto dejado vestía ahora con elegancia, con una imagen atractiva, con un corte de pelo nuevo. Sostenía que, aparte de ir de compras y cortarse el pelo no había salido, pero dijo que para volverse más deseable tenía que ser más atractivo. En sintonía con esto, lo invitamos a pensar qué podría hacerle más atractivo. Dijo que si sonriera sería suficiente. Así que a lo largo de las semanas le invitamos a ir todos los días a algún sitio y sonreír a alguien y ver qué reacciones provocaba eso. Al cabo de un par de meses, Jorge estaba saliendo con un grupo de amigos y su autoestima creció como la espuma. Ahora se siente verdaderamente deseable. Introduciendo pequeñas acciones *«como si»*, pero concretas, conseguimos dar la vuelta a la interacción habitual entre Jorge y su realidad (Nardone y Watzlawick, 2004). Una nueva profecía más funcional construyó una nueva realidad que sustituyó a la vieja.

Los profesores y cuidadores tienden a ser sobreprotectores con los chicos a los que consideran débiles o, de algún modo, frágiles. Con toda su buena intención, se comportan como si el niño no fuera capaz y muchas veces es precisamente eso lo que consiguen. Los profesores pueden tratar de cambiar la profecía. Pueden intentar aplicar la técnica del *«como si»*, pero en una dirección más funcional; «como si» el niño fuera capaz de hacer esta pequeña tarea en solitario y observar pacientemente lo que sucede. Por ejemplo, un docente podría dejar a un niño solo y tratarlo como si fuera capaz de hacer esta pequeña tarea en solitario para darle la oportunidad de ponerse a prueba y descubrir sus capacidades. Es imperioso decir que en esta dirección hay que dar pasos pequeños, pues los grandes podrían llevar al niño a temer la tarea y acabar constatando su fracaso.

LA LÓGICA DE LA CREENCIA: REESTRUCTURACIÓN Y CONNOTACIONES POSITIVAS

Cuando creemos en algo, buscamos todas las pistas que concuerdan con nuestra tesis. Por ejemplo, si creemos o nos han dicho que un niño es malo o problemático, acabamos atendiendo y buscando pistas que lo confirmen. Una creencia habitual que mantiene un problema es la forma dicotómica de etiquetar las cosas: bueno o malo. Este es un fenómeno habitual en el contexto escolar. Por ejemplo, la conducta descontrolada de un niño que interrumpe

suele etiquetarse de mala y, en consecuencia, requiere intervenciones correctoras como castigos, advertencias, expulsiones
temporales, etc., lo que con frecuencia acaba exacerbando el
comportamiento. Lo malo genera algo malo.

Pero si esa misma conducta es marcada como positiva o,
mejor aún, como habitual, se genera una reacción diferente. Si
se le atribuye una connotación positiva o una función útil, los
agentes en torno a esa conducta reaccionarán de forma distinta
y, por tanto, el niño reaccionará también de otra forma. Emergen
nuevos modelos de conducta.

Así que si a una «conducta no deseada» se le atribuye una
connotación positiva como la de ser «un descanso útil para que
la clase disfrute» y, por tanto, se prescribe y no se combate, esa
misma conducta pierde su significado disfuncional. Además, se
vuelve controlable y manejable para el profesor.

Las conductas infantiles no deseadas son etiquetadas con frecuencia como buenas o malas, y cada una lleva aparejada una reacción
diferente de los agentes que rodean al sujeto. Una vez más, se trata
de modificar el significado de la conducta de tal forma que emerjan
nuevos modelos de interacción (Tennen, Eron y Rohrbaugh, 1991).

Ejemplo

*Ángel es un niño de 9 años. Desde que le diagnosticaron dislexia y
le asignaron un profesor de apoyo, su comportamiento ha empezado
a empeorar. Se olvidaba cosas en casa, desobedecía y se negaba a hacer
tareas, lloraba y gritaba hasta que su profesor de apoyo cedía y hacía
las cosas por él.*

*A causa del diagnóstico Ángel evita hacer lo que antes era capaz de
hacer. Ahora simplemente delega las tareas en el profesor de apoyo y en
los otros, que aceptan hacerlas por él «para evitarle mayor frustración». Al
observarlo detenidamente, apreciamos que desde que se había formulado
el diagnóstico, los padres y los profesores empezaron a tratar a Ángel
como «el pobre niño enfermo con una discapacidad», así que acabaron*

haciendo las cosas por él. El comportamiento de Ángel ha empeorado tanto que los padres y los profesores empezaron a pensar que padecía algo más que una simple dislexia, que «tenía que haber algo más».

En este caso, nuestra intervención consistió en hacer que profesores y padres se dieran cuenta de que el comportamiento de Ángel no estaba desencadenado por una discapacidad, sino más bien por una situación ventajosa y cómoda. El comportamiento de Ángel dejó de calificarse de «enfermo» y se reestructuró como «astuto», lo cual cambió la lamentable conducta sobreprotectora del adulto, que contribuía a mantener el problema y empeorar el ciclo.

El delicado arte de reestructurar

Pues no hay nada bueno ni malo, nuestra opinión le hace serlo.
WILLIAM SHAKESPEARE

Reestructurar es una de las maniobras más sutiles que provoca un cambio. Paul Watzlawick, John H. Weakland y Richard Fisch (1974) describen «el delicado arte de reestructurar» como «[...] cambiar el propio marco conceptual o emocional, en el cual se experimenta una situación, y ubicarla dentro de otra estructura, que aborde los "hechos" correspondientes a la misma situación concreta igualmente bien o incluso mejor, cambiando así por completo su sentido». El significado se construye en el mundo que nos rodea y viene de él tomando un número limitado de hechos e infiriendo o suponiendo otros detalles para poder dar sentido a las cosas.

La reestructuración deja los hechos aislados, pero puede perfectamente poner en cuestión los supuestos. Con cautela, se puede cambiar la realidad de la otra persona sin causar conflicto. La reestructuración es un proceso en el que se da un significado diferente y más funcional a un comportamiento, a sentimientos, a creencias, a valores o a una relación (Coppersmith, 1981). Al situar el mismo hecho en un contexto diferente y contemplarlo desde una perspectiva distinta, su valor cambia radicalmente (Nardone y Watzlawick, 2004).

El constructivismo sostiene que en realidad no vivimos con objetos (realidades de primer orden) sino gracias al significado que damos a estos objetos (realidades de segundo orden). El significado que cualquier situación o comportamiento tiene depende del marco de referencia en el que se percibe. Cambiar un marco de referencia de un individuo modifica el significado y, en consecuencia, el propósito y el deseo de entregarse a ese comportamiento. Este objetivo se puede alcanzar a través del arte de reestructurar, que comporta modificar las percepciones u opiniones que tiene una persona de una situación o un comportamiento (Watzlawick, Weakland y Fisch, 1974).

La reestructuración comporta poner en cuestión el significado que un niño y otras personas significativas de su entorno han atribuido a una conducta problemática. Cuanto más tiempo está adherido un significado a un comportamiento, más probable es que el niño y las demás personas significativas vean las cosas solo de una forma o desde una perspectiva. Reestructurar el significado nos proporciona formas alternativas de contemplar problemas de comportamiento sin poner en cuestión directamente el comportamiento mismo y suavizando un marco de referencia arraigado. Por ejemplo, el «mutismo» de un niño podría reestructurarse como «la respetuosa forma del niño de dejar hablar a los demás»; el «déficit de atención» de un niño como «su afán por interactuar con el mundo que le rodea». Volviendo una vez más a la frase de Wittgenstein, «las palabras son como balas».

Ed Jessee, Gregory Jurkovic, Jeffrey Wilkie y Michael Chiglinsky (1982) ampliaron el trabajo teórico y clínico de Luciano L'Abate en un artículo sobre la reestructuración o connotación positiva. Sostenían que la reestructuración positiva ofrece varias ventajas a los niños. En primer lugar, el sistema nosográfico al uso (DSM, CIE, etc.) se centra en la psicoterapia individual y hace énfasis solo en lo negativo y lo patológico. La reestructuración positiva desplaza el énfasis hacia lo positivo, desplazando con ello la percepción que la persona portadora de la etiqueta tiene de sí misma y las percepciones de los demás (por ejemplo, los otros niños, los adultos). En segundo lugar, el niño puede verse a sí mismo estrictamente en términos de «malo» y «loco». Una reestructuración positiva proporciona al niño una mayor sensación de control e implica que su conducta tiene una función buena y útil. A ello le sigue un aumento de la autoestima. En tercer lugar, una reestructuración positiva cambia las interacciones diádicas y triádicas orientándolas en una dirección más útil, especialmente cuando las personas adultas y los niños están atrapados en luchas de poder (Weeks y L'Abate, 1982).

Jessee *et al.* (1982) han señalado que la reestructuración es aún más efectiva cuando opera en sistemas como la escuela, el hospital, etc. El efecto es más multiplicador en el contexto de grupos, puesto que todos los agentes que rodean al niño reciben el mensaje positivo, empiezan a poner en duda la vieja connotación al mismo tiempo que inconscientemente buscarán indicios positivos que confirmen la nueva hipótesis. Bergman ha utilizado la paradoja y la reestructuración positiva con niños discapacitados crónicos y retrasados. Comunicó una impresionante tasa del 90 % de éxito.

Para Gerald Weeks y Luciano L'Abate (1982) la reestructuración puede tener dos funciones principales. Una es cambiar la forma en la que se define un síntoma en términos de polarización, como bueno frente a malo o cuerdo frente a loco. Un síntoma se define como malo, equivocado o pecaminoso. La reestructuración se puede utilizar para cambiar el valor atribuido al problema. M. Duncan Stanton y Thomas C. Todd (1982) denominaron esta intervención «atribuir nobles intenciones», mientras que Selvini-Palazzoli *et al.* (1978) se referían a este concepto como «connotación positiva», esto es, atribuir motivos «positivos» o «nobles» a la conducta sintomática o problemática, que hasta el momento se ha considerado «mala» y portadora de un valor negativo (Baker,

1992). No es la conducta sintomática misma a lo que se atribuye connotación positiva, sino a la intención subyacente.

Ejemplo

En la escuela primaria había dos niños, Carlos y Pedro, que se acosaban continuamente, lo que a menudo daba lugar a un enfrentamiento físico. Todo el mundo trataba de convencer a los dos chicos de que abandonaran este comportamiento, ¡pero no servía de nada! Ni siquiera las medidas correctoras dieron resultado alguno. Toda la escuela estaba preocupada por este comportamiento.

¿Qué funcionó? Pensamos en «cambiar la realidad» reestructurando el comportamiento. En presencia de los profesores, los padres y los propios alumnos, sus peleas fueron reestructuradas como la forma que tenían los niños de mostrarse afecto mutuo. Los individuos que muestran indiferencia mutua no se acosan, no pelean. En una escuela de más de quinientos alumnos, estos chicos decidieron escogerse el uno al otro. El hecho de que invirtieran tanto tiempo y energía en pelear muestra que ambos debían de tener mucho interés por el otro. El efecto fue asombroso, fabuloso. Las peleas se redujeron de inmediato, sencillamente porque cada vez que los chicos iban a empezar una pelea para demostrar su fuerza, nuestras palabras acudían a su mente y los disuadían de proseguir con su conducta habitual porque esto podía revelar el afecto que tenían el uno por el otro, lo que les haría parecer débiles. Además, aunque los niños finalmente discreparan sobre algo, los agentes que los rodeaban (docentes, iguales, etc.) no se ponían tan nerviosos por sentirse desarmados ante esta situación. Al reestructurar las peleas como una posible expresión del interés mutuo de los niños, los profesores sintieron que tenían más control, ahora sabían qué decir y cómo actuar de forma eficaz para detener las peleas.

John Kitsuse (1962), que estudió el proceso de construcción social o teoría de las etiquetas, sostenía que la desviación no reside en el acto, sino que surge cuando otras personas *definen* ese acto como desviado. A menudo el acto desviado quebranta algunas reglas que pueden ser específicas para esa comunidad o cultura escolar. Reestructurar es una forma de suavizar la percepción, la lógica, las creencias o los prejuicios rígidos que tiene una persona o un sistema. Es un medio de explorar o ampliar horizontes, lo que desencadena el cambio en la mentalidad aparentemente inmutable de la persona o el sistema. La reestructuración cambia las premisas o las etiquetas que rigen los modelos de interacción que mantienen el problema (Tennen, Eron y Rohrbaugh, 1991). La manera en que los profesores se explican el comportamiento del niño marcará una diferencia en lo relativo a la manera en que actúan (Thacker, Strudwick y Babbedge, 2002).

Según Weeks y L'Abate (1982), la segunda utilidad de la reestructuración consiste en desplazar el foco de atención del individuo al sistema. En toda situación problemática, siempre hay un portador del síntoma a quien se identifica como el problema y los demás miembros del grupo no ven la conexión entre su comportamiento y el del «enfermo» o el «malo».

Judy Baker *et al.* (1992) sostienen que la reestucturación positiva también puede ser un preliminar importante para la prescripción de sugerencias directas o indirectas, especialmente el mandato paradójico. En efecto, se colaborará más si al comportamiento en cuestión se le ha dado una connotación positiva.

Ejemplos

El mutismo selectivo de un niño puede redefinirse positivamente y ensalzarse como un acto altruista de su parte para dejar que hablen los demás. Este nuevo marco puede tener un efecto paradójico sobre el niño que está en contra de esta nueva perspectiva. Pero al mismo tiempo puede ayudar a los docentes a no insistir tanto en hacerlo hablar, lo que puede reforzar su inhibición.

El berrinche o el estallido de rabia de un niño se puede reestructurar como la necesidad de expresar su rabia o frustración. Esta connotación positiva puede ayudar a los adultos a gestionar mejor la situación y predisponerlos para llevar a cabo intervenciones «no convencionales» aparentemente estrambóticas, es decir, intervenciones paradójicas.

Al dar una connotación positiva a un comportamiento, los profesores consiguen que los alumnos y otras personas significativas «piensen en las cosas de otra forma», o «vean un nuevo punto de vista», o «tomen en consideración otros factores». La nueva reestructuración llevará a los demás e incluso a sí mismos a sentir, responder y actuar de manera distinta en la misma situación. Los ejemplos de reestructuración aparecen en muchos cuentos infantiles y fábulas. El patito feo resulta ser un cisne y el muñeco de madera, Pinocho, se convierte en un adorable niño responsable (Bandler y Grinder, 1982). El lenguaje analógico es un instrumento muy poderoso para reestructurar. Evoca sensaciones que consiguen tocar las fibras correctas para producir un cambio en la percepción y la reacción ante una situación específica. Teniendo en cuenta la importancia de generar un impacto afectivo para provocar el cambio, consideramos apropiado dedicar el siguiente capítulo al lenguaje analógico.

La reestructuración es una de las técnicas de cambio más sutiles y efectivas que siguen la lógica de la creencia. Al situar los mismos hechos en un contexto de significado diferente, cambiamos su perspectiva, pero también su valor. Mientras una situación se considere problemática, el propio marco conceptual evita la solución. Una reestructuración exitosa ha de sacar el problema del «síntoma» y meterlo en otro marco que no sea portador de la implicación de una incapacidad para cambiar. Esta perspectiva ha empezado a abrirse paso con éxito en el ámbito de las intervenciones psicoeducativas en las escuelas.

En síntesis, reestructurar y, por tanto, cambiar la creencia se puede conseguir mediante:

1. Una simple redefinición de las percepciones o las re-connotaciones de los modelos de conducta.
2. El uso de sugerencias analógicas evocadoras que crean aversión hacia una conducta no deseada o consideración positiva hacia una conducta deseada.
3. Expresiones performativas (como si).
4. El uso de reestructuraciones o intervenciones paradójicas aparentemente complicadas (Nardone y Watzlawick, 2004).

Conclusión: ganar sin pelear

Aunque gestionar la conducta desafiante no debería ser un trabajo abrumador, con frecuencia los docentes acaban agotados sin haber obtenido ningún resultado efectivo. Si se atiende y se estudia detenidamente el comportamiento de los niños, este sí que da a los adultos pistas acerca de cómo gestionar y superar su resistencia al cambio. Por desgracia, los adultos a menudo no consiguen captar estas pistas y siguen respondiendo con intervenciones racionales lógicas y lineales que raras veces funcionan.

Como mantenía la Escuela de Palo Alto, «si hay un problema, hay una solución». Es cuestión de buscar la llave en el lugar correcto. Pero como hemos mostrado a lo largo de este libro, el comportamiento de la mayoría de los niños está controlado por sensaciones y emociones dominantes, lo cual explica por qué los medios racionales siguen fallando. Así pues, si los profesores consiguen rastrear y seguir la lógica no ordinaria subyacente al comportamiento del niño, pueden construir instrumentos apropiados para dar la vuelta a la situación. Como hemos mostrado en este capítulo, la mayoría de las conductas desafiantes parecen alzarse y persistir sobre la lógica de la paradoja, la lógica de la contradicción y la lógica de la creencia. Aunque pudiera parecer imposible cambiar estos comportamientos, el cambio se puede lograr haciendo uso de las técnicas no ordinarias apropiadas.

Las intervenciones no ordinarias provocan un cortocircuito que libera al docente y al niño de sus modelos de interacción disfuncionales. Producen una experiencia emocional correctora en ambos, lo que deja paso a un posible cambio.

Las intervenciones no ordinarias no son acciones espontáneas o azarosas, sino que forman parte de un proceso riguroso de solución de problemas que sigue la auténtica lógica no ordinaria del mismo problema. Siguiendo y aprovechando la lógica no ordinaria subyacente al problema llegamos a encontrar salida a una situación en apariencia intratable. Las intervenciones no ordinarias podrían parecer arriesgadas porque nos llevan más allá del sentido común y la práctica habitual, es decir, de lo que creemos que es un terreno seguro. Sin embargo, como afirmaba Ralph Waldo Emerson, «a menos que intentemos hacer algo más de lo que ya dominábamos, nunca creceremos».

CAPÍTULO 11

LAS PALABRAS SON MÁGICAS: UTILIZAR EL LENGUAJE ANALÓGICO EN LAS CLASES

La vida no consiste en encontrarse a uno mismo. La vida consiste en crearse a uno mismo.
GEORGE BERNARD SHAW

El carácter de un hombre se puede conocer a partir de los adjetivos que utiliza habitualmente en sus conversaciones.
MARK TWAIN

Un antiguo proverbio chino dice que *una imagen vale mil palabras.* En realidad, no es ninguna sorpresa que, con el paso del tiempo, cada cultura y cada religión utilicen historias, analogías o parábolas para facilitar la comprensión, hacer más fácil el recordar algún aspecto y tratar de obrar cambios positivos.

El lenguaje analógico se compone de:

1) Metáforas
2) Anécdotas y relatos breves
3) Analogías, símiles, expresiones y frases hechas que ilustran o resaltan aspectos específicos de una situación
4) Aforismos
5) Películas
6) Experiencias vitales, etc.

El lenguaje analógico más habitual es la metáfora. Aristóteles decía que «lo más importante con mucho es dominar la metáfora [...] y es indicio de talento; pues hacer buenas metáforas es percibir la semejanza» (*Poética*, 1459a 5-9). Las concepciones de la metáfora han sido numerosas y diversas a lo largo de los siglos, pues abarcan desde lo general hasta lo específico. El origen de la palabra se encuentra en el vocablo latino *metaphora* y el griego *metapherin,* que significa «transferir» (Peeks, 1989).

La metáfora es una forma de lenguaje simbólico que se ha utilizado desde hace siglos como método de transferencia de mensajes en muchos campos. Las parábolas del Antiguo y el Nuevo Testamento, las escrituras sagradas de la Cábala, los *koan* del budismo zen, las alegorías de la literatura, las imágenes de la poesía y los cuentos de hadas de los narradores orales... todos ellos hacen uso de la metáfora para transmitir una idea de forma indirecta pero, paradójicamente, más significativa.

Desde hace mucho tiempo los maestros orientales han hecho uso de medios indirectos como las metáforas como vehículo fundamental para la enseñanza (Kopp, 1971). El maestro taoísta Chuang Tzu empleó relatos, parábolas y fábulas para ayudar a sus discípulos a descubrir metafóricamente el sentido del hombre, la naturaleza y el universo, en lugar de explicar estos conceptos en términos de pensamiento lógico (Kopp, 1971).

En 1993, durante un congreso celebrado en Washington D.C., Jay Haley expuso que «vivimos en analogías y metáforas». Aunque con frecuencia hacemos uso del lenguaje analógico en nuestra conversación cotidiana (por ejemplo, «la vida es un yoyó»; «la vida es una serie de subidas y bajadas», etc.), tendemos a pasar por alto su poder (de persuasión, de creación, de motivación), que se puede aprovechar con beneficios positivos en contextos escolares. Eso mismo afirman el lingüista George Lakoff y el filósofo Mark Johnson (1980): «La metáfora está en todas partes en la vida cotidiana, no solo en el lenguaje, sino en el pensamiento y en la acción». Sostienen que la metáfora participa en el desarrollo psicológico de los individuos y de la sociedad.

En *Medios narrativos para fines terapéuticos,* White y Epston (1990) afirman que las analogías que escogemos están impulsadas por nuestra necesidad de orden y de sentido en nuestro mundo imperfecto. Construimos la realidad a través del uso del lenguaje analógico, con el que construimos realidades que dan forma al mundo que nos rodea (Wedge, 1996). Clifford Geertz (1986), por su parte, sostiene que la imagen es mucho más que un mero reflejo de algo, sino que es el conjunto de nuestra realidad: «El acto creador de copiar».

En la *Teoría de la comunicación humana*, Watzlawick, Beavin y Jackson (1967), de la Escuela de Palo Alto, han ampliado la función y el sentido de la comunicación analógica, que hasta ese momento estaba considerada un mero vehículo para transmitir mensajes. En contraposición a la comunicación digital, la comunicación analógica es ambigua y su significado solo tiene relación con el contexto en el que se utiliza (Jackson, 1968).

Milton Erickson, que trabajó estrechamente con el grupo de Palo Alto, consideraba que las metáforas y anécdotas eran la forma de comunicar más efectiva y respetuosa, puesto que garantizan que no imponemos nuestros valores u objetivos al otro, sino que solo le ofrecemos un estímulo para que forje su propio pensamiento. La comunicación analógica permite al oyente dar su propia interpretación de acuerdo con su comprensión individual. Así pues, en sintonía con la máxima de Blaise Pascal (1670): «Generalmente nos persuadimos mejor con las razones que hemos encontrado nosotros mismos que con aquellas que se les han ocurrido a otros».

La comunicación analógica, como las metáforas y los aforismos, ofrecen una oportunidad que estimula indirectamente a la persona para que se visualice a sí misma de una forma nueva, lo que contribuye a liberarla de su mentalidad rígida. Este tipo de comunicación está particularmente bien adaptado para retratar aspectos específicos de las relaciones (el yo y el yo; el yo y los otros; el yo y el mundo).

Nardone y Watzlawick (2004) afirman que el uso del lenguaje figurativo analógico reduce la resistencia al cambio porque a los pacientes no se les solicita que hagan nada, ni se critican sus comportamientos u opiniones. Se puede decir que el mensaje llega disfrazado. Las propuestas pueden estar insertas en un relato o ser comunicadas mediante metáforas de tal modo que el sujeto no está directamente implicado, pero el poder evocador de la historia o imagen contrarresta las concepciones y el comportamiento autorreforzante del paciente. Así, el lenguaje analógico se puede utilizar para generar sutilmente una aversión hacia una conducta no deseada o para promover una alternativa más funcional; para llevar al receptor a superar las dificultades para cambiar.

Por ejemplo, una forma de abordar la dificultad de una persona para confrontar una tarea que le produce ansiedad es encontrar otra situación en la que sea competente sin descalificar su miedo. Esto la ayudará a desplazar su atención de un aspecto que la habría obsesionado y bloqueado a otro que hace disminuir su ansiedad. La metáfora ofrece muchas posibilidades para la comunicación indirecta de ideas y para la intervención estratégica (Gordon, 1978; Barker, 1986; Mills y Crowley, 1986; Madanes, 1981).

DIBUJAR DRAGONES EN LAS NUBES

Milton Erickson afirmaba que las metáforas proporcionan un medio para guiar amablemente el desarrollo de las ideas o semillas que crecen. Cada individuo interpretará una misma historia de forma diferente, según su entendimiento personal. Cada uno dibuja sus propios dragones en las nubes. *Mi voz irá contigo* (1982) es una recopilación de «relatos didácticos» empleados por Erickson y constituye una lectura fascinante y muy entretenida. Jeffrey Zeig (1980), fundador y director de la Fundación Milton H. Erickson, explica que en sus seminarios, Erickson hacía un uso generalizado de la metáfora, mientras que raras veces respondía a las preguntas de los alumnos sin contar una historia con un sentido que en cierto modo abordaba la cuestión planteada. De esta manera, cada estudiante tomaba su propia interpretación de la respuesta.

Según White y Epston (1990), el lenguaje analógico se puede utilizar para externalizar el problema. Durante ese proceso, el problema puede convertirse en «una entidad separada» y, por tanto, externa a la persona o la relación problemática. Wendy Wood (1988) señala que personajes como Papá Noel, el Conejo de Pascua y héroes como Superman, Batman, Wonder Woman o ET pueden convertirse en metáforas vivas de experiencias y emociones vitales. La mayor ventaja del uso de la metáfora es que permite que la persona cambie «espontáneamente» (Haley, 1973). El lenguaje analógico no requiere una gran capacidad de comprensión ni de interpretación. Esta es la razón por la que es un instrumento tan poderoso con los niños.

El lenguaje analógico y los niños

En *Therapeutic Metaphors for Children and the Child Within*, Joyce Mills y Richard Crowley (1986) describen formas creativas de utilizar metáforas artísticas para ayudar a los niños a expresar sus emociones. Una metáfora es una palabra o idea que se utiliza en lugar de otra palabra o idea. El uso de una metáfora permite trasponer algo de una modalidad sensorial a otra (Koen, 1965). Este comentario está directamente relacionado con la idea de Bandler y Grinder (1975) de que las personas se ocupan de problemas en diferentes modalidades sensoriales. Sostienen que un problema enmarcado en una modalidad facilitará su resolución, mientras que abordándolo en otra dejará a la persona en un doble vínculo. Así pues, la metáfora puede facilitar el cambio de segundo orden modificando el marco de representación en el que se presenta el intento de solución.

Michelle Heffner, Laurie Greco y Georg Eifert (2003) llevaron a cabo un estudio para investigar la preferencia por las instrucciones metafóricas comúnmente empleadas para enseñar relajación a los niños frente a las instrucciones literales y su cumplimiento. Treinta y tres niños de preescolar no procedentes del ámbito clínico fueron expuestos tanto a instrucciones literales como a instrucciones metafóricas; los investigadores mostraron que la gran mayoría de los niños prefería las metáforas a las instrucciones literales. Sus hallazgos también sugieren que la internalización de síntomas y los superiores niveles de funcionamiento cognitivo guardan relación con la mayor conformidad con las metáforas.

Con frecuencia, tener acceso directo a los sentimientos de ciertos niños resulta muy difícil. Las metáforas pueden ayudarnos a llegar a ese mundo interior. «Hay monstruos debajo de la cama» puede perfectamente expresar el miedo del niño a dormir solo.

Evocar sensaciones

Lynne Cameron (2003) afirma que crear imágenes con palabras enriquece cualquier tipo de trabajo y es el mejor modo de comunicar nuestro mensaje de forma efectiva y de que deje una marca indeleble. Cualquier hablante se siente absolutamente satisfecho cuando lo que dice consigue producir una impresión en la mente de la audiencia. Pero esto solo sucede si nuestras palabras son capaces de crear una sensación irresistible. Conseguir que un público experimente sensaciones sin actuar uno mismo es precisamente el papel de las imágenes. No solo supone crear una imagen visual, sino que también significa retratar las sensaciones del tacto, el gusto, el olfato, los sonidos y las emociones en su auténtico sentido.

Sin esta estimulación de la imaginación, los discursos no son más que unas pocas palabras salpicadas sobre un lienzo en blanco. Utilizar descripciones y comparaciones (verbales) vívidas con la ayuda de apoyos no verbales (gestos, tono de voz, etc.) ayuda al orador u oradora a recrear imágenes y emociones en su público. La creación de imágenes es un dispositivo que requiere la ayuda del lenguaje analógico como símiles, metáforas, aforismos, anécdotas y personificaciones para cultivar de forma efectiva una imagen mental. La clave de la buena construcción de imágenes es evocar todos los sentidos, hacer que el receptor no solo atienda y comprenda, sino también «sienta lo que estoy diciendo».

Como sostiene el axioma escolástico, «nada alcanza la razón que no haya pasado antes por los sentidos». Si los docentes quieren producir cambio en los alumnos, tienen que evocar sensaciones irresistibles, deben dominar el arte de tocar la fibra adecuada para comprometer al alumno de tal forma que sea capaz de producir un cambio en su corazón y en su mente.

Como el lector debe de haber comprendido llegado a este punto, un bloqueo emocional o un obstáculo pueden con frecuencia entorpecer el desarrollo educativo y personal de un niño. Sirviéndose del propio lenguaje, el lenguaje analógico ayuda a sortear el obstáculo.

SUPERAR LA RESISTENCIA Y AUMENTAR LA COLABORACIÓN

Gen Ling Chang-Wells y Gordon Wells (1993) sostienen que, en la investigación educativa, la dimensión afectiva de lo que se dice en clase se suele descuidar. Los autores reconocen que merece ser examinada más cuidadosamente en términos de su impacto en la motivación y en la integración de aprendizaje y desarrollo en los niños. Erik Cohen (1979) habla del importante papel de la metáfora para cultivar la intimidad. En otras palabras, las metáforas parecen ser un instrumento comunicativo fundamental para cultivar la relación de colaboración entre profesor y alumno. La intimidad puede al mismo tiempo darse por hecha o reforzarse a través del uso de metáforas, lo que trae consigo actitudes hacia el tema que quedan disponibles para ser compartidas por los participantes en el discurso. Esto refuerza la colaboración.

Paul Drew y Elisabeth Holt (1998) resaltan la relevancia del lenguaje analógico afectivo o interpersonal como las metáforas. Utilizaron técnicas de análisis del discurso para investigar el uso de frases hechas y metáforas en secuencias de quejas. Mostraron, por ejemplo, que la expresión «era como darse de cabezazos contra un muro» sirve en condiciones ideales para resumir los detalles de una queja, mientras que al mismo tiempo opera interpersonalmente para transmitir la actitud del hablante (cognición, afecto y comportamiento) con la gravedad de la queja. Giorgio Nardone y Alessandro Salvini (2007) sostienen que el lenguaje analógico debería aparecer al final de una secuencia de detalles digitales para evocar sensaciones capaces de iniciar un posible cambio. Drew y Holt afirman que esto se produce porque este distanciamiento de los detalles mediante el uso del lenguaje analógico deja la expresión formulada menos expuesta a las dudas y a la resistencia del receptor.

La metáfora u otras figuras del discurso buscan un territorio común en situaciones potencialmente discordantes, en las que, por ejemplo, el otro actor no ha apoyado a la persona que se queja tan explícitamente como esta desea. El lenguaje analógico sirve para colocar al hablante y al oyente en una especie de alineación que contribuye a la colaboración.

En este sentido, Jürg Strässler (1982) sostiene que la resistencia para cambiar se reduce por el simple hecho de que el lenguaje analógico utiliza la tercera persona para referirse a personas y a objetos, lo que hace más aceptables para el oyente las palabras transmitidas.

LOS PROFESORES PUEDEN UTILIZAR
EL LENGUAJE ANALÓGICO PARA...

- *Generar aversión hacia una conducta o actitud no deseados.* (Por ejemplo, para convencer a un niño que tiende a abandonar porque teme al fracaso con metáforas del tipo: «sin juego, no hay riesgo, no se pierde... pero sin riesgo, no hay juego, no se gana... y este es el mayor fracaso»).
- *Aumentar el atractivo de una conducta o actitud deseadas.* (Por ejemplo, para convencer a un niño ambicioso de que se tranquilice podemos utilizar las palabras de Napoleón, que decía «como tengo prisa, tengo que ir despacio»).

Para resumir, estas son las razones por las que el lenguaje analógico funciona con los niños:

- Requiere muy poca capacidad de análisis y habilidades cognitivas.
- Coloca al hablante y al oyente en una especie de alineación que genera intimidad y favorece las relaciones de colaboración.
- Reduce la resistencia porque utiliza la tercera persona para describir a personas, objetos o situaciones, con lo que el niño no se siente el foco de atención.
- Permite que cada niño o niña dé su sentido y su interpretación a la figura del discurso haciéndola suya.
- Crea imágenes vívidas, lo que induce sensaciones que dejan un fuerte impacto emocional en el corazón y la mente de los niños.
- Utiliza el medio emocional, que con frecuencia es responsable de las dificultades y los bloqueos de los niños.

Así que es importante que los docentes y cuidadores estén bien provistos de metáforas, aforismos, anécdotas, historias, cuentos y demás figuras del discurso adecuadas para poder tocar la fibra adecuada. Sin embargo, el lenguaje analógico no se debería utilizar como un medio solo para enriquecer nuestro discurso, pues si queremos provocar un cambio, tiene que cumplir una finalidad básica, esto es, la de transmitir sensaciones vívidas que generan una experiencia emocional correctora. ¿Cómo puede escoger un profesor una metáfora, una historia u otras figuras del discurso adecuadas? ¿Cómo puede un docente navegar hacia la tierra designada en este océano de emociones? Aquí es donde acuden a nuestro rescate las cuatro sensaciones básicas. Al prestar atención y comprender las sensaciones dominantes que bloquean al niño en sus dificultades, el profesor puede empezar a plantearse orientaciones operativas para escoger el lenguaje analógico adecuado. Guiado por las sensaciones que tienen que provocar, pueden hacer uso de metáforas, anécdotas, símiles, películas o, incluso, crear sus propias imágenes para transmitir su mensaje de forma efectiva.

ORIENTACIONES ÚTILES PARA ESCOGER LA ANALOGÍA CORRECTA

El lenguaje analógico no es un medio para «decorar» nuestra conversación. Debería ser una experiencia emocional correctora en sí misma, o un medio para implicar al niño en otras intervenciones que puedan producir cambio. Metáforas, anécdotas, historias y otras formas de discurso figurativo se deberían utilizar para liberar al niño de sus sensaciones incapacitantes y abrumadoras.

Por tanto, algunas preguntas útiles que plantear cuando escogemos nuestras analogías son:

- ¿Cuál es la sensación dominante que está bloqueando al niño?
- ¿Cuál es la sensación que el docente quiere evocar? ¿Miedo, dolor, rabia o placer?

250

- ¿Qué imagen evoca esta sensación?
- ¿Cómo hacer que esta imagen sea más cautivadora y más evocadora?

Si el niño está bloqueado por el miedo, ¿qué imagen puede transmitir esta sensación? *Podemos utilizar fantasmas, oscuridad, muerte, guerra, tormentas, etc.*

¿Cómo puedo expresar de forma efectiva la sensación de un dolor sentido? *Podemos utilizar una herida que sangra, un dolor de corazón, azotes, un dolor de muelas, condenación, etc.*

Si el niño está desbordado por la rabia, ¿qué puede transmitir esta sensación? *Erupciones volcánicas, la olla a presión, una puñalada traicionera, etc.*

¿Y cómo puedo transmitir esta sensación de placer en los niños? *Dulces, miel, días de sol, fiestas, juegos, etc.*

En otras palabras, para que sea efectivo, el lenguaje analógico tiene que estar escogido adecuadamente para crear la experiencia emocional específica que abra el camino para liberar al niño de su sensación dominante incapacitante. Chip y Dan Heath (2010), autores del éxito de ventas *Ideas que pegan*, confirman que el principal obstáculo para el cambio es la dualidad existente entre la mente racional y la mente emocional, que luchan por hacerse con el control. Ellos sostienen que con frecuencia la mente racional es consciente de que tenemos que cambiar algo que parece que no funciona, mientras que la mente emocional sabotea las buenas intenciones y un resultado positivo. Esta tensión nos bloquea para dar un salto hacia adelante, pero si se supera, el cambio es inevitable. Al transformar datos digitales en lenguaje analógico superamos este obstáculo y sentamos los cimientos para el posible cambio. Esto funciona bien con los adultos, pero obra milagros en los niños.

IV. CASOS TOMADOS DE LA PRÁCTICA

CAPÍTULO 12

LA ELABORACIÓN DE ESTRATEGIAS EFICACES

La terapia siempre debería estar diseñada para ajustarse
al paciente, y no para que el paciente se ajuste a la terapia.
MILTON H. ERICKSON

EJEMPLOS TOMADOS DE LA PRÁCTICA: DIARIOS DE INTERVENCIÓN

En el marco de su evaluación, se invitó a los profesores que siguieron el Máster en SEBD (Social, Emotional and Behavioural Difficulties) en la Universidad de Malta a escoger un caso del que estuvieran haciendo seguimiento en su actividad y estudio docente utilizando la perspectiva breve estratégica. Esto permitió a los alumnos-profesores formular una hipótesis operativa e identificar los elementos reductores de la complejidad que les ayudaran a comprender mejor cómo gestionar lo que muchas veces se consideran casos imposibles y se etiquetan como tales. Se les facilitó los indicadores mencionados más abajo para que sirvieran de orientación a la hora de formular un programa efectivo de intervención alternativa.

- Definición de la conducta problemática.
- Indicación de la sensación y percepción dominantes subyacentes en el niño.
- Percepción/creencia de otras personas significativas.
- Intentos de solución fallidos/sin éxito.
- Modelo de interacción adulto-niño.

- Excepción (cuando existe).
- Sugerencias/intervenciones.

CASO 1. LA RABIA DE FERNANDO

Contexto

Conocí a Fernando hace dos años, cuando empecé a impartir clase de desarrollo psicosocial en su grupo, aunque ya había oído hablar de su terrible historia en el momento en que llegué a su instituto. Cuando me asignaron este trabajo pensé de inmediato en Fernando. Verdaderamente quiero ayudar a este chico.

Definición de las dificultades de Fernando

Fernando es un chico de 15 años que, debido a su pasado turbulento, alberga mucha rabia acumulada. A los 7 años, su padre, después de haber tenido problemas con la ley, abandonó Malta y dejó a su joven esposa criando sola a Fernando y a su hermana Lilly, que entonces tenía 2 años, con deudas y problemas que afrontar. Fernando y su hermana entraron y salieron de diversas instituciones, centros de atención y de acogida temporal. Hasta que llegó un punto en el que la madre no tenía dinero para comprarles comida y los trabajadores sociales que los atendían, sospechando que se dedicaba a la prostitución, los entregaron en acogida temporal.

Ahora, su madre tiene una nueva pareja que la quiere y cuida de Fernando y Lilly como si ambos fueran sus propios hijos, pero Fernando todavía guarda mucha rabia y desconfianza hacia los demás. Se pone muy a la defensiva y muy agresivo cuando tiene la sensación de que los demás no lo tratan justamente. A menudo es enviado al despacho del director porque discute y pelea con sus compañeros, pero también con los profesores.

Sensación dominante subyacente

Fernando siempre está tenso e inquieto. Es un manojo de nervios y suelta chispas por cualquier nimiedad, tanto en casa como en la escuela. Está lleno de rabia e ira. Cuando tiene la sensación de que «no lo tratan bien», o se aísla, o explota como un volcán. Una vez, otro alumno escribió «cuidado con el perro» en la silla de Fernando y aquello lo hizo reaccionar muy mal. Tardó una semana en volver al instituto.

Intentos de solución fallidos/sin éxito con Fernando

Los adultos tratan de hablar para que abandone el enfado y lo tranquilizan diciendo que ahora tiene «una familia encantadora» que cuida de él. Su madre no puede soportar que él hable de «antes» y trata de evitar que... «vuelva allí». El turbulento pasado resulta demasiado doloroso para ella, por lo que tiene que quedar oculto a toda costa.

El personal del instituto conoce la situación de Fernando y trata de comprender, pero a menudo sus reacciones «se pasan de la raya». Sus estallidos suelen reportarle problemas. Acaba demasiado cegado por su rabia y cuando tratan de tranquilizarlo, lo enfurecen aún más. Los profesores han intentado toda clase de medidas correctoras (enviarlo al despacho del director, expulsiones temporales, permanencias después del instituto, etc.), pero no sirven de nada. Tratan de mostrarle lo destructivo que es su comportamiento, pero Fernando no puede evitarlo. «Cuando pierde el control, lo pierde».

La percepción de los docentes

La mayoría de los docentes no tiene muy buena opinión de Fernando y casi todos afirman que no da más que problemas y le temen. Otros se refieren a Fernando como el «pobre chico» que fue abandonado por su padre criminal.

Modelo adulto-chico

Aunque Fernando manifiesta mucha preocupación y afecto hacia su madre, le resulta difícil abrirse a ella. Con los profesores es muy frío. Odia que lo traten injustamente, pero también que se compadezcan de él.

Sugerencia/intervención

Fernando nunca tuvo la oportunidad de dar salida a su rabia y sus decepciones. En el marco de un proyecto consagrado a la expresión de las emociones, se invitó a los alumnos a llevar un diario donde ir registrándolas. Después, en la clase siguiente, durante la puesta en común, hablamos de las emociones haciendo particular referencia a la rabia, tema que yo promoví, pues aunque es una emoción que nos suele dar miedo, resulta natural sentirla, reconocerla y canalizarla. Se invitó a los alumnos a hablar sobre lo que «les da rabia» y todos los alumnos pusieron ejemplos. Estaba claro que esto reconfortó a Fernando porque por primera vez sintió que es aceptable sentir rabia, y eso está bien; es cómo la manifestamos lo que marca la diferencia.

En la siguiente sesión se proyectó en la clase un vídeo musical del rapero estadounidense Eminem, que habla de la injusticia. Se animó a los alumnos a que buscaran formas con las que les gustaría canalizar su rabia sin que tuvieran repercusiones negativas. Llamamos a esto «el modo inteligente de liberarnos de la rabia y la frustración». Al cabo de unas semanas, Fernando se dirigió a mí para decirme que aquella música le ayudó a canalizar su rabia. Descubrió que, al igual que Eminem, él canalizaba su rabia escribiendo letras para la música que su amigo Tom hacía para él.

Intervención

- Reestructurar la rabia como una emoción natural.
- Utilizar el lenguaje analógico.
- Reconocer y dar salida: encontrando formas agradables de canalizar la rabia.

Se animó a los alumnos a buscar formas con las que disfrutaran canalizando su rabia. Algunos afirmaron que utilizaban la música y el baile, otros haciendo confesiones a sus amigos o hermanos, otros utilizando artes marciales y ejercicio físico, otros empleando la pintura y otros medios creativos, etc. Dijeron que esto les ayudaba a tranquilizarse y les permitía afrontar las mismas situaciones difíciles de un modo más sereno.

Efectos de la intervención

Todos y cada uno de nosotros tiene que encontrar su forma de dar salida y gestionar sus emociones una vez que las aceptamos. Fernando encontró la suya. Aunque todavía es un chico nervioso, su comportamiento ha mejorado espectacularmente a lo largo del curso académico. Su recién descubierto interés por la música le está ayudando a gestionar y aliviar su rabia, de forma que le permita afrontar dificultades de un modo más tranquilo y reflexivo. Después de haber establecido una buena relación con la madre de Fernando, le hice saber los cambios que había apreciado en él después de la intervención y la invité a hacer lo mismo. Su madre se echó a llorar y ese mismo día subió a ver a Fernando y, por primera vez, con mucho cariño, le dijo que está bien sentirse enfadado y dolido por lo que les sucedió. Su madre le confesó que también ella tenía dificultades y que no se permitía aceptarlas y expresar su rabia. Ambos lloraron juntos y, por primera vez, madre e hijo se sintieron muy cercanos. Pero lo que más le sorprendió a la madre fueron las reconfortantes palabras finales de Fernando: «Aunque no fue fácil para nosotros, hemos conseguido salir adelante estupendamente como una familia».

CASO 2. LA TRISTEZA DE SARA

Sara es una dulce niña de 8 años que fue alumna mía mientras estuve haciendo el máster en dificultades sociales, emocionales y conductuales. En noviembre de 2009 Sara perdió a su madre después de que esta pasara años luchando contra un cáncer de pulmón.

Desde entonces, Sara ha intentado borrar de su vida el recuerdo de su madre; en realidad, casi nunca la menciona. En clase siempre está absorta en sus pensamientos y yo diría que está pensando en ella. Empezó a llegar a la escuela tarde y su padre nos informó de que por las noches tenía pesadillas, lo que le alteraba el sueño. Toda la escuela se sentía muy próxima a Sara y a su familia. La totalidad de los docentes, incluida yo, hacíamos todo lo que podíamos para mostrarle cariño y atención, pues sabíamos por lo que había pasado a una edad tan temprana. Aunque nadie podría jamás ocupar el lugar de su madre, tratábamos de darle al menos una pequeña dosis de afecto y cariño. Sin embargo, al cabo de una temporada, percibimos que Sara empezó a llamar la atención y a reclamar afecto. Buscaba cualquier pequeña excusa para venir a mi mesa para pedirme un abrazo o sentarse en mi regazo. Además, empezó a volverse muy descuidada con sus trabajos escolares. Al principio la excusábamos cuando no traía los deberes, o cuando no quería hacer educación física, pero enseguida nos dimos cuenta de que ese era el enfoque incorrecto. Su rendimiento escolar estaba empeorando. Su perturbadora actitud también estaba afectando su relación con los iguales, que no podían soportar que llamara la atención continuamente, ni el exceso de atención que le brindaban los docentes y la «injusta actitud» de estos hacia ella.

Intentos de solución fallidos

Intentos de solución de la propia Sara. Sara trató de aplacar su dolor evitando hablar de su madre y de su trágica pérdida. Recuerdo que incluso en el funeral de su madre, Sara era como una piedra, no derramó ni una lágrima. No se atrevía a mencionar a su madre, ni nada relacionado con ella y con su pérdida. Este era su modo de mantener a raya el dolor. Sin embargo, su intento de solución para «apagar la llama» no es tan funcional porque, aunque apaguemos el fuego, si dejamos rescoldos basta una pequeña brisa para volver a encenderlo.

Intentos de solución del padre. Incluso su padre, en su afán por proteger a Sara y a su hermana, evitaba mencionar a su madre y trataba de ocultar cómo se sentía él realmente después de esta devastadora pérdida. Incluso cuando hablé con él, actuó como si no hubiera sucedido nada grave y repitiendo que el tiempo curaría todas las heridas.

Mis intentos de solución. Yo también intenté unas cuantas soluciones fallidas que en aquel momento parecían ser lo más natural y lo más correcto que se podía hacer. Traté de proteger a Sara de toda clase de dolores y daños añadidos distrayéndola y tratando de que estuviera contenta en todo momento, pensando que ya había sufrido mucho y merecía ser feliz. La mayoría de los docentes procuraba hacer lo mismo, pero Sara estaba llorando constantemente.

Sabiendo que iba a experimentar mucho dolor, empezamos a prestar a Sara mucha atención, seguramente demasiada. A Sara le gustaba eso y buscaba afecto continuamente, pero la atención que yo le prestaba se volvió desproporcionada. Me descubrí llevándola de compras durante las vacaciones de Navidad y trayéndola a mi casa para hacer dulces. Obviamente, contaba con la autorización de su padre y en aquel momento pensaba que estaba haciendo lo mejor para ella, pues conozco a algunos colegas que habían hecho exactamente lo mismo cuando ella estuvo en su clase. El único problema era que el vínculo entre nosotras creció y en cierto momento ella empezó a escribir notas pidiendo que yo la adoptara. Aquello fue como una señal de alerta para mí. Me di cuenta de que algo había ido mal porque las cosas no deberían haber llegado a tal extremo. Yo jamás podría sustituir a su madre, pero con toda mi buena intención debí de haber transmitido ese mensaje y creado esa ilusión.

Pese a sus buenas intenciones, los adultos evitan hablar y comentar un suceso doloroso pensando que de ese modo salvarán al niño de otro trauma. Esto describe exactamente la forma en que el padre de Sara y otras personas significativas trataron de gestionar el problema.

Posibles intervenciones

Teniendo en mente las palabras de Robert Frost («El mejor camino para salir es siempre atravesar»), consideré adecuado ayudar a Sara a dedicar un espacio para manifestar su dolor por la pérdida. Aunque habíamos establecido un vínculo bueno, me pareció importante reconocer a Sara que los intentos que yo había realizado hasta el momento para distraerla del dolor estaban en realidad prolongándolo. Le dije que es normal y saludable sentir este dolor. Cuando le leí las palabras de John Welsh Carlyle: «Nunca se siente uno tan absolutamente impotente como cuando trata de consolar a alguien por una gran pérdida. Yo no voy a intentarlo. El tiempo es el único consuelo para la pérdida de una madre», ella estuvo llorando media hora, pero yo diría que esas palabras le proporcionaron un gran alivio. Le expliqué que solo concediéndose tiempo para llorar por su madre y atravesar ese dolor podría aliviarse de él. Le dije que estaba dispuesta a acompañarla en este doloroso viaje si ella quería que lo hiciera. Con lágrimas en los ojos, asintió y me abrazó con fuerza. Así que desde aquel día, durante el recreo, subía a verla y le permitía que llorara a su madre 30 minutos. Al principio solo lloraba, pero poco a poco empezó a hablarme de su madre, a enseñarme fotografías, a contarme cosas de los espléndidos días que pasó con ella en la granja de sus abuelos. También habló de los trágicos días en que descubrió que su madre tenía cáncer y de los meses siguientes, cuando la vio desaparecer. Descubrí que su madre, María, había estado en fase terminal varios años. De hecho, Sara reconoce que no recuerda cómo era su madre antes de enfermar. Durante su último año de vida, la madre de Sara fue ingresada en una residencia porque estaba postrada en la cama y casi ciega y, por tanto, necesitaba atención y apoyo profesional. Sara iba a visitarla con frecuencia y en esos «días afortunados», como ella los califica, solía quedarse dormida en la misma cama que su madre y, después, su padre la llevaba al coche. Todos los días hacíamos este ritual, este rito de paso, por el que ella compartía conmigo su dolor, sus pensamientos, sus miedos, pero también sus recuerdos más preciados; pero durante el resto del tiempo invité a Sara a evitar hablar de ello y concentrarse en las clases y hacer sus tareas como el resto de sus compañeros. Y eso es lo que hizo.

Al cabo de un par de semanas, atravesando su traumática historia, Sara se alivió del devastador dolor y empezó a vivir su vida. Aunque nadie pudiera devolverle a su querida madre, esto la ayudó y le devolvió la vida. «Después de todo, seguramente esto es lo que mi madre hubiere querido», dijo Sara cuando llegó al examen de final de curso. De mayor quiere ser periodista. Ese también era el sueño de su madre.

Caso 3. Miguel el terrible

Contexto

Miguel era un alumno de sexto curso a quien yo daba clase de matemáticas cinco veces a la semana durante 40 minutos. Mis clases en su aula parecían eternas, pues tenía que ocuparme de él, que interrumpía la actividad y no me dejaba seguir el programa.

Definición de la conducta desafiante

Miguel, apodado «el terrible», era un niño muy difícil de llevar. Este era un sentimiento compartido por todo el personal de la escuela, que se sentía indefenso ante la conducta antagonista y provocadora del chico. Estos son algunos ejemplos de provocación característicos:

- Alteraba las clases dando gritos, levantándose de su sitio, diciendo palabrotas, hablando por el móvil, etc.
- Distraía a los compañeros de clase y a los profesores, y hacía el tonto delante de ellos.
- No respetaba las reglas de la clase ni las normas de la escuela.
- A veces, se causaba autolesiones con el lápiz o el bolígrafo.
- Tenía dificultades para permanecer sentado y lo distraía mucho cualquier cosa que pasara en clase. De hecho, dos años antes había sido diagnosticado de TDAH.

Las sensaciones y percepciones dominantes subyacentes de Miguel

Reparé en que a Miguel le gustaba ser el centro de atención y en que lo conseguía cada vez que hacía alguna tontería en clase, aunque se hiciera daño. Al observarlo, acabé comprendiendo que su sensación dominante era el placer. Mediante sus comportamientos transgresores prohibidos conseguía obtener mucha atención de sus compañeros de clase, profesores, personal de la escuela y padre. Aunque podría parecer que las autolesiones se basaban en el dolor, con el tiempo le reportaban más placeres y ventajas que desventajas. Con este comportamiento conseguía tener a todo el mundo secuestrado: su familia, sus amigos y la escuela entera. Esto explica por qué rechazaba y saboteaba continuamente cualquier oferta de ayuda.

Me fijé en que Miguel sonreía cuando tenía agarrado un bolígrafo y se arañaba con violencia. Miraba para ver la expresión de los demás mientras se lesionaba. Aunque pueda sonar extraño, reparé en que esta conducta antagonista y provocadora proporcionaba a Miguel ventajas secundarias. En realidad, con su comportamiento no solo conseguía obtener la atención de sus iguales y del personal de la escuela, sino también de sus padres. Citábamos a sus padres en la escuela para hablar con el director o el jefe de estudios, lo que suponía que perdiesen un día de trabajo para «ocuparse de él». Además, cuando lo expulsábamos, muchas veces bromeaba con sus amigos diciendo que tenía días extra de vacaciones o un fin de semana largo en recompensa. Las ventajas que reportaba su conducta problemática superaban a las desventajas. Así que no es raro que Miguel se aferrara a esa conducta. Lo que los adultos consideran una «conducta no deseada o mala» proporcionaba a Miguel la respuesta que él deseaba de los demás:

- Garantiza la atención.
- Provoca miedo en los adultos.
- Consigue hacer rehenes a los demás, lo que le da poder sobre ellos.

Percepciones / creencias de otras personas significativas

La mayoría de los profesores consideraba que Miguel era el típico niño malo problemático. A menudo culpaban a la familia por no estar más presente. La madre de Miguel había cambiado su pauta de trabajo a media jornada, pero la conducta del niño no cambió. La mayoría de los profesores tenían mucha rabia acumulada hacia él. A menudo lo castigaban, pero después daban un paso atrás, preocupados por si acababa autolesionándose. Casi todos los docentes estaban «desesperados» y no sabían cómo reaccionar. Creían firmemente que Miguel era un «caso perdido».

Intentos de solución sin éxito

Reparé en que cuanto más intentaba el personal de la escuela detener esta conducta problemática, más atractiva se volvía para Miguel, que con frecuencia acababa haciendo lo contrario de lo que se le decía. Me fijé en que, pese a nuestras buenas intenciones, habíamos producido el fenómeno del fruto prohibido. Esto explica por qué Miguel no sentía necesidad de buscar un modo de solucionar la situación.

Cada vez que Miguel hacía el tonto o difundía comentarios estúpidos, yo solía ser el primero en tratar de hablar con él para que no lo hiciera. Lo sermoneaba durante horas, pero eso no arrojaba ningún resultado efectivo. Se probó con castigar a Miguel de todas las formas posibles, como mandándole deberes extra para casa, apartarlo o expulsarlo. Sin embargo, esto solo aumentaba las ventajas secundarias y desviaba más su conducta volviéndola más transgresora. En realidad, Miguel consideraba las expulsiones como un día de fiesta, en lugar de como un castigo. Esto reforzaba la hipótesis de que no veía ningún beneficio en solucionar su conducta.

Estos intentos de solución fallidos llevaron a la mayoría de los profesores a creer que Miguel era un caso perdido. No se podía hacer nada.

Lo siguiente ilustra todos los intentos de solución fallidos puestos en práctica por mí mismo y otros profesores:

- Hablar con él para convencerlo de abandonar su conducta provocadora. Se programaron sesiones semanales con el orientador, pero Miguel nunca acudía.
- Peticiones directas o indirectas de parar o reducir sus provocaciones.
- Maniobras punitivas y correctoras, como el uso del castigo, la expulsión de clase y del centro, etc.
- Ignorar su comportamiento llevaba a Miguel a persistir en él hasta que los docentes reaccionaban de algún modo a sus provocaciones.
- Delegar en otros el problema mediante un expediente escolar informativo (en los responsables institucionales, por ejemplo).

Excepciones

Aunque parecía un caso imposible, consideré apropiado adoptar un enfoque más holístico de la situación de Miguel. Después de hablar con todos los profesores que le daban clase, descubrí que Miguel exhibía una conducta antagonista y provocadora en todas las clases, con la excepción de Educación Física. Durante la clase de Educación Física, Miguel no daba ningún problema en absoluto. La Educación Física no se imparte en el contexto escolar «normal y rígido» de un aula, sino que se lleva a los alumnos a los campos de deporte y se les proponen juegos divertidos. Pensé que era una excepción interesante que explorar y sobre la que trabajar.

Sugerencias/Intervenciones

Toda la escuela consideraba a Miguel un niño terrible, nadie tenía una palabra amable que decir sobre él. En lugar de pasar a interpretar la conducta de Miguel como transgresora y desviada, podemos verla como sus intentos de obtener atención. En otras palabras, su conducta le sirve al propósito de llamar la atención. Por tanto, partiendo de esta hipótesis, podemos suponer que Miguel continuará con su conducta antagonista y provocadora hasta que otras personas significativas pasen a concederle su atención cuando se comporta mal. Con toda nuestra buena intención, cada vez que tratábamos de detenerlo, corregirlo o castigarlo, los profesores atendíamos sus necesidades. Éramos sus cómplices. Más bien, deberíamos prestarle atención... pero no cuando se comporta mal. Los docentes deberíamos encontrar formas de hacer que Miguel se sintiera importante, pero no cuando él lo demanda mediante su conducta antagonista y provocadora.

Intervención

Así pues, partiendo de esta hipótesis, el consejo escolar decidió ensayar una estrategia. Miguel fue elegido para coordinar los deportes y los juegos durante los recreos. Se le asignó un papel que aceptó y asumió con gran responsabilidad y entusiasmo. Se remitía a él a los alumnos para participar en los juegos organizados durante la pausa de una hora para comer. Comprendí de inmediato que esto fue un avance real en esta situación aparentemente imposible. Eso llevó a Miguel a sentirse importante incluso en la «tan odiada» escuela. Aprovechar la excepción, convertirla en la regla, mejoró la conducta general de Miguel.

Además, a algunos de los profesores de Miguel se les dieron instrucciones para que emplearan en clase una intervención paradójica. Cada vez que Miguel exhibía su conducta antagonista y provocadora, en lugar de pararlo o corregirlo, tenían que invitarlo a hacerlo más. Se lo invitaba a entretener a la clase durante cinco minutos. Para este fin, se otorgaba a la clase un descanso para observar la actuación de Miguel. Su agitación se reestructuró como un «valioso indicador para todos»; su agitación era una señal de que la clase se estaba volviendo aburrida y el profesor estaba cansándose. Dicho de otro modo, era el momento de tomarse un descanso y que Miguel los entretuviera. Esta reacción lo sorprendió y Miguel quedó desarmado de inmediato.

Utilizada de forma sistemática y consistente, esta técnica funcionó con brillantez. Al ver los resultados efectivos, otros profesores adoptaron la sugerencia. Al prescribir la conducta antagonista y provocadora, esta, hasta entonces incontrolable, estaba ahora bajo control. La conducta antagonista y provocadora perdía su función transgresora-controladora. A Miguel no le gustaba el hecho de que su conducta beneficiara al profesor y a la clase y, por tanto, aunque al principio desafiaba a los docentes interpretando su «espectáculo», pronto empezó a rechazar hacerlo. Al cabo de tres semanas, Miguel dejó de perturbar las clases. Abandonó sus conductas autolesivas porque comprendió que los profesores ya no eran rehenes de su conducta provocadora. Se desató un efecto mariposa. Además, Miguel obtenía ahora la atención mediante el premio de su papel como coordinador de juegos en el recreo y durante las funciones escolares.

El *feedback* del profesor sobre el uso de este modelo

Los profesores que hicieron uso de «esta nueva perspectiva para interpretar los problemas relacionados con los niños» explican que su trabajo docente ha cambiado gracias a que ahora pueden seguir un modelo riguroso pero flexible. En lugar de limitarse a decir a los alumnos lo que «el sentido común nos indica que hagamos», que a menudo no arroja ningún resultado, ahora se ven utilizando el conocimiento operativo y las destrezas adquiridas que han obtenido comprendiendo y gestionando de forma efectiva las dificultades sociales, emocionales y de conducta de sus alumnos. Confesaban que se sentían más seguros en su trabajo y que no quedaban desconcertados cuando se enfrentaban a conductas desafiantes, que no son la excepción, sino la regla en su práctica cotidiana. Sostienen que en lugar de repetir modelos ya empleados (que con frecuencia cuestionaban, porque se utilizaban en contextos que consideraban distintos de los suyos), eran capaces de construir sus propias intervenciones según los casos. El hecho de que hubieran llegado a comprender y, por tanto, seguir los comportamientos aparentemente ilógicos de sus alumnos concretos, les permitió formular intervenciones efectivas que sirvieran para liberar a sus alumnos y a ellos mismos de los círculos viciosos en que estaban atrapados. Ser capaces de construir sus propias intervenciones los hizo sentirse más seguros de que sus acciones pueden funcionar.

Además, la asombrosa efectividad de estas intervenciones en apariencia ilógicas les facilitó proseguir con sus procesos de cambio (pasando de un cambio de primer orden[1] a otro de segundo orden[2]) y también involucrar a otros (colegas, la dirección, los padres, alumnos, etc.) para que hicieran lo mismo. Así maximizaban la efectividad de la intervención y generaban una especie de efecto multiplicador en situaciones aparentemente imposibles.

Caso 4. Cambiar la profecía: un caso tratado en el Centro di Terapia Strategica (CTS) de Arezzo

Thomas, un niño de 7 años, fue objeto de un diagnóstico erróneo o etiquetado patológico. En efecto, el pequeño había sido diagnosticado de rasgos psicóticos y autistas. Sus padres acudieron a nuestra clínica, el CTS de Arezzo, en Italia, afirmando que este era su último recurso. Habían visitado a diferentes especialistas,

---

1.   *Cambio de primer orden:* los parámetros del individuo cambian de forma continua, pero la estructura del sistema no se altera.

2.   El *cambio de segundo orden* se produce cuando el sistema cambia cualitativamente y de forma discontinua. Esto se da cuando hay una modificación en el corpus de reglas que rigen su estructura. El *cambio de segundo orden* es un cambio del cambio. Por ejemplo, aprender es un cambio de segundo orden, al igual que todos los demás procesos evolutivos que desencadenan un cambio dentro de la estructura del sistema.

que confirmaban el diagnóstico inicial realizado por la psiquiatra infantil. Esta le había hecho varios test porque el niño había empezado a comunicarse de forma ininteligible a través de cancioncillas, repeticiones de fórmulas verbales, rituales de comportamiento, etc. También hablaba en voz alta cuando estaba solo, mientras que evitaba toda clase de interacción social.

Es importante señalar que la psiquiatra, que fue la primera en intervenir, realizó una batería de test para poder disponer de algún tipo de prueba con la que respaldar su solicitud de ayuda pedagógica para solucionar las dificultades de Thomas. Sin embargo, los padres decían que después del diagnóstico y de las diversas intervenciones especializadas, el comportamiento de Thomas había incluso empeorado.

Obviamente, después de un diagnóstico así, que fue confirmado una y otra vez por diferentes especialistas, los padres de Thomas se sentían impotentes. Sus tentativas de controlar el comportamiento estrafalario de su hijo estaban limitadas a ceder el control y delegar la gestión de la problemática situación de su hijo a profesores y otros muchos especialistas y cuidadores. El padre era una figura ausente porque trabajaba en otra ciudad, mientras que la madre había aceptado la situación sin poder hacer nada y se limitaba a seguir las orientaciones que le transmitía la escuela. Le aconsejaron probar con diversas intervenciones punitivas y correctoras con la intención de eliminar el comportamiento estrambótico de su hijo. Todos los que rodeaban a Thomas eran conscientes de la situación y todo el mundo trataba de «ayudar». Todo el mundo vigilaba a Thomas y lo trataba como a un «pobre niño incurable». Había toda una red de cuidadores que actuaban: padres, parientes cercanos y amigos, personal escolar (profesor de aula, directora, profesor de apoyo de Thomas, etc.), el Sistema de Salud y todos aquellos que entraban en contacto con el niño, pues a los padres les parecía, y así se les había aconsejado, que lo mejor era informar a todos acerca de la salud mental del niño. Esto «contribuyó» a acrecentar un incontrolable «efecto Pigmalión» en todas las esferas de la vida de Thomas: en casa, en la escuela, con los especialistas y demás. Una vez que la expectativa o la profecía se formuló, operó como un proceso de confirmación que condujo a su autocumplimiento.

Como ya hemos explicado antes, nosotros tratamos de evitar que el niño acuda a terapia. Especialmente en este caso, en el que podríamos habernos convertido en un agente adicional que confirmara el diagnóstico inicial (es decir, que el niño tenía una enfermedad mental), intervinimos de forma indirecta trabajando exclusivamente con los padres.

La intervención principal fue la reestructuración del diagnóstico. Entendíamos que mientras los agentes que rodearan a Thomas siguieran tratándolo como a un «pobre niño autista sin cura» y mientras siguieran metidos en este laberinto manteniendo un diagnóstico «sin salida», no se podía producir ningún cambio. Todo el mundo lo trataba así, lo disculpaba y lo protegía, con excepción de su hermana. Esto es lo que denominamos una excepción positiva. Ella lo trataba como a un hermano, jugaba y se relacionaba con él en un plano de igualdad. No se compadecía de él, ni disculpaba su comportamiento estrafalario.

Empezamos a sembrar semillas de duda acerca de si los comportamientos de Thomas eran realmente manifestaciones de rasgos psicóticos y autistas, o si se trataba de una profecía que se estaba autocumpliendo. Mediante el uso del diálogo estratégico pusimos en circulación otra profecía señalando que la conducta de Thomas se parecía más a las ejecuciones rituales realizadas por los individuos que padecen un trastorno obsesivo compulsivo: las cancioncillas y repeticiones de fórmulas verbales y acciones concretas. Este fue un punto de inflexión porque, a diferencia de los rasgos psicóticos, el comportamiento obsesivo-compulsivo tiene tratamiento. La percepción cambió. Antes de acudir a terapia, los padres de Thomas percibían la situación de su hijo como un caso desesperado de enfermedad psicótica incurable, lo que les hacía sentirse impotentes.

Mediante preguntas de discriminación y la utilización de paráfrasis, hicimos que los padres percibieran a Thomas ya no como un niño frágil e intratable, sino como un granujilla muy listo que obtiene beneficios secundarios de su situación «problemática», que explota el sentimiento de impotencia de sus padres para evitar hacer cosas que detesta al tiempo que emplea su exasperante conducta compulsiva para chantajearlos y lograr todo lo que desea.

Partiendo de esta premisa, introdujimos una prescripción basada en la lógica de la paradoja: invitamos a la madre a que pidiera a su hijo que representara su «comedia» cada hora. Dicho de otro modo, utilizamos una orden paradójica para reclamar la conducta que deseamos suprimir. Esto priva a la conducta no deseada de su espontaneidad y coloca a Thomas en una posición de doble vínculo (Bateson *et al.*, 1956; Watzlawick *et al.*, 1967; Sluzki y Ransom, 1976). Si obedece la petición de su madre, es decir, si continúa con su comportamiento, su «comedia» ya no será la misma que antes porque quedará vaciada de su significado, pues ya no es involuntaria ni espontánea, sino decidida y solicitada por la madre. De modo que en este caso estará actuando bajo el control de su madre y ya no bajo el suyo propio, y esto normalmente lleva a una extinción gradual de la conducta. Por otra parte, si desobedece y se rebela contra la prescripción, acabará abandonando la conducta indeseable y nosotros alcanzaremos de forma inmediata y precisa nuestro objetivo. En otras palabras, en ambos casos se lleva a la conducta indeseable a su desaparición.

Además, introdujimos una conspiración de silencio durante todo el resto del día acerca del problema de Thomas.

Los efectos de nuestra primera intervención fueron visibles de inmediato. Ya tras la primera sesión, Thomas había recuperado la comunicación inteligible. Sus padres dijeron que al cabo de un par de días, cuando pedían a Thomas que exhibiera su conducta y lo observaban sin intervenir en todo el día, Thomas acallaba las cancioncillas y las fórmulas numéricas para adoptar un lenguaje más comprensible. Su madre confesaba que Thomas era más cariñoso y que estaba más tranquilo con ella.

En la segunda sesión apreciamos un cambio significativo en la madre de Thomas, que parecía mucho más segura de sus capacidades para gestionar la sintomatología de su hijo. La prescripción paradójica llevó a Thomas a interrumpir su conducta indeseable, pero también ayudó a su madre a sentirse con más control sobre la situación. Durante nuestro segundo encuentro, observamos una reorientación positiva de las expectativas de ambos progenitores; aquello nos llevó a mejoras que también apreciaron los profesores en la escuela. Estábamos asombrados por el cambio radical de la actitud de los padres hacia su hijo. Ahora lo trataban como a un niño inteligente con problemas compulsivos, y ya no como al niño mentalmente enfermo al que tenían que proteger. Es más, la madre estaba segura de que debían interrumpir la psicoterapia individual de Thomas con la psiquiatra infantil. Ella insistía en que el niño había sido bastante obediente y había estado más tranquilo durante las dos semanas, pero que daba señales de incomodidad después de su última cita con la psiquiatra. Estábamos de acuerdo con esta petición, ya que el niño llevaba asistiendo a psicoterapia individual desde hacía más de un año sin ningún resultado positivo.

Durante la tercera fase, nuestros esfuerzos se centraron en consolidar los resultados obtenidos y reforzar el cumplimiento de la nueva profecía. Se mantuvieron las mismas prescripciones: conspiración de silencio y exhibición de la «comedia». Esta última se redujo a una vez cada dos horas, después a una vez cada tres horas, después cada cuatro, y así sucesivamente. Sin embargo, aunque llegados a este punto Thomas había reducido su comportamiento compulsivo casi a cero, era fundamental persistir y consolidar los resultados obtenidos. Además, se invitó a los padres a utilizar la misma técnica paradójica cuando Thomas adoptaba espontáneamente su conducta provocadora: tenían que pedirle que lo hiciera y que lo hiciera mejor. Sin embargo, esto sucedía en situaciones infrecuentes, en las que el niño creía que sus padres todavía serían víctimas de sus tretas, como, por ejemplo, delante de amigos, en misa o en otras situaciones en que su comportamiento habría supuesto bochorno para los padres. Se les dijo que anotaran estos episodios en un diario de rituales. Este tenía el mismo objetivo que la prescripción del libro de registro realizada a los pacientes obsesivos fóbicos. Se indujo a los padres a que pensaran que esta tarea pretendía monitorizar las situaciones infrecuentes, pero críticas, cuando en realidad el uso de este diario pretendía limitar la intervención de los padres a la hora de corregir el comportamiento de Thomas haciéndoles desplazar su atención sobre la tarea asignada.

Con el fin de mejorar el comportamiento responsable y la autonomía de Thomas, invitamos a los padres a pedir al niño pequeños favores cada día, cosas sencillas, pero algo nuevo. Esta prescripción se basa en la técnica del «como si»; es decir, se invitó a los padres a pedir un favor a Thomas como si estuvieran seguros de que su hijo era capaz de hacerlo. Para sorpresa de los padres, Thomas estaba absolutamente deseoso de realizar estas pequeñas tareas, echar una «pequeña» mano en casa, ayudar a su padre a cocinar o a hacer la compra, etc.

Lo único que todavía preocupaba a los padres eran los «monólogos» de Thomas en solitario. Decían que con frecuencia veían al niño en su habitación hablando solo. Examinando detenidamente la situación, parecía que había creado un amigo imaginario con el que jugaba, leía, hablaba, etc. Invitamos a los padres a observar este comportamiento con mayor detalle y a participar en este «juego imaginario». Explicamos que jugar con amigos imaginarios es una práctica muy corriente y normal a esa edad y que este comportamiento no debería confundirse con sintomatología despersonalizadora, como los habían inducido a pensar otros agentes de ayuda.

En la sesión siguiente, los padres dijeron que Thomas era muy reacio a dejarlos jugar a sus juegos imaginarios. Comunicaron que, al principio, Peter, el personaje imaginario inventado por su hijo, estaba muy presente en sus juegos, pero al cabo de algunos días Thomas había jugado con ellos y con su hermana sin hacer referencia a Peter.

Incluso los docentes apreciaron en la escuela un cambio importante en el comportamiento de Thomas y solicitaron a los padres que nos pidieran a nosotros (los terapeutas) consejos que ellos pudieran seguir. Invitamos a los padres a decir a los profesores que nosotros teníamos una opinión diferente sobre el comportamiento de Thomas y que esta hipótesis se estaba confirmando con los resultados obtenidos. Animamos a los padres a informar a los profesores sobre los resultados inmediatos que habían conseguido con la aplicación de la prescripción paradójica, de tal modo que los docentes pudieran hacer uso de ella incluso en la escuela.

Los profesores siguieron las instrucciones y en un par de días observaron el mismo fenómeno en la escuela. Thomas dejó de exhibir su comportamiento compulsivo, recuperó la comunicación inteligible y empezó a interactuar y a jugar con niños de su edad. Además, sus padres también le permitieron apuntarse a un deporte, natación, que le ayudó a hacer más amigos y ganar más confianza en sí mismo.

Incluso los cuidadores del Sistema de Salud apreciaron el cambio «mágico» y también empezaron a dudar de si el diagnóstico formulado hacía dos años era todavía válido. Al cabo de un par de meses, se modificó el diagnóstico y el Sistema de Salud también presenció que el progreso de Thomas era tan significativo que ya no necesitaba la asistencia de un profesor de apoyo.

Así que, en resumen, el núcleo de esta terapia fue cambiar el diagnóstico, cambiar la profecía. Por tanto, para eliminar el etiquetado patológico tenemos que generar un contexto diferente en torno a Thomas presentando a los padres, profesores, cuidadores y demás una percepción nueva de este niño de 7 años. Pusimos en circulación otra profecía, que poco a poco llevó a su cumplimiento. Comparado con otros niños de su grupo de edad, Thomas todavía muestra déficits de contenido de conocimiento, pero este es un problema pedagógico, no psicopatológico.

Caso 5. La desamparada Kelly: un caso tratado en la Clínica Bateson de Dublín

Kelly fue remitida a la Clínica Bateson de Dublín por la psicóloga de su escuela, la señorita Hamilton, a quien preocupaba que la niña tuviera depresión clínica. Tanto la escuela como los padres habían acabado por preocuparse al ver que la niña de 12 años dejaba de ser una alumna brillante y sonriente para convertirse en otra retraída y taciturna. Aunque al principio era reacia a acudir a terapia, cuando se quedó a solas con la psicóloga se echó a llorar diciendo que venir aquí la había hecho sentirse aún más fracasada.

Entre sollozos, confesó que tenía mucho miedo de no ser capaz de gestionar su vida y todos los cambios que la esperaban. Además, veía que todos sus amigos eran bromistas y sonrientes, mientras que ella sentía que no tenía nada por lo que bromear, ni reírse. Esto le hacía sentir incómoda en presencia de otros, a los que veía seguros, decididos y con voluntad fuerte cuando actuaban.

Cuando se atrevió a expresar su sensación de insuficiencia, todo el mundo trataba de convencerla de lo contrario, es decir, de lo inteligente que era. «Tratan de ser amables conmigo, pero eso me hace sentir peor». Cuanto más le aseguraban sus capacidades quienes la rodeaban, más respondía ella retirándose y exhibiendo signos de depresión que la orientadora escolar les había dicho que eran de esperar.

El efecto Pigmalión en acción

La familia, los profesores y el resto de las personas que la rodeaban empezaron a actuar con aire protector con esta «niña enferma». Cuanto más lo hacían, peor se ponía ella. Kelly se sentía tan desamparada que empezó a faltar a la escuela, evitaba salir, ver a sus amigos o participar en actividades deportivas. Sus padres trataban de empujarla a hacer cosas, pero ella siempre se sentía cada vez más indefensa, hasta que un domingo por la tarde afirmó que ya no podía soportarlo más, que sería mejor para todos que acabara con su vida. Estas palabras asustaron a su familia, así que al día siguiente, la señora Dawson, madre de Kelly, siguiendo el consejo de la orientadora escolar, llamó a nuestro gabinete para pedir una cita urgente.

La solución y el problema

El caso de Kelly se trató utilizando el modelo esbozado en este libro, que también implicaba a los padres y a la escuela. Durante la primera sesión se realizó un diagnóstico operativo con Kelly y sus padres. Era importante empezar a trabajar sobre los intentos de solución que mantenían y empeoraban la sensación de desamparo de Kelly. La escuela estaba muy presente y desempeñaba un papel importante en la vida de la niña, así que había que dar a los docentes indicaciones que aceptaran aplicar y siguieran al pie de la letra.

Intentos de solución empleados por su entorno

1. Tratar de persuadir racionalmente a Kelly de que se sintiera mejor y reconociera sus capacidades y sus dotes.
2. Permitir que Kelly delegara responsabilidades en otros.
3. Actuar como ángeles guardianes de ella en momentos de crisis.
4. Hablar obsesivamente de su problema en cada oportunidad que tenían para encontrar una solución, aunque de este modo estaban creando un problema más grave.

Intentos de solución de Kelly

1. Evitar las actividades cotidianas.
2. Delegar en otros.
3. Reflexionar sobre futuros desastres y anticiparlos.
4. Cerrarse al mundo.

Con estos intentos de solución pudimos ver cómo podríamos intervenir en este problema.

Intervenciones propuestas

A base de mantener a raya cualquier presión posterior de padres y profesores, Kelly se mostró más dispuesta a colaborar. Como afirmaba con mucha serenidad, «logramos que me dejaran en paz». Con Kelly empleamos tres intervenciones que desbloquearon un problema grave y en apariencia intratable en un periodo de tiempo corto. Las intervenciones implicadas aquí se basaban en el uso de estrategias que tienen una tasa de éxito demostrado mediante amplia investigación clínica con otros problemas similares.

Detalle de las intervenciones empleadas

• *Cómo empeorar:* se trata de una intervención centrada en el problema que utilizamos para la depresión y que implica proponer al paciente que piense en formas de empeorar la situación. Invitamos a Kelly (y también a sus padres) a que pensaran cómo ella (o ellos) podían dedicarse a empeorar voluntariamente su depresión y su sensación de desamparo. Esta prescripción sigue una lógica paradójica. Pensando en cómo empeorar acabamos por estimular una respuesta aversiva indirecta para hacer esas cosas concretas, con lo que sorteamos su posible resistencia a las instrucciones directas. Como dice una de *Las 36 estrategias chinas* de la Antigüedad:

«Si quieres enderezar algo, primero aprende a retorcerlo aún más» (cf. Gao, 2002).

• *Ofrecer el púlpito:* consiste en una intervención basada en invitar a la familia a dedicar un tiempo y espacio concretos para que Kelly se queje y hable de su problema sin interrupción, lo cual ritualiza conversaciones saturadas con el problema con el fin de contenerlas y reducirlas. La familia tenía que mantenerse religiosamente en silencio aunque a Kelly se le ocurrieran las declaraciones y afirmaciones más inaceptables. Esto llevó a la niña a liberarse de los pensamientos y sentimientos que le atormentaban y finalmente a ver que estaba exagerando. Al cabo de dos semanas de púlpito, Kelly reconoció que al entrar en pánico sus miedos habían aumentado. Ahora lo que parecía imposible unas cuantas semanas antes parecía más posible y, por tanto, menos temible. Esto la llevó a empezar a asumir espontáneamente «pequeños riesgos», como por ejemplo ir a comprarse un helado ella sola, ir a jugar al tenis, ver a una amiga, etc.

• *Reestructuración del miedo a la ayuda:* se trata de una técnica inductiva que invita al paciente y a la familia a tomar conciencia del doble mensaje que se transmite en cualquier acto de ayuda. Al ofrecer ayuda aumenta el sentimiento de incapacidad porque el ofrecimiento lleva indirectamente implícita la percepción de que la persona es incapaz.

Con la combinación de las tres intervenciones mencionadas *de un modo planificado y secuencial* pudimos desbloquear y solucionar rápidamente el problema y devolver a la adolescente a la senda de desarrollo adecuada.

En el transcurso de seis sesiones de terapia, Kelly se liberó de su cárcel de depresión y empezó a sobresalir como antes en sus trabajos académicos y en las relaciones con sus iguales. Sus padres se liberaron de la angustia y pudieron concentrarse en su trabajo y volver a su vida cotidiana. La escuela se alivió al ver de nuevo florecer a la encantadora Kelly. En realidad, este cambio multiplicador fue posible únicamente porque todo el mundo, es decir, Kelly, sus padres y el sistema escolar en su totalidad, tiraron de la cuerda en la misma dirección.

Caso 6. Un plan de acción
creado por una profesora de apoyo

Definición del problema

Giovanni es un chico de 17 años al que su profesora de apoyo, la señora Rosso, hace seguimiento desde que, cuando tenía 13 años, se le diagnosticó de un leve retraso cognitivo. Durante estos años se ha establecido una bonita y cariñosa relación entre Giovanni y la señora Rosso. Él dice que es su segunda madre. Aunque le cueste más tiempo aprender, Giovanni siempre consigue aprobar los exámenes y continuar con su curso académico. Ahora está en su último año y su rendimiento escolar está disminuyendo. Holgazanea con el trabajo académico y se arriesga a suspender o, incluso, a no poder presentarse a los exámenes finales. Muestra signos claros de abandonar, no solo la escuela, sino también otras esferas de la vida, como el deporte y otras actividades sociales. Le falta confianza en sí mismo. Necesita continuamente que lo consuelen y recurre a los demás para cualquier cosa que hace. Aunque Giovanni es consciente de que si sigue haciendo el vago corre el riesgo de suspender los exámenes finales, no está invirtiendo tiempo y esfuerzo en impedir que eso suceda. Parece que se inclina más por abandonar. Dice que cuando salga del instituto, se marchará y trabajará con su tío, que es fontanero. La señora Rosso sabe que Giovanni puede conseguirlo si dedica un pequeño esfuerzo, pero aunque se lo ha repetido una y otra vez y ha procurado motivarlo por todos los medios, él sigue creyendo que es incapaz.

La señora Rosso es consciente de que Giovanni recurre mucho a ella y ahora comprende que esto lo ha convertido en un «tullido», pero teme que si no le ayuda deje de «caminar». La señora Rosso tiene miedo de que todo el trabajo que ha hecho con Giovanni se pierda y que el chico acabe por abandonar. De manera que, desorientada, pidió ayuda al psicólogo del Centro, el doctor Matteo Papantuono.

Como la señora Rosso tenía una relación excelente con Giovanni, el psicólogo del Centro consideró apropiado implicarla a ella también. La ayudó a reunir información para comprender mejor el problema orientándola en el proceso estratégico de solución de problemas, haciendo que evaluara y confeccionara su plan de acción con Giovanni.

Lo que sigue es el conocimiento operativo reunido por la señora Rosso y su plan de acción.

Definir mejor el problema

¿Cuál es realmente el problema?

Giovanni hace el vago con su trabajo académico, piensa que él no es lo bastante bueno y, por tanto, será incapaz de aprobar el examen final del instituto.

¿Quién está implicado?

Sobre todo Giovanni y su profesora de apoyo, pero los padres también están empezando a preocuparse mucho por el futuro de su hijo una vez que termine el bachillerato.

¿Desde cuándo sucede?

Giovanni ha holgazaneado sobre todo este último año, pero empezó a recurrir cada vez más a su profesora de apoyo durante todos los cursos de educación secundaria.

¿Dónde ocurre?

Recurre casi siempre a la profesora de apoyo no solo en el aula, sino también durante las pausas, en otras actividades académicas y extracurriculares y también en casa, pues llama por teléfono a la profesora para que lo ayude o le dé seguridad con los deberes y el estudio. Incluso en casa delega responsabilidades en sus padres.

¿Cómo opera/funciona?

Giovanni se siente incapaz, así que pide refuerzo y ayuda especialmente a su profesora de apoyo, con quien tiene una relación muy cariñosa. Ella lo tranquiliza y le ayuda con la intención de apoyarlo para que continúe con sus estudios.

Diferentes puntos de vista

¿Cómo perciben y definen el problema Giovanni y otras personas significativas?

Giovanni se considera a sí mismo un niño incapaz que no lo conseguirá solo, así que pide ayuda. Ve en la señora Rosso a su salvadora, pero sabe que durante los exámenes finales del instituto tendrá que hacerlo solo, así que cree de verdad que no lo conseguirá.

La señora Rosso considera que Giovanni tiene potencial, pero que necesita confirmación y ayuda continuas, así que está disponible continuamente para ayudarle.

Los padres de Giovanni están verdaderamente preocupados por el futuro de su hijo, sobre todo una vez que haya terminado el bachillerato. Preocupados por su retraso cognitivo, sienten que Giovanni solo puede conseguirlo si la señora Rosso le presta atención y le brinda orientaciones continuas, así que están constantemente contactando con ella cuando Giovanni tiene dificultades en casa.

El señor Neri, profesor de Tecnología de la Información, dice que aunque a Giovanni le cuesta un poco más de tiempo que

IV. Casos tomados de la práctica

a otros alumnos el aprendizaje y la memorización, una vez que ha comprendido actúa con brillantez. Lo que sucede es que carece de confianza en sí mismo y, por eso, tiende a depender de los demás. El señor Neri se dio cuenta de que cuando se queda solo y resuelve sus propios problemas, Giovanni está más seguro y más tranquilo.

Transformar un problema

Definición del objetivo

Hacer que Giovanni sea autónomo y tenga confianza en sí mismo y en su potencial y, por tanto, se «arriesgue» a presentarse al examen final del instituto.

Realizar una evaluación operativa

Preguntas centradas en el problema

A. ¿Cuáles son las tentativas de solución fallidas?

Intentos de solución de Giovanni:
- Pedir ayuda y refuerzo de su confianza.
- Últimamente habla de abandonar.

Intentos de solución de la señora Rosso:
- Tranquilizarlo cuando tiene dudas.
- Ayudarlo con las tareas de clase y los deberes, con frecuencia dándole las respuestas o haciendo tareas por él.
- Tratar de hablar con él para que no abandone.
- Hablar con otros profesores para que sean más comprensivos y compasivos con Giovanni.
- Atender las peticiones de los padres, incluso después del horario escolar.

B. ¿Cómo se podría empeorar la situación?

- Si Giovanni sigue sin estudiar.
- Si abandona el instituto.
- Si entra en un estado depresivo.
- Si la señora Rosso sigue haciendo las cosas por Giovanni, lo que le hace sentirse incapaz.
- Si la señora Rosso sigue tratando de apaciguar sus dudas, lo que le hace tener aún más dudas.
- Si sus padres creen que Giovanni no va a conseguirlo y, para evitarle el dolor, deciden dejar de llevarlo al instituto.
- Si la señora Rosso abandona a Giovanni.
- Si la señora Rosso culpa a la familia y viceversa.

Preguntas centradas en la solución

A. ¿Hay alguna excepción?

- Giovanni tiene más confianza y se siente más seguro en clase de Tecnología de la Información con el señor Neri, donde llega a resolver sus problemas él solo. En realidad, las clases de Tecnología de la Información son las únicas a las que le gusta asistir.

B. ¿Cuál puede ser el escenario una vez superado el problema?

- Giovanni estudia solo.
- Giovanni tiene confianza en sí mismo.
- Giovanni toma sus propios apuntes en clase.
- Giovanni no hace que sus padres llamen a la señora Rosso a su casa para pedirle refuerzo y ayuda.
- Giovanni apunta sus propios deberes o comprueba los deberes por medios electrónicos desde casa.
- La señora Rosso explica las cosas, le transmite un método de estudio, pero lo deja trabajar por su cuenta.
- Giovanni hace actividades extracurriculares sin la presencia de la señora Rosso.

- Giovanni se presenta al examen final del instituto.
- Giovanni aprueba su examen final del instituto.
- La señora Rosso no tiene que recordar a Giovanni que guarde las cosas en su mochila y que no se olvide de la chaqueta, la gorra o la bufanda.
- La señora Rosso se preocupa menos por Giovanni.
- La señora Rosso no tiene que tranquilizar a Giovanni.
- Giovanni no necesita pedir refuerzo continuo.
- Giovanni realiza todas las actividades que se le piden.
- Giovanni va al instituto con una sonrisa, más tranquilo.
- Giovanni llega puntual al instituto.
- Giovanni se relaciona con sus compañeros más que con la señora Rosso.
- Giovanni presta más atención en clase.
- Giovanni cuida más de sí mismo y de su aspecto.

Intervención

Este es el plan de acción confeccionado por la señora Rosso a partir de las respuestas que ella misma dio a las preguntas centradas en el problema y en la solución (véase la figura 4).

Aunque recibió ayuda del doctor Papantuono, era necesario que la señora Rosso definiera y especificara cada paso del plan. Se llevó a cabo un proceso de arriba abajo teniendo en mente el objetivo final, es decir, hacer que Giovanni fuera autónomo y tuviera confianza en sí mismo en todas las esferas de la vida. Es necesario decir que no hay un orden correcto o incorrecto para el plan de acción, es muy subjetivo. En este caso, como la señora Rosso es la agente de cambio, son su percepción, sus recursos y las posibles dificultades lo que determina el orden de los pasos del plan de acción.

Al diseñar el plan de acción, empezamos a descender desde la cima de la montaña construyendo en orden inverso cada paso desde los más exigentes hasta llegar a los que a ella le parecen más fáciles de realizar. Así, Giovanni debería empezar desde los cambios más ínfimos que se puedan llevar a cabo. Es preciso decir que lo que pudiera parecer fácil para la señora Rosso podría resultar difícil para otro profesor y viceversa.

Con frecuencia, los primeros pasos o intervenciones del plan de acción consisten en bloquear lo intentos de solución habituales (ayuda, refuerzo, pena, actitud compasiva, responder a sus dudas, etc.) u otras intervenciones que en realidad podrían empeorar la situación si se pusieran en práctica (abandonar), para pasar a intervenciones más centradas en la solución (pedir favores, segmentar tareas) que desencadenarán un efecto mariposa que provoque escenarios centrados en la solución. Y esto es lo que sucedió con Giovanni. Al interrumpir la ayuda (que no servía de nada) y darle confianza en sus capacidades, en menos de cuatro meses Giovanni empezó a tener confianza en sí mismo y regresó a sus estudios y a las actividades académicas y extracurriculares, hasta finalmente «arriesgarse» a presentarse a los exámenes, pero sobre todo a tomar las riendas de su vida con sus propias manos.

El primer paso de la señora Rosso fue reconocer que su comportamiento sobreprotector estaba paralizando a Giovanni. Así que esta conciencia la llevó a comprender que para ayudar a Giovanni tenía que «dejar de ayudarlo». De ese modo puso fin a su actitud de refuerzo y de ayuda, que estaba transmitiendo a Giovanni una sensación de incapacidad. Después empezó a pedirle favores para cambiar el guion y hacerlo sentir valioso.

1. (Objetivo final)
Giovanni es autónomo y tiene confianza
en sí mismo en todas las esferas de la vida.

2. Giovanni aprueba los exámenes.

3. Giovanni prepara sus exámenes finales de estudios secundarios.

4. Giovanni detiene sus monólogos interiores negativos.

5. Giovanni disfruta de asistir al instituto y participa en las actividades.

6. Giovanni pasa el tiempo con sus compañeros.

7. Giovanni actúa y se ocupa de las cosas sin que se lo recuerden.

8. Giovanni toma sus propios apuntes.

9. Giovanni deja de atormentarse con su miedo al fracaso.

10. La señora Rosso le pide pequeños favores (cambio de guion
entre ayudante y ayudado).

11. La señora Rosso deja de tranquilizar a Giovanni (cada respuesta trae una nueva
pregunta que aumenta aún más las dudas de Giovanni. La señora Rosso debe evitar
tranquilizarlo o responder sus preguntas con otras preguntas).

12. La señora Rosso diseña pequeños pasos para que Giovanni
los complete en el instituto y en casa.

13. La señora Rosso evita hacer cosas por él en clase (tomar apuntes,
hacer preguntas a los profesores) para que pueda desarrollar habilidades
y adquirir mayor confianza en sí mismo.

14. La señora Rosso se abstiene de pedir a los otros profesores que sean más
comprensivos con Giovanni, lo que confirma la mala imagen que tiene de sí mismo.

15. La señora Rosso se abstiene de asegurarse de que no se dé por vencido
(«Puedes hacerlo, solo tienes que trabajar...», lo que lleva a Giovanni a contradecirla
y convencerse de que al final es mejor que se dé por vencido).

16. La señora Rosso no trata de convencerlo de que tiene potencial («Eres más
inteligente de lo que crees», porque Giovanni cree que solo lo dice para consolarlo).

17. La señora Rosso no le recuerda a Giovanni lo que debe hacer («No olvides tus
libros, tu bufanda, tu tarea...», aumentando así la dependencia del adolescente).

18. La señora Rosso deja de anticipar lo que debe hacer Giovanni
o qué problemas encontrará.

19. La señora Rosso se niega a estar disponible después de clase.

20. La señora Rosso deja de sentir pena por Giovanni.

21. La señora Rosso les explica a los padres que su forma de ayudar
a su hijo ya no lo ayuda.

22. La señora Rosso no abandona a Giovanni.

Figura 4. El plan de acción de la señora Rosso

CONCLUSIÓN

ACCIÓN INFORMADA Y EFECTIVA

Una historia de amor con el conocimiento
jamás acabará con el corazón roto.
MICHAEL GARRET MARINO

En la sociedad actual, donde todo cambia rápidamente, es imperioso que los profesores estudien su propia práctica para gestionar y resolver las numerosas dificultades que pueden encontrar en el camino. Emily Calhoun (1994) afirma que los profesores tienen que estar dispuestos a observar lo que hacen y encontrarse capacitados para llevarlo a cabo, a fin de tratar de hacerlo mejor, lo cual significa incorporar en su trabajo el *enfoque orientado a la investigación-acción*.

Este libro ofrece al profesional orientaciones flexibles, pero rigurosas, que los docentes puedan seguir para encontrar estrategias efectivas y eficientes que les ayuden a gestionar las dificultades sociales, emocionales y conductuales de sus alumnos. Estas dificultades son, generalmente, responsables de obstaculizar tanto el desarrollo académico como personal de niños y jóvenes.

La idea principal es guiar a los profesores y demás profesionales para emprender acciones informadas y efectivas. Esperamos que, llegados a este punto, el lector haya adquirido nuevas formas de comprender y gestionar la siempre cambiante diversidad de dificultades sociales, emocionales y del comportamiento de sus alumnos.

Las ideas y prácticas esbozadas en estas páginas no se basan en el instinto o las corazonadas de los autores, sino que descansan sobre los veinticinco años de laboriosa investigación-acción

289

y práctica científica llevada a cabo por el Centro di Terapia Strategica de Arezzo y sus más de ochenta centros afiliados de todo el mundo en diferentes campos de estudio: clínico, de las organizaciones, educativo, de la salud y el deporte, etc. (Nardone y Watzlawick, 2004: Nardone y Portelli, 2005a; Nardone, Giannotti y Rocchi, 2008; Balbi y Artini, 2009). El Modelo Breve Estratégico expuesto en este libro es producto de un proceso de investigación-acción en curso que una y otra vez ha demostrado ser efectivo, eficiente, repetible, predictivo y susceptible de ser enseñado (Nardone y Portelli, 2005a); un modelo de intervención tecnológicamente avanzado.

Este modelo se basa en el precepto de que la teoría informa la práctica y viceversa. Este vínculo entre teoría y práctica es importante para el desarrollo de intervenciones que «se ajusten» al contexto complejo y en constante evolución en el que trabajan los docentes. También está en sintonía con el proceso de desarrollo de la investigación-acción que, como señala Donald Schön (1987), se esfuerza por reducir la brecha existente entre las teorías y su puesta en acción, a fin de transformar la situación para mejorarla. Este modelo no se basa en una teoría *a priori*, sino que trata de obtener una comprensión cada vez más operativa de la lógica subyacente de lo que podría percibirse como comportamientos ilógicos, para diseñar intervenciones que sigan esa misma lógica (no ordinaria) que las lleve a extinguirse. Fuera de su contexto, tales intervenciones podrían parecer ilógicas, estrambóticas, raras y alocadas, pero si llegamos a comprender su lógica, que sigue la lógica no ordinaria del problema, apreciaremos por qué son tan efectivas.

Como hemos expuesto a lo largo de este libro, el enfoque breve estratégico es riguroso, aunque requiera cierto grado de flexibilidad para que las intervenciones se adapten a los aspectos singulares de cada caso individual. Esa es la razón por la que, para este fin, el docente, el psicólogo y los agentes que trabajan con niños y adolescentes no deberían basar su trabajo en teorías e interpretaciones, sino que tendrían que tratar de evaluar la situación y los intentos de solución aplicados para ser capaces de operar de forma efectiva. Han de ser capaces de dejar a un lado sus percepciones del mundo y sintonizar con los bloqueos emocionales que los alumnos pudieran tener y que los retienen apartándolos del cambio deseado. También deben reconocer que desempeñan un papel en el juego, que el problema del niño no se circunscribe a la naturaleza y la responsabilidad de él mismo. La intención de este libro es llevar a los profesores y demás profesionales a poner en cuestión lo que han intentado hacer hasta el momento ellos mismos y otras personas significativas en la vida del niño y el adolescente para gestionar el problema; en otras palabras, sus intentos de solución fallidos que mantienen y agudizan la situación problemática. Esperamos haber podido ayudar a docentes y demás profesionales a comprender lo aparentemente incomprensible.

Mediante las teorías y la práctica (ejemplos de casos) expuestos, los profesores consiguen apreciar la importancia de comprender la lógica no ordinaria subyacente que con frecuencia rige los comportamientos aparentemente ilógicos de niños y adolescentes. La idea era transmitir a los profesores una perspectiva nueva que les permita recabar más conocimiento operativo de los fenómenos no ordinarios que se producen (como los efectos paradójicos, las profecías autocumplidas, los dobles vínculos, los beneficios secundarios, etc.) y que con frecuencia enredan a los docentes y a los alumnos en círculos viciosos aparentemente sin salida. Esta nueva perspectiva capacita a los profesores para actuar y saber cómo hacerlo adecuadamente para gestionar situaciones en apariencia imposibles.

Con esta herramienta operativa los docentes pueden llegar a diseñar sus propias intervenciones *ad hoc* para cada situación específica. Podrán construir intervenciones efectivas que no se ponen en práctica dejándose llevar por las corazonadas, o por la buena suerte, sino aplicando un conocimiento operativo y un plan de acción que puede guiar su práctica paso a paso, lo que les permite superar resistencias y obstáculos contextuales para conseguir el cambio deseado.

Se recuerda a los profesores y demás profesionales algo acerca de la naturaleza autocorrectora de nuestro trabajo, es decir, si la estrategia no funciona, entonces podemos y tenemos que cambiarla. Además, cuando aplicamos cualquier aprendizaje nuevo es importante que entendamos que todas las consecuencias son información (Bateson, 1972). Cada intento nos llevará a conocer mejor el problema, por lo que nos acercará más a la solución (Nardone y Portelli, 2005a). Esta retroalimentación nos ayuda en el avance hacia los cambios deseados y en el desarrollo de nuevas intervenciones. Así pues, el docente tiene que adoptar un enfoque de investigación-acción en su trabajo, confirmando o refutando su hipótesis. En sintonía con las palabras de Milton Erickson, deberíamos ajustar la teoría al caso y no encajar el caso en la teoría.

Consideramos que es obligatorio terminar este libro subrayando que este trabajo no marca la culminación de este enfoque breve estratégico para la gestión de dificultades sociales, emocionales y conductuales de los niños, sino que más bien, en el marco de un enfoque de investigación-acción, no es más que el principio y en modo alguno la última palabra.

Creemos que nuestro aprendizaje en este ámbito nunca será completo y mientras escribimos esta conclusión somos conscientes de que seguirán desarrollándose ideas nuevas, pero... ¡esa es la belleza de nuestro trabajo! En realidad, estamos de acuerdo con Barney Glaser y Anselm Strauss (1967), que mantienen que la perspectiva sociológica nunca está acabada, ni siquiera cuando se ha escrito la última línea de la monografía. Esta actitud autocorrectora es aún más válida cuando trabajamos en un ámbito siempre en evolución, como el de las dificultades relacionadas con los niños. Sin embargo, al poner en marcha este trabajo con diferentes agentes y en diferentes contextos podemos llegar a conocer mejor qué es lo que funciona y qué es lo que puede funcionar mejor. Como dijo Thomas Huxley: «La gran finalidad de la vida no es el conocimiento, sino la acción».

Referencias bibliográficas

Abrahamson, D. J. (2001), «Treatment Efficacy and Clinical Utility: A Guidelines Model Applied to Psychotherapy Research», *Clinical Psychology: Science and Practice*, 8(2), American Psychological Association.

Achenbach, T. M. (1980), «DSM-III in light of empirical research on the classification of child psychopathology», *Journal of the American Academy of Child and Adolescent*.

Alexander, F. (1930), «Zur Genese des Kastrationskomplexes», *Internationale Zeitschift für Psychoanalyse*, XVI Band (trad. al inglés: «Concerning the genesis of the castration complex», *Psychoanalytic Review*, 1935, XXII, 1).

Alexander, F. (1961), *The Scope of Psychoanalysis*, Nueva York: Basic Books.

Alexander, F., French, T. M. *et al.* (1946), *Psychoanalytic Therapy: Principles and Application*, Nueva York: Ronald Press.

Allport, G. W. (1954), *La naturaleza del prejuicio*, Buenos Aires: Universidad de Buenos Aires, 1977.

Amatea, E. y Sherrard, P. (1991), «When students cannot or will not change their behaviour: Using brief strategic intervention in the school», *Journal of Counseling and Development*, 69: 341-344.

Amatea, E. S. (1988), «Brief systemic intervention with school behaviour problems: A case of temper tantrums», *Psychology in the Schools*, 25(2): 174-183.

Amatea, E. S. (1989), *Brief Strategic Intervention for School Behaviour Problems*, San Francisco: Jossey-Bass.

American Psychiatric Association (2013), *Manual diagnóstico y estadístico de los trastornos mentales: DSM-5*, Buenos Aires: Médica Panamericana, 2018.

293

Anderson, H., Goolishian, H. A. y Windermand, L. (1986), «Problem determined systems: Toward transformation in family therapy», *Journal of Strategic and Systemic Therapies*, 5: 1-13.

Apter, T .E. (1990), *Altered Loves: Mothers and daughters during Adolescence*, Londres: The Orchard Bookshop.

Arcuri, L. (1994), «Giudizio e diagnosi clinica: analisi degli errori», *Scienze dell'Interazione*, vol. 1, Florencia: Pontecorboli.

Austin, J. L. (1962), *Cómo hacer cosas con palabras: palabras y acciones*, trad. de Genaro R. Carrió y Eduardo A. Rabossi, Barcelona: Paidós, 2004.

Bacon, F. (1620), *Novum organum*, trad. de Clemente Hernando Balmori, Buenos Aires: Losada, 2003.

Baker, C. (1992), *Attitudes and Language*, Clevedon: Multilingual Matters.

Baker, J. A., Lepley, C. J., Krishnan, S. y Victory, K. S. (1992), «Celebrities as Health Educators: Media Advocacy Guidelines», *Journal of School Health*, 62(9): 433-435.

Baker, J. A., Terry, T., Bridger, R. y Winsor, A. (1997), «Schools as caring communities: A relational approach to school reform», *School Psychology Review*, 26(4): 586-602.

Bakker, N. (2000), «The Meaning of Fear. Emotional Standards for Children in the Netherlands, 1850-1950: Was there a Western Transformation?», *Journal of Social History* 34: 369-391.

Balbi, E. y Artini, A. (2009), *Curare la scuola*, Milán: Ponte alle Grazie [*Curar la escuela*, Barcelona, Herder, 2011].

Bandler, R. y Grinder, J. (1975a), *Estructura de la magia*, vol. 1, trad. de Elena Olivos, Ataliva Amengual y Francisco Huneeus, Santiago de Chile: Cuatro Vientos, 2002.

Bandler, R. y Grinder, J. (1975b), *Estructura de la magia*, vol. 2, trad. de Elena Olivos, Ataliva Amengual y Francisco Huneeus, Santiago de Chile: Cuatro Vientos, 2002.

Bandler, R. y Grinder, J. (1982), *Use su cabeza para variar: sub modalidades en programación neurolingüística*, trad. de Marta Hermosilla, Santiago de Chile: Cuatro Vientos, 2006.

Barker, L. L. (1981), *Communication*, Upper Saddle River, Nueva Jersey: Prentice-Hall.

Barker, P. (1986), *Basic Family Therapy*, Nueva York: Oxford University Press.

Bartoletti, A. y Nardone, G. (2004), «Cambiare le profezie: la terapia indiretta con un bambino presunto psicotico», *Brief Strategic and Systemic Therapy Eurpean Review*, n.° 1.

Bartoletti, A. y Nardone, G. (2007), «Toward an Operative Knowlesdge of Psychological Problems: The Strategic Diagnosis», *Journal of Brief, Strategic and Systemic Therapies*, vol. 1/1, abril.

Bateson, G. (1967), «Cybernetic Explanation», *American Behavioural Scientist*, 10: 29-32.

Bateson G. (1972), *Pasos hacia una ecología de la mente: una aproximación revolucionaria a la autocomprensión del hombre*, trad. de Ramón Alcalde, Buenos Aires: Lohlé-Lumen, 1999.

Bateson, G. (1980), *Espíritu y naturaleza*, trad. de Leandro Wolfson, Buenos Aires, Madrid: Amorrortu, 2011.

Bateson, G., Jackson, D. D., Haley, J. y Weakland, J. (1956), «Toward a theory of Schizophrenia», *Behavioural Science*, 1: 251-264.

Bion, W. R. (1978), *Four Discussions with W. R. Bion*, Perthshire: Clunie Press.

Birdwhistell, R. L. (1959), «Contribution of Linguistic-Kinesic Studies for the Understanding of Schizophrenia», en A. Auerback (ed.), *Schizophrenia* (pp. 99-123), Nueva York: Ronald Press.

Boldt, L. G. (2009), *Zen and the Art of Making a Living: A Practical Guide to Creative Career Design*, Nueva York: Penguin.

Borenstein, D. (2011), *Heal Your Back: Your Complete Prescription for Preventing, Treating, and Eliminating Back Pain*, Lanham, MD: M. Evans & Company.

Boylan, M. (2006), «Hippocrates, internet encyclopedia of philosophy. Brief Strategic Intervention in the School», *Journal of Counseling and Development*, 69.

Boyle, G. J., Borg, M. G., Falzon, J. M. y Baglioni, A. J. (1995), «A structural model of the dimensions of teacher stress», *British Journal of Educational Psychology*, 65: 49-67.

Bradbury, H. (2001), «Learning with The Natural Step: Action research to promote conversations for sustainable development», en P. Reason y H. Bradbury (eds.), *Handbook of action research: Participative inquiry and practice*, Thousand Oaks, CA: Sage.

Brehm, S. S. y Kassin, S. M. (1996), *Social Psychology* (3.ª ed.), Boston: Houghton Mifflin.

Brookover, W. B. y Lezotte, L. W. (1979), *Changes in School Characteristics Coincident with Changes in Student Achievement*, Occasional Paper n.º 17, East Lansing, MI: Institute for Research on Teaching, Michigan State University.

Brylinsky, J. A. y Moore, J. C. (1984), «The identification of body build stereotypes in young children», *Journal of Research in Personality*, 28: 170-181.

Calhoun, E. F. (1994), *How to Use Action Research in Self-renewing School.* Alexandria, VA: ASCD.

Cameron, L. (2003), *Metaphor in Educational Discourse,* Londres: Continuum.

Campbell, J. C. (2002), «Health consequences of intimate partner violence», *Lancet,* 359(9314): 1331-1336.

Campos, J. J., Frankel, C. B. y Camras, L. (2004), «On the nature of emotion regulation», *Child Development,* 75: 377-394.

Carlyle, J. W. (1883), Carta 136, en *Letters and Memorials of Jane Welsh Carlyle,* J. A. Froude (ed.), Londres: Longmans, Green & Co., vol. II, sec. 2.

Carr, A., (2002), *Avoiding Risky Sex in Adolescence,* Oxford: Wiley-Blackwell.

Cassirer, E. (1957), *Filosofía de las formas simbólicas,* trad. de Armando Morones, México: FCE, 1998, 5 vols.

Castelnuovo, G., Faccio, E., Molinari, E., Nardone, G. y Salvini, A. (2004), «A critical review of Empirically Supported Treatments and Common Factors perspective in Psychotherapy», *Brief Strategic and Systemic Therapy. European Review:* n.° 1.

Cefai, C. y Cooper, P. (2006), «Pupils with social, emotional and behaviour difficulties in Malta: An educational perspective», *Journal of Maltese Educational Studies,* 4(1): 18-36.

Cefai, C. y Cooper P. (2009), «The narratives of secondary school students with SEBD on their schooling», en C. Cefai y P. Cooper (eds.), *Promoting Emotional Education. Engaging Children and Young People with Social, Emotional and Behaviour Difficulties,* Londres: Jessica Kingsley Publishers.

Cefai, C., Cooper, P. y Camilleri, L. (2008), *Engagement Time. A national study of students with social, emotional and behaviour problems in Malta,* Malta: European Centre for Educational Resilience, University of Malta.

Chang-Wells, G. L. y Wells, G., (1993), «Dynamics of discourse: Literacy and the construction of knowledge», en E. Forman, N. Minick y A. Stone (eds.), *Contexts for Learning: Sociocultural Dynamics in Children's Development,* Nueva York: Oxford University Press, pp. 58-90.

Clasificación Internacional de Enfermedades (CIE), Organización Mundial de la Salud. Archivado del original el 12 de febrero de 2014. Recuperado el 14 de marzo de 2014.

Cline, F. (1979), *Understanding and Treating Difficult Children and Their Parents,* Evergreen, CO: Evergreen Consultant in Human Behaviour.

Cochran-Smith, M. (2013), «Trends and challenges in teacher education: National and international perspectives», en Waldron, F., Smith, J.,

Dooley, T. y Fitzpatrick, M. (eds.), *Reimagining Initial Teacher Education: Perspectives on Transformation* (pp. 29-53), Dublín: Liffey Press.

Cohen, E. (1979a), «A Phenomenology of Tourist Experiences», *Sociology* 13: 179-201.

Cohen, E., (1979b), «Rethinking the Sociology of Tourism», *Annals of Tourism Research* 6(1): 18-35.

Collins, J. K. y Plahn, M. R. (1988), «Recognition, accuracy, stereotypic preference, aversion, and subjective judgment of body appearance in adolescents and young adults», *Journal of Youth and Adolescence*, 17(4): 317-334.

Cooper, P. (1993), *Effective Schools for Disaffected Students*, Londres: Routledge.

Cooper, P. (2001), *We Can Work It Out. What works in educating pupils with social, emotional and behavioural difficulties outside mainstream classrooms?*, Essex: Barnardo's.

Cooper, P. (2006), *Promoting Positive Pupil Engagement. The Education of Pupils with Social, Emotional and Behavioural Difficulties*, Malta: Miller.

Cooper, P. y Cefai, C. (2013), *Understanding and Supporting Students: With Social, emotional, and Behavioural difficulties. A practical guide for Staff in Schools*, Malta: University of Malta.

Cooper, P., Drummond, M., Hart, S., Lovey, J. y McLaughlin, C. (2000), *Positive Alternatives to Exclusion*, Londres: Routledge.

Cooper, P., Smith, C. y Upton, G. (1994), *Emotional and Behavioural Difficulties: Theory to Practice*, Londres: Routledge.

Cooper, R. y Sawaf, A. (1997), *Executive EQ, Emotional Intelligence in Leadership and Organizations*, Nueva York: Putman.

Coppersmith, E. I. (1981), «Developmental Reframing», *Journal of Strategic & Systemic Therapies*, 1: 1-8.

Cotton, K. A. y Wikelund, K. R. (1989), «Parents Involvement in Education». https://educationnorthwest.org/sites/default/files/resources/parent-involvement-in-education-508.pdf

Crispiani, P. (2008), *Pedagogia Clinica della familia con handicap. Analisi e strumenti professionali*, Bérgamo: Junior.

Crispiani, P. (2012), *Hermes 2014: Glossario scientifico professionale*, Collana di Pedagogia Clinica, Bérgamo. Junior.

Crispiani P. y Giaconi C. (2009), *Qualita di Vita e integrazione scolastica: Indicatori e strumenti di valutazione per la disabilita*, Trento: Erickson.

Crispiani, P. y Papantuono, M. (eds.) (2014), *Disabilita e lavoro*, Ancona: Poligrafica Beluomo.

Da Costa, N., (1989), «The Logic of Self-Deception», *American Philosophical Quarterly*, 1.

Da Costa, N., Newton, C. A. y French, S. (1989), «On the Logic of Belief», *Philosophical and Phenomenological Research*, 2: 431-446.

Da Costa, N. y Subrahmanian, V. S. (1989), «Paraconsistent logic as a formalism for reasoning about inconsistent knowledge bases. Artificial Intelligence», *Medicine*, 1: 167-174.

De Antoniis, S. y Nardone, G. (2005), «The strategic dialogue to achieve the maximum with the minimum in the first session», *Brief Strategic and Systemic Therapy European Rewiew*, n.° 2.

De Shazer, S. (1988), *Claves para la solución en terapia breve*, Barcelona: Paidós, 2010.

DeBord, J. B. (1989), «Paradoxical Interventions: A Review of the Recent Literature», *Journal of Counseling & Development*, 67, n.° 7.

Delaney, R. y Kunstal, F. (1993), *Troubled Transplants: Unconventional Strategies for Helping Disturbed Foster and Adoptive Muskie*, Nueva York: Publisher R. Delaney.

Dowling, E. (1993), «Are family therapists listening to the young? A psychological perspective», *Journal of Family Therapy*, 15: 403-411.

Dowling, E. y Osborne, E. (1994), *Familia y escuela: una aproximación conjunta y sistémica*, Barcelona: Paidós, 1996.

Drew, P. y Holt, E. (1998), «Figures of speech: Figurative expressions and the management of topic transition in conversation», *Language in Society*, 27(4): 495-522.

Edmonds, R. (1979), «Effective Schools for the Urban Poor», *Educational Leadership* 37: 15-18, 20-24.

Eifert, G. H., Heffner, M., Greco, L. A. y Louis, A. (2007), «Eating disorders: An experiential avoidance perspective», en J. Woods y J. Kanter (eds.), *Understanding behaviour disorders: A contemporary behavioural perspective*. Reno, NV: Context Press.

Eisenwine, M. J. y Hadley, N. J. (2011), «Multitasking Teachers: Mistake or Missing Link?», *The Educational Forum*, 75: 4-16.

Ekman, P. (1993), «Facial Expression and Emotion», *American Psychologist* 48(4): 376-379.

Ekman, P. y Davidson, R. (1994), *The Nature of Emotion: Fundamental Questions*, Oxford: Oxford University Press.

Elster, J. (1979), *Ulises y las sirenas: estudio sobre racionalidad e irracionalidad*, trad. de Juan José Utrilla, México: FCE, 1995.

Elster, J. (1985), *The multiple self*, Cambridge: Cambridge University Press.

Epston, D. (1991), «Strange and novel ways of addressing guilt», *Family Systems Medicine*, 9(1): 25-37.

Epston, D. y White, M., (1990), *Consulting your consultants: The documen-*

tation of alternative knowledge, Adelaida: Dulwich Centre, Newsletter, n.º 4.

Erickson, M. (1982), *Mi voz irá contigo: los cuentos didácticos de Milton H. Erickson*, Barcelona: Paidós, 2014.

Erickson, M. y Rossi, E. (1979), *Hypnotherapy: An exploratory casebook*, Nueva York: Irvington.

Esquirol, J. E. D. (1845), «Mental Maladies», en P. R. Breggin (1991), *Toxic Psychiatry: Why Therapy, Empathy and Love Must Replace the Drugs, Electroshock, and Biochemical Theories of the «New Psychiatry»*, Nueva York: St. Martin's Press.

Farrell, P., Critchley, C. y Mills, C. (2000), «The educational attainments of pupils with emotional and behavioural difficulties», *British Journal of Special Education*, 26(2): 50-53.

Farrell, P. y Humphrey, N. (2009), «Improving services for pupils with social, emotional and behaviour difficulties: Responding to the challenge», *International Journal of Emotional Education*, 1(1).

Favaro, A. y Santanastaso, P. (2006), «Impulsivity vs compulsivity in Eating Disoder patients», en R. A. Sansone y J. L. Levitt (eds.), *Personality Disorders and Eating Disorder*, Nueva York: Taylor and Francis, 43 58.

Feighner, J. P., Robins, E., Guze, S. B., Woodruff, R. A. Jr., Winokur, G. y Muñoz, R. (1972), «Diagnostic criteria for use in psychiatric research», *Arch Gen Psychiatry*; 26: 57-63.

Fiorenza, A. (2000), *Bambini e ragazzi difficili. Figli che crescono: soluzioni a problemi che emergono. Terapia in tempi brevi*, Milán: Ponte alle Grazie.

Fisch, R. y Schlanger, K. (1999), *Cambiando lo incambiable: la terapia breve en casos intimidantes*, Barcelona: Herder, 2002.

Fisch, R., Weakland, J. y Segal, L. (1982), *La táctica del cambio: cómo abreviar la terapia*, trad. de Juan Andrés Iglesias, Barcelona: Herder, 2018.

Frankl, V. E. (1960), «Beyond Self-Actualization & Self-Expression», *Journal of Existential Psychiatry*, 1.

Frankl, V. E. (1967), *Paradoxical Intention: A Logotherapeutic Technique/Active Psychotherapy*, ed. de H. Greenwald, Nueva York: Atherton Press.

Frost, R. (1923), *Stopping by Woods on a Snowy Evening from The Poetry of Robert Frost*, Edward Connery Lathem.

Gadamer, H. G. (1960), *Verdad y método*, 2 vols., Salamanca: Sígueme, 1991.

Gao, Yuan (2002), *Las 36 estrategias chinas: una antigua sabiduría para el mundo de hoy*, trad. de Alfonso Colodrón, Madrid: EDAF.

Geertz, C. (1986), «Making Experience, Authoring Selves», en V. Turner y E. Bruner, *The Anthropology of Experience*, Urbana/Chicago: University of Illinois Press.

Gibson, S. y Dembo, M. H. (1984), «Teacher efficacy: A construct validation», *Journal of Educational Psychology*, 76: 569-582.

Glaser, B. G. y Strauss, A. L. (1967), *Discovery of grounded theory: Strategies for qualitative research*, Chicago: Aldine.

Glenn, C. L. (1993), «Schooling and the family crisis», *Revista Española de Pedagogía*, 196: 573-605.

Goleman, D. (1995), *Inteligencia emocional*, trad. de David González Raga y Fernando Mora, Barcelona: Kairós, 1996.

Good, T. L. (1987), «Two decades of research on teacher expectations: Findings and future directions», *Journal of Teacher Education*, 38(4): 32-47.

Gordon, D. (1978), *Therapeutic Metaphors*, Cupertino, CA: Meta Publications.

Grana, N. (1990), *Logica deontica e paraconsistente*, Nápoles: Liguori.

Gray, K. y Wegner D. M. (2008), «The Sting of Intentional Pain», *Psychological Science*, 19: 12.

Greenwood, G. E., Olejnik, S. F. y Parkay, F. W. (1990), «Relationships between four teacher efficacy belief patterns and selected teacher characteristics», *Journal of Research and Development in Education*, 23(2): 102-106.

Grinder, J. y Bandler R. (1976), *Patterns of the Hypnotic Techniques of Milton H. Erickson, M. D.*, vol. 1, Cupertino, CA: Meta Publications.

Hale, K. (1998), «The Language of Cooperation: Negotiation Frames», *Mediation Quarterly*, 16(2): 147-162.

Haley J. (1973), *Terapia no convencional: las técnicas psiquiátricas de Milton H. Erickson*, Buenos Aires: Amorrortu, 2012.

Haley, J. (1984), *Terapia de ordalía: caminos inusuales para modificar la conducta*, Buenos Aires: Amorrortu, 1987.

Hallinger P. y Murphy J. (1985), «Characteristics of Highly Effective Elementary School Reading Programs», *Educational Leadership*, 52: 39-42.

Heath, C. y Heath, D. (2007), *Ideas que pegan: por qué algunas ideas sobreviven y otras mueren*, Madrid: LID, 2011.

Heath, C. y Heath, D. (2010), *Cambia el chip: cómo afrontar cambios que parecen imposibles*, Barcelona: Gestión 2000, 2011.

Heffner, M., Greco, L. A. y Eifert, G. H. (2003), «Pretend you are a turtle: children's responses to metaphorical versus literal instructions», *Child & Family Behavior Therapy*, 25/1, pp. 19-33.

Heinrich, B. (1999), *Mind of the raven: investigating and adventures with wolfbirds*, Nueva York: Harper Collins.

Hobbes, T. (1640), *Elementos de Derecho natural y político*, trad. de Dalmacio Negro Pavón, Madrid: Alianza, 2005.

Hobbes, T. (1681), *Behemoth: el largo parlamento*, trad. de Antonio Hermosa Andújar, Madrid: Centro de Estudios Constitucionales, 1992.

Hoffman, M. L. (1982), «Development of pro-social motivation: Empathy and guilt», en N. Eisenberg-Berg (ed.), *Development of Prosocial Behaviour* (pp. 281-313), Nueva York: Academic Press.

Howard, K. I., Cornille, T. A., Lyons J. S., Vessey J. T., Lueger R. J. y Saunders S. M. (1996), «Patterns of mental health service utilization», *Archives of General Psychiatry*, 1996, 53: 696-703.

Hughes, D. (1997), *Facilitating Developmental Attachment*, Northvale, NJ: Jason Aronson.

Hunsberger, B. y Cavanagh B. (1988), «Physical attractiveness and children's expectations of potential teachers», *Psychology in the Schools*, 25(1): 70-74.

Hybarger, C. (2006), «Brief Strategic and Systemic Therapy», *European Review*, 2, 85-103. Arezzo: European Ways of Brief Strategic and Systemic Therapies Press.

Izard, C. E. (1977), *Human emotions*, Nueva York: Plenum Press.

Jackson, D. (ed.) (1968a), *Comunicación, familia y matrimonio*, Buenos Aires: Nueva Visión, 1977.

Jackson, D. (ed.) (1968b), *Therapy, Communication and Change* (Human Communication, vol. 2), Palo Alto, CA: Science & Behaviour Books.

James, W. (1884), «What is an emotion?», *Mind*, 9: 188-205.

James W. (1907), *Pragmatismo: un nuevo nombre para algunos antiguos modos de pensar*, trad. de Luis Rodríguez Aranda, Barcelona: Folio, 2002.

Jay, A. (1996), *La dirección de empresas y Maquiavelo* (trad. cast. 1.ª ed. 1967), Barcelona: Destino, 1972.

Jessee, E. y L'Abate, L. (1980), «The use of paradox with children in an inpatient treatment setting», *Family Process*, 19: 59-64.

Jessee E. H., Jurkovic G. J., Wilkie, J. y Chiglinsky, M. (1982), «Positive reframing with children: Conceptual and clinical considerations», *American Journal of Orthopsychiatry*, 52(2): 314-322.

Jussim, L. y Eccles J. (1992), «Teacher expectations II: Construction and reflection of student achievement», *Journal of Personality and Social Psychology*, 63, 947-961.

Jussim, L. y Harber, K. D. (2005), «Teacher Expectations and Self-Fulfilling Prophecies: Knows and Unknowns, Resolved and Unresolved Controversies», *Personality and Social Psychology Review*, 9(2): 131-155.

Kelly, G. A. (1955), *Psicología de los constructos personales: textos escogidos*, Barcelona: Paidós, 2001.

Kemper, T. (1987), «How many emotions are there? Wedding the social and the autonomic components», *American Journal of Sociology*, 93: 263-289.

Kenealy, P., Frude, N. y Shaw, W. (1988), «Influence of children's physical attractiveness on teacher expectations, *Journal of Social Psychology*, 128(3): 373-383.

Kitsuse, J. I. (1962), «Societal reaction to deviant behaviour», *Social Problems*, 9: 247-256.

Koen, F. (1965), «An inter-verbal explication of the nature of metaphor», *Journal of Verbal Learning and Verbal Behaviour*, 4: 129-133.

Kopp, S. (1971), *Guru: metáforas de un psicoterapeuta*, trad. de Marcelo Govián, Barcelona: Gedisa, 1999.

Kral, R. (1986), «Indirect Therapy in schools», en S. de Shazer y R. Kral (eds.), *Indirect Approach in Therapy*, Rockville, MA: Aspen.

Kuczynski, L., Kochariska, G., Radke-Yarrow, M. y Gimius-Brown, O. (1987), «A developmental interpretation of young children's noncompliance», *Devolpmental Psychology*, 23: 779-806.

Kuhn, T. S. (1970), *La estructura de las revoluciones científicas*, trad. de Agustín Contín, México: FCE, 2000.

Laborit, H. (1969), *Neurophysiologie: aspects metaboliques et pharmacologiques*, París: Masson.

Lakoff, G. y Johnson, M. (1980), *Metáforas de la vida cotidiana*, trad. de Carmen González Marín, Madrid: Cátedra, 2007.

Lankton, S. y Lankton, C. (1983), *The answer within: A clinical framework of Ericksonian hypnotherapy*, Nueva York: Brunner Mazel.

Lankton, S., Lankton, C. y Matthews, W. (1991), «Ericksonian family therapy», en A. Gurman y D. Kniskern (eds.), *The handbook of family therapy*, vol. 2, Nueva York: Brunner Mazel, 239-283.

Lawson, C. (2002), «The connection Between Emotions and Learning», The Center of Development and Learning, http://www.cdl.org/articles/the-connectionsbetween-emotions-and-learning/

Leedom, L. J. (2006), *Just like his father?: A guide to overcoming your child's genetic connection to antisocial behaviour, addictive and ADHD*, Health and Well-Being Publications.

Lederer, W. y Jackson, D. (1968), *Mirages of Marriage*, Nueva York: W.W. Norton & Co.

Levy, T. y Orlans, M. (1998), *Attachment, Trauma, and Healing: Understanding and Treating Attachment Disorder in Children and Families*, Washington, D. C.: CWLA Press.

Lewin, K. (1946), «Action research and minority problems», *Journal of Social Issues* 2(4): 34-46.

Lewin, K. (1951), *La teoría del campo en la ciencia social*, trad. de Marta Laffite y Julio Juncal, Barcelona: Paidós 1988.

Linna, S.-L., Moilanen, I. y Keistinen, H. (1991), «Prevalence of psychosomatic symptoms in children», *Psychotherapy & Psychosomatics*, 56(1-2): 85-87.

Maag, J. W. (1997a), «Managing resistance: looking beyond the child and into the mirror», en P. Zionts, *Inlcusion strategies for students with learning and behaviour problem*, Austin, TX: PRO-ED.

Maag, J. W. (1997b), «Mananging resistance. Remembering how to fly a kite», *Reclaiming children an Children an Youth: Journal of Emotional and Behavioural Problems*, 6.

Maag, J. W. (1997c), «Parenting without punishment: Making problem behaviour work for you», *Reclaiming Children and Youth: Journal of Emotional Behavioural Problems*, 6(3): 176-179.

Maag, J. W. (1999a), «Why They Say No: Foundational Precises and Techniques for Managing Resistance», *Focus on Exceptional Children*, vol. 32 n.° 1, sept. 1999.

Maag, J. W. (1999b), *Behaviour management: From theoretical implications to practical applications*, San Diego, CA: Singular.

Madanes, C. (1981), *Terapia familiar estratégica*, Buenos Aires: Amorrortu, 2015.

Mahoney, M. J. (1982), «Psychotherapy and human change processes», en H. Harvey y M. M. Parks, *Psychotherapy research and behaviour change*, Washington: APA.

Makinen, R. y Kinnunen, U. (1986), «Teacher stress over a school year», *Scandinavian, Journal of Education Research*, 30(2): 55-70.

Mariotti, R. y Pettenò, L. (2014), *Genitori in Pratica. Manuale di primo soccorso psicologico per aiutare i propri figli nei problemi quotidiani*, Trento: Erickson.

Maslow, A. (1961), *Towards a Psychology of Being*, Nueva York: John Wiley & Sons, 3.ª ed. 1998.

Maturana, H. R. (1978), «Biology of language: the epistemology of reality», en G. A. Miller y E. Lennberg (eds.), *Psychology and biology of language and thought*, Nueva York: Academic Press.

Meichenbaum, D. (2003), *Treatment of Individuals with Anger-Control Problems and Aggressive Behaviours*, Londres: Crown House Publishing.

Meichenbaum, D. y Fitzpatrick, D. (1993), «A narrative constructivist perspective of stress and coping: Stress inoculation applications», en L. Goldberger y S. Breznitz (eds.), *Handbook of stress*, 2.ª ed., Nueva York: Free Press.

Merton, R. K. (1948), «The self-fulfilling prophecy», *Antioch Review*, 8(2): 193-210.

Messer, S. (2001), «Empirically supported treatments: What's a non-behaviourist to do?», en B. D. Slife, R. N. Williams y D. Barlow (eds.), *Critical issues in psychotherapy: Translating new ideas into practice* (pp. 3-19), Thousand Oaks, CA: Sage.

Milanese, R. y Mordazzi, P. (2007), *Coaching strategico: trasformare i limiti in risorse*, Milán: Ponte alle Grazie.

Mills, J. C. y Crowley R. J. (1986), *Therapeutic Metaphors for Children and the Child within*, Londres: Brunner-Routledge.

Mills, M. (2000), «Issues in boys' programmes in schools: male teachers and empowerment», *Gender and Education*, 12: 221-237.

Mills, M. (2001), *Challenging Violence in Schools: An Issue of Masculinities*, Buckingham: Open University Press.

Minuchin, S. (1974), *Familias y terapia familiar*, trad. de Victor Fichman, Barcelona: Gedisa, 1992.

Moncrieff, J. (2006), «Why is it so difficult to stop psychiatric drug treatment? it may be nothing to do with the original problem», *Med Hypothesis*, 67(3): 517-523.

Mooij, A. (1999), «Promoting Prosocial Pupil Behaviour 1: A Multilevel Theoretical Model», *British Journal of Educational Psychology*, 69(4): 456-478.

Mortimer, P., Sammons, P., Stoll, L., Lewis, D. y Ecob, R. (1988), *School Matters: The Junior Years*, Shepton Mallet: Open Books.

Morton, R. (1689), *Phtisiologia, seu Exercitationes de Phthisi*, Londres: S. Smith.

Motley M. T. (1990), «On whether one can(not) not communicate: An examination via traditional communication postulates», *Western Journal of Speech Communication*, 54: 1-20.

Muriana, E., Pettenò, L. y Verbitz, T. (2006), *Las caras de la depresión: abandonar el rol de víctima, curarse con la psicoterapia en tiempo breve*, trad. de Jordi Bargalló Chaves, Barcelona: Herder, 2007.

Nancy, L. T. (1997), *When Love is Not Enough: A Guide to Parenting Children with RAD-Reactive Attachment Disorder*, Glenwood Springs, CO: Families by Design.

Nardone, G. (1991), *Suggestione + Ristrutturazione = Cambiamento*, Milán: Giuffre.

Nardone, G. (1993), *Miedo, pánico, fobias: la terapia breve*, Barcelona: Herder, 2002.

Nardone, G. (1996), *Brief Strategic Solution. Oriented Therapy of Phobic and Obsessive Disorders*, Nueva Jersey: Aronson.

Nardone, G. (2000), *Oltre i limiti della paura*, Milán: Rizzoli.

Nardone, G. (2003), *Cavalcare la propria tigre*, Milán: Ponte alle Grazie.

Nardone, G. (2007), *La mirada del corazón: aforismos terapéuticos*, trad. de Joana M. Furió, Barcelona: Paidós, 2008.

Nardone, G. (2009), *Problem solving strategico da tasca*, Milán: Ponte alle Grazie.

Nardone, G. (2012), *Ayudar a los padres a ayudar a los hijos. Problemas y soluciones para el ciclo de la vida*, Barcelona: Herder, 2015.

Nardone, G. (2013), *Psicotrappole: Le sofferenze che ci costruiamo da soli. Riconoscerle e combatterle*, Milán, Ponte alle Grazie

Nardone, G. y Balbi, E. (2009), *Surcar el mar sin que el cielo lo sepa*, trad. de Jordi Bargalló Chaves, Barcelona: Herder, 2018.

Nardone, G. y Fiorenza, A. (1995), *L'intervento strategico nei contesti educativi*, Milán: Giuffre.

Nardone, G., Giannotti, E. y Rocchi, R. (2008), *The Evolution of Family patterns and Indirect Therapy with Adolescents*, Londres: Karnac Publishing.

Nardone, G., Mariotta, R., Milanese, R. y Fiorenza, A. (2000), *La Terapia dell'Azienda Malata: Problem Solving Strategico per organizzazioni*; Milán; Ponte alle Grazie.

Nardone, M. C., Milanese, R., Prato y Previde, R. (2013), *Azienda Vincente; Migliorare il presente, inventare il futuro: problem solving per le organizzazioni*, Milán: Ponte Alle Grazie.

Nardone, G., Milanese, R. y Verbitz, T. (2005), *Las prisiones de la comida: vomiting, anorexia, bulimia*, Barcelona: Herder, 2011.

Nardone, G. y Portelli, C. (2005a), *Conocer a través del cambio: la evolución de la terapia breve estratégica*, trad. de Jordi Bargalló, Barcelona: Herder, 2006.

Nardone, G. y Portelli, C. (2005b), «When the diagnosis invents the illness», *Kybernetes: The International Journal of Systems & Cybernatics*, 34(3-4): 365-372.

Nardone, G. y Portelli, C. (2007), «Caught in the middle of a double-bind: the application of non-ordinary logic to therapy», *Kybernetes*, 36(7/8): 926-931.

Nardone, G. y Ray W. A. (2007), *In honour of P. Warzlawick. Guardarsi dentro rende ciechi*, Milán: Ponte alle Grazie.

Nardone, G. y Salvini, A. (1997), «Lógica matemática y lógicas no ordinarias como guía para el *problem solving* estratégico», en P. Watzlawick y G. Nardone (eds.), *Terapia breve estratégica. Pasos hacia un cambio de percepción de la realidad*, Barcelona: Paidós, 2014.

Nardone, G. y Salvini, A. (2007), *The Strategic Dialogue: Rendering the Diagnostic Interview a Real Therapeutic Intervention*: Karnac Books.

Nardone, G. y Selekman, M. D. (2011), *Uscire dalla trappola*, Milán: Ponte alle Grazie.

Nardone, G. y Watzlawick, P. (1993), *El arte del cambio: manual de terapia estratégica e hipnoterapia sin trance*, Barcelona: Herder, 1992.

Nardone, G. y Watzlawick, P. (2004), *Brief Strategic Therapy: Philosophy, Technique and Research*, Maryland: Rowman & Littlefield Publishers-Aronson.

Natvig, H. y Aarø L. E. (2014), «Effects of induced compliance on alcohol use: Evaluation of a schoolbased intervention among Norwegian 8th graders», *Nordic Psychology*, doi: 10.1080/19012276.2014.885763

Natvig, H. y Klepp, K. I. (1992), «Adolescents. alcohol use related to perceived norms», *Scandinavian Journal of Psychology*, 33: 315-325.

Needlman, R. (2001), *Failure to thrive: parental neglect or well-maning ignorance?*, Cleveland, OH: Case Western Reserve University School of Medicine.

Newberg, N. A. y Glatthorn, A. A. (1982), «Instructional leadership: four ethnographic studies on junior high school principals», *Executive Summary*, Filadelfia, PA: Pennsylvania University.

Nieto, S. (2003), *Razones del profesorado para seguir con entusiasmo*, Barcelona: Octaedro, 2006.

O'Hanlon, B. y Hexum, A. (1990), *An Uncommon Casebook: The Complete Clinical Work of Milton H. Erickson analyzed and summarized*, Nueva York: Norton.

Oakes, A. (1996), «Labeling deprives you of the most fulfilling relationships», *Daily Collegian*, abril, 22.

Oatley, K. y Johnson-Laird, P. N. (1987), «Towards a cognitive theory of emotions», *Cognition & Emotion*, 1: 29-50.

Ornstein R. (1988), *Psychology: The Study of Human Experience*, 2.ª ed., Orlando, FL: Harcourt Brace Jovanovich.

Ornstein, R. (1988), *Multimind*, Boston: Author Book.

Ortony, A. y Turner, T. J. (1990), «What's basic about basic emotions?», *Psychological Review*, 97: 315-331.

Osborn, I. (1998), *Tormenting Thoughts and Secret Rituals*, Nueva York: Pantheon.

Panksepp, J. y Bernatzky, G. (2002), «Emotional Sounds and the Brain: The Neuro-Affective Foundations of Musical Appreciation», *Behavioural Processes* 60: 133-155.

Papantuono, M. (1999), «Incidente o suicidio? Il suicidio in adolescenza», tesis doctoral, Pesaro-Urbino: Universita Urbino.

Papantuono, M. (2007), «Identifying and exploiting the patient's resistance to change in brief strategic therapy», *Brief Strategic and Systemic Therapy: The American Review*, vol. 1, n.° 1.

Papantuono, M. y Portelli, C. (2008), «Dipendenza da Cannabis», en B. Skorjanec (ed.), *Come smettere di fumare*, Milán: Ponte alle Grazie.

Papantuono, M. y Portelli, C. (2011), «Theory & Clinical Practice Brief Strategic systemic approach to cannabis addiction», *Journal of Brief, Strategic, and Systemic Therapies*, vol. 2, n.º 1, American Association of Brief & Systemic Therapists.

Parker, H. C. (2001), *Problem Solver Guide for Students with ADHD: Ready-to-Use Interventions for Elementary and Secondary*, Florida: Speciality Press Inc., 2006.

Parsons, C. (1996), *Exclusions from School: the Public Cost*, Londres: Routledge.

Parsons, C. (1999), *Education, Exclusions and Citizenship*, Londres: Routledge.

Pascal, B. (1670), *Pensamientos*, trad. de Xabier Zubiri, Madrid: Alianza, 2019.

Pearce, W. B. y Cronen, V. E. (1999), *Communication, Action and Meaning: The Creation of Social*, Albany, Nueva York: SUNY Press.

Peeks, B. (1989), «Strategies for solving children's problem understood as behavioural metaphors», *Journal of Strategic & Systemic Therapies*, 8. 22-25.

Peirce, C. S. (1883), *Studies in Logic, by Members of The Johns Hopkins University*, Boston: Little Brown.

Peters, W. (1971), *A Class Divided*, Nueva York: Doubleday and Company.

Phillips, B. (1999), «Reformulating Dispute Narratives Through Active Listening», *Mediation Quarterly*, 17(2): 161-180.

Piaget, J. (1926), *La representación del mundo en el niño*, Madrid: Morata, 2008.

Piaget, J. (1937), *La construcción de lo real en el niño*, Barcelona: Crítica, 1989.

Pinel, P. (1866), «Treatise on Insanity», en P. R. Breggin (1991), *Toxic Psychiatry: Why Therapy, Empathy and Love Must Replace the Drugs, Electroshock, and Biochemical Theories of the «New Psychiatry»*, Nueva York: St. Martin's press.

Plutchik, R. (1962), *The emotions: Facts, Theories, and a New Model*, Nueva York: Random House.

Plutchik, R. (1980), «A general psychocvolutionary theory of emotion», en R. Plutchik y H. Kellerman (eds.), *Emotion: Theory, research, and experience*, vol. 1, *Theories of emotion* (pp. 3-31), Nueva York: Academic Press.

Popper, K. (1972), *Conocimiento objetivo: un enfoque evolucionista*, trad. de Carlos Solís Santos, Madrid: Tecnos, 1992.

Portelli, C. (2004), «Advanced Brief Strategic Therapy for Obsessive-

Compulsive Disorder», *Brief Strategic & Systemic Therapy: European Review* 1: 88-94.

Porter, L. (2008), «Cognitive skills», en L. Porter (ed.), *Educating young children with special needs*, Crows Nest, Australia: Allen & Unwin Unchangeable, San Francisco, CA: Jossey-Bass.

Porter, M. A. (2008), *Cognitive and social skills in neurodevelopmental disorders: An examination of Williams Syndrome, Down Syndrome and Autism*. Saarbruecken: VDM.

Prigogine, I. (1993a), *Chaotic Dynamics and Transport in Fluids and Plasmas: Research Trends in Physics Series*, Nueva York: American Institute of Physics.

Prigogine, I. (1993b), *Las leyes del caos*, trad. de Juan Vivanco, Barcelona: Crítica, 2004.

Pruett, K. D. y Pruett, M. K. (1999), «Only God Decides: Young children's perceptions of divorce and the legal system», *Journal of the American Academy of Child and Adolescent Psychiatry*, 38: 1544-1550.

Randolph, E. (1999), *Children Who Shock and Surprise: A Guide to Attachment Disorder*, Salt Lake City, UT: RFR Publications.

Ray, W. A. (2007), «Bateson's cybernetics: the basis of MRI brief therapy», prologo, en *Kybernetics*, 36: 7/8, Emerald Group Publishing Limited.

Ray, W. y Nardone, G. (eds.) (2009), *Paul Watzlawick, Insight may cause blindness and other essays*, Phoenix, AZ: Zeig, Tucker & Theisen.

Reason, P. y Bradbury, H. (2013), *The Sage Handbook of Action Research*, 2.ª ed., Thousand Oaks, CA: Sage.

Resnick, L. B. (1989), *Knowing, Learning, and Instruction: Essays in Honor of Robert Glaser*, Hillsdale, NJ: Erlbaum, 1-24.

Rocissano, L., Slade, A. y Lynch, V. (1987), «Dyadic synchrony and toddler compliance», *Developmental Psychology*, 16: 54-61.

Rodd, J. (1996), *Understanding Young Children's Behaviour: A Guide for Early Childhood Professionals*, St Leonards, NSW: Allen & Unwin.

Rogers, W. T. y Jones, S. S. (1975), «Effects of dominance tendencies on floor holding and interruption behaviour in dyadic interaction», *Human Communication Research*, 1(2): 113-122.

Rohrbaugh, M. J. y Shoham, V. (2001), «Brief therapy based on interrupting ironic processes: The Palo Alto model», *Clinical Psychology: Science and Practice*, 8: 66-81.

Rosen, J. N. (1953), *Direct analysis. Selected Papers*, Nueva York: Grune & Stratton, 1953-1968.

Rosen, S. (1982), «Authority, Control and the Distribution of Earnings», *Bell Journal of Economics*, 13: 311-327.

Rosenhan, D. L. (1973), «On being sane in insane places», *Science*, 179: 250-258.

Rosenhan, D. L. (1975), «The contextual nature of psychiatric diagnosis», *Journal of Abnormal Psychology*, 5.

Rosenthal, R. y Jacobson L. F. (1968), *Pygmalion en la escuela: expectativas del maestro y desarrollo intelectual del alumno*, trad. de M.ª José Díaz, Madrid: Marova, 1980.

Russell, B. (1930), *La conquista de la felicidad*, Madrid: Espasa-Calpe, 1981.

Rutter, M. y Smith, D. (eds.) (1995), *Psychosocial Disorders in Young People: Time Trends and their Causes*, Chichester: Wiley.

Saarni, C., Campos, J. J., Camras, L. y Witherington, D. (2006), «Emotional development: Action, communication, and understanding», en Eisenberg N., *Handbook of child psychology*, vol. 3. *Social, emotional and personality development*, 6.ª ed., Nueva York: Wiley.

Salvini, A. (1988a), *Il rito aggressivo*, Florencia: Giunti.

Salvini, A. (1988b), «Pluralismo teorico pragmatismo conoscitivo: assunti meta-teorici in psicologia della personalita», en Fiora, E., Pedrabissi, I. y Salvini, A., *Pluralismo teorico pragmatismo conoscitivo: assunti meta-teorici in psicologia della personalità*, Milán: Giuffre.

Sayfan, T. y Lagattuta, K. H. (2009), «Scaring the monster away: what children know about managing fears of real and imaginary creatures», *Child Development*, nov.-dic. 2009; 80(6):1756-1774.

Schön, D. (1987), *La formación de profesionales reflexivos: hacia un nuevo diseño de la enseñanza y el aprendizaje en las profesiones*, Barcelona: Paidós, 2002.

Schrödinger, E. (1943), *What Is Life? The Physical Aspect of the Living Cell*, http://whatislife.stanford.edu/LoCo_files/What-is-Life.

Seligman, M. (1998), *Aprenda optimismo: haga de la vida una experiencia maravillosa*, trad. de Luis F. Coco, Barcelona: Debolsillo, 2011.

Selvini-Palazzoli, M., Cecchin, G., Prata, G. y Boscolo, L. (1978), *Paradoja y contraparadoja: un nuevo modelo en la terapia de la familia con transacción esquizofrénica*, Barcelona: Paidós, 2007.

Shoham, T. y Rohrbaugh, M. J. (2001), «Paradoxical Interventions», en W. E. Craighead y C. B. Nemeroff (eds.), *The Corsini Encyclopedia of psychology and behaviour Science*, 3.ª ed. (pp. 1129-1132), Nueva York: Wiley.

Shoham, T. y Rohrbaugh, M. J. (2004), «Ambivalence in psychotherapy Similia Similibus curantur principle Hippocrates likes are cured by likes», en *Britannica Encyclopedia*, vol. 13 (1911), *s. v.* «Hippocrates».

Simon, F. B., Stierlin, H. y Wynne, L. C. (1985), *Vocabulario de terapia familiar*, Barcelona: Gedisa, 2002.

Sirigatti, S. (1994a), «La ricerca sui processi e i risultati della psicoterapia», *Scienze dell'interazione*, n.° 1, Florencia: Pontecorboli.

Sirigatti, S. (1994b), «Agenti di polizia penitenziaria e detenuti di fronte all'AIDS», en Casati M. L., Fanghi, F. y Tortorella, R., *Prevenzione AIDS in carcere: progetto sperimentale di educazione sanitaria all'interno del Nuovo Complesso Penitenziario di Sollicciano-Firenze*, U.S.L. 10/c, Florencia, 45-52.

Sluzki, C. y Ransom, D. (1976), «Comment on Gina Abeles», en *The Foundation of the Communication Approach to the Family*, Nueva York: Grune and Stratton.

Smeets, E. (2009), «Managing social, emotional, and behavioural difficulties», *Schools in the Netherlands International Journal of Emotional Education*, 1: 1.

Snow, R. E. (1969), «Unfinished Pygmalion», *Contemporary Psychology*, 14: 197-200.

Soles, T., Bloom, E. L., Heath, N. L. y Karagiannakis, A. (2008), «An exploration of teachers current perceptions of children with social, emotional and behaviour difficulties», *Emotional & Behaviour Difficulties*, 13(4): 275-290.

Solomon, G. B. (2008), «Expectations and perceptions as predictors of coaches feedback in three competitive contexts», *Journal for the Study of Sports and Athletics in Education*, 2: 161-179.

Sørensen, P. L. (2003), «Drømmenes Port. Undersøgelse af usaedvanlige boligomrader, Socialt Udviklingscenter Storkøbenhavn, Kopenhagen», en L. Benjaminsen y A. Tosi, *Quality Housing for Marginal Groups: Dilemmas and Challenges, European Observatory on Homelessness*, vol. 1, Bruselas, European Federation of National Associations Working with the Homeless, AISBL, 2007.

Spencer-Brown, G. (1973), *Laws of Form*, Nueva York: Bantam Books.

Spitzer, R. L., Endicott, J. y Robins, E. (1978), «Research diagnostic criteria: Rationale and reliability», *Arch Gen Psychiatry* 35.

Stanton, M. D. y Todd, T. (1982), *The Family Therapy of Drug Abuse and Addiction*, Nueva York: Guilford Press.

Stearns, P. N. y Haggarty, T. (1991), *Terapia familiar del abuso y adicción a las drogas*, Barcelona: Gedisa, 2006.

Strässler, J. (1982), *Idioms in English: A pragmatic analysis*, Tubinga: Gunter Narr.

Szasz, T. S. (1974), *El mito de la enfermedad mental*, trad. de Flora Setaro, Buenos Aires: Amorrortu, 2008.

Tamminen, T. M., Bredenberg, P., Escartin, T., Kaukonen, P. y Rutanen,

M. (1991), «Psychosomatic symptoms in preadolescent children», *Psychosotherapy and Psychosomatics*, 56: 70-77.

Tanaka, M., Yoshida, M., Emoto, H. y Ishii, H. (2000), «Noradrenaline systems in the hypothalamus, amygdala and locus coeruleus are involved in the provocation of anxiety: basic studies», *Eur. J. Pharmacol*, 405: 397-406.

Taylor, J. (2010), «Parenting: Fear of Failure Revisited: Does your child fear "total failure»?», http://www.psychologytoday.com/experts/jim-taylor-phd, en https://www.psychologytoday.com/us/blog/the-power-prime.

Taylor, S. E. (1986-1987), «The Impact of An Alternative High School Program on Students Labeled "Deviant"», *Educational Research Quarterly*, 11: 8-12.

Tennen, H., Eron, J. B. y Rohrbaugh, M. (1991), «Paradox in context», en G. R. Weeks (ed.), *Promoting Change Through Paradoxical Therapy* (ed. rev., 187-215). Nueva York: Brunner/Mazel.

Thacker, J., Strudwick, D. y Babbedge, E. (2002), *Educating Children with Emotional and Behavioural Difficulties: Inclusive Practice in Mainstream Schools*, Londres: Routledge Falmer.

Thom, R. (1989), *Estabilidad estructural y morfogénesis: ensayo de una teoría general de los modelos*, trad. de Alberto L. Bixio, Barcelona: Gedisa, 1997.

Thomas, W. I. (1928), *The Child in America*, Nueva York: Knopf.

Thorndike, R. S. (1968), «Review of *Pygmalion in the Classroom*», *American Educational Research Journal*, 5: 708-711.

Timimi, S. (2007), *Mis-Understanding ADHD: The Complete Guide for Parents to Alternatives to Drugs*, Bloomington: Authorhouse.

Timimi, S. y Taylor, E. (2004), «ADHD is best understood as a cultural construct», *Br J. Psychiatry*, 184: 8-9.

Tomkins, S. S. (1962), *Affect, Imagery, Consciousness*, vol. 1. *The Positive Affects*, Nueva York: Springer.

Tomkins, S. S. (1963), *Affect, Imagery, Consciousness*, vol. 2. *The Negative Affects*, Nueva York: Springer.

Tomkins, S. S. (1984), «Affect theory», en K. R. Scherer y P. Ekman (eds.), *Approaches to Emotion* (163-195), Hillsdale, Nueva Jerscy: Erlbaum.

Tortorella, R. (1994), *Prevenzione AIDS in carcere: progetto sperimentale di educazione sanitaria all.interno del Nuovo Complesso Penitenziario di Sollicciano-Firenze*, U.S.L. 10/c, Florencia, 45-52.

Vaihinger, H. (1911), *The Philosophy of «As If»: A System of the Theoretical, Practical and Religious Fiction ok Mankind*, trad. inglesa C. K. Ogden, Nueva York, 1968.

Vail, P. L. (2004), *On Learning Styles and Emotions*, http://pw.mikediane. com/LD/LearningStylesandEmotions.pdf.

Varela, F. (1979), *Principles of Biological Autonomy*, Nueva York: North Holland.

Varela, F. (1988), «El círculo creativo: esbozo histórico-cultural de la reflexividad», en P. Watzlawick (ed.), *La realidad inventada: ¿cómo sabemos lo que creemos saber?*, Barcelona: Gedisa, 2015.

Varela, F. (1975), «A calculus of self-reference», *International Journal of General Systems* 2, 1975, 1979, 1988.

Von Foerster, H. (1970), «Molecular ethology. An immodest Proposal for Semantic Clarification», en *Molecular Mechanisms in Memory and Learning*, 213-248, Nueva York: Plenum Press.

Von Foerster, H. (1970), «Thoughts and Notes on Cognition», en P.L. Garvin (ed.), *Cognition: A Multiple View*, 25-48. Nueva York: Plenum Press.

Von Foerster, H. (1972), «Notes on an epistemology for living things», en *Biological Computer Laboratory*, Urbana, IL, Report 9.3.

Von Foerster, H. (1973), «Construyendo una realidad», en P. Watzlawick (ed.), *La realidad inventada: ¿cómo sabemos lo que creemos saber?*, Barcelona: Gedisa, 2015.

Von Foerster, H. (1974), «Kybernetik einer erkenntnistheorie», en W. D. Keidel, W. Handler, M. Spring (eds.), *Kybernetik und bio-nik*, 27-46, Múnich-Viena: Oldenburg.

Von Foerster, H. (1982), *Observing Systems*, Seaside, CA: Intersystem.

Von Foerster, H. (2003), «Understanding as pragmatic communication», (conferencia), Viena 10-16 de noviembre de 2003, http://openarchive.cbs.dk/

Von Glasersfeld, E. (1979), «Cybernetics, experience, and the concept of self», en M. N. Ozer (ed.), *A cybernetic approach to the assessment of children: Toward a more humane use of human beings*, (67-113), Boulder, CO: Westview Press.

Von Glasersfeld, E. (1984), «Introducción al constructivismo radical», en P. Watzlawick (ed.), *La realidad inventada: ¿cómo sabemos lo que creemos saber?*, Barcelona: Gedisa, 2015.

Von Glasersfeld, E. (1995), *Radical Constructivism: A way of knowing and learning*, Washington: Falmer Press.

Von Neumann, J. (1928), «Zur Theorie der Gesellschaftsspiele», *Mathematische Annalen* 100: 295-320.

Von Neumann, J. y Morgernstern O. (1994), *Theory of Games and Economic Behaviour*, Princeton, NJ: Princeton University Press.

Wagar, W. W. (1963), *The City of Man, Prophecies of a Modern Civilization in Twentieth Century Thought*, Boston: Houghton Mifflin.

Walker, H. M., Colvin, G. y Ramsey, E. (1995), *Antisocial Behaviour in School. Strategies and Best Practices*, Pacific Grove, CA: Brooks / Cole.

Watson, J. B. (1930), *El conductismo*, Buenos Aires: Paidós, 1976.

Watzlawick, P. (1977), *El lenguaje del cambio. Nueva técnica de la comunicación terapéutica*, Barcelona: Herder, 1989.

Watzlawick, P. (1983), *The Situation is Hopeless but not Serious* (reimpr. 1993), Nueva York: W.W. Norton.

Watzlawick, P. (1984), *La realidad inventada: ¿cómo sabemos lo que creemos saber?*, Barcelona: Gedisa, 2015.

Watzlawick, P. (1990), *La coleta del Barón de Münchhausen: psicoterapia y realidad*, Barcelona: Herder, 1992.

Watzlawick, P. (2010), «The use of Behaviour Prescriptions in Psychotherapy», *Journal of Systemic*, 29: 35-39.

Watzlawick, P., Beavin, J. H. y Jackson, D. D. (1967), *Teoría de la comunicación humana: interacciones, patologías y paradojas*, trad. de Noemí Rosenblatt, Barcelona: Herder, 1993.

Watzlawick, P. y Nardone, G. (eds.) (1997), *Terapia breve estratégica. Pasos hacia un cambio de percepción de la realidad*, Barcelona: Paidós, 2014.

Watzlawick, P., Weakland, J. y Fisch, R. (1974), *Cambio: formación y solución de los problemas humanos*, trad. de Alfredo Guera Miralles, Barcelona: Herder, 2007.

Wechsler, I. S. (1929), *The Neuroses*, Filadelfia: W. B. Saunders.

Wedge, M. (1996), *In the Therapist Mirror*, Nueva York: W.W. Norton.

Weeks, G. R. y L'Abate, L. (1982), *Paradoxical psychotherapy: Theory and Practice with Individuals, Couples, and Families*, Nueva York: Brunneri Mazel.

Wells, G. (1993), «Dynamics of discourse: Literacy and the construction of knowledge», en E. Forman, N. Minick y A. Stone (eds.), *Contexts for Learning: Socio-cultural Dynamics in Children's Development*, Nueva York: Oxford University Press, 58-90

Western, D., Novotny, C. y Thompson-Brenner, H. (2004), «The empirical status of empirically supported psychoterapics: assumption, findings, and reporting in controlled clinical trials», *Psychological Bullettin*, 130.

White, M. y Epston, D. (1990), *Medios narrativos para fines terapéuticos*, Barcelona: Paidós, 2008.

Wilder, C. (1978), «From the interactional view–A conversation with Paul Watzlawick», *Journal of Communication*, 28(4): 35-45.

Wilder, C. y Collins, S. (1994), «Patterns of Interactional Paradoxes», en

Cupach, W. y Spitzberg, B., *The Dark Side of Interpersonal Communication*, Los Ángeles, CA: L. Erlbaum Associates.

Williams, R. G. (2000), «The application of solution-focused brief therapy in a public school setting», *The Family Journal: Counseling and Therapy for Couples and Families*, 8: 76-78.

Williams, J. M. y Weeks, G. R. (1984), «Use of paradoxical techniques in school setting», *The American Journal of Family Therapy*, 12(3).

Wineburg, S. S. (1987), «The Self-Fulfillment of the Self-Fulfilling Prophecy», *Educational Researcher*, 16: 28-37.

Wittgenstein, L. (1980), *Aforismos, cultura y valor*, Madrid: Espasa, 2003.

Wood, W. (1988), «Influence and persuasion», en A. Campbell (ed.), *Male and female*, Oxford: Andromeda.

Yacubian, J. y Buchel, C. (2009), «The Genetic Basis of Individual Differences in Reward Processing and the Link to Addictive Behaviour and Social Cognition», *Neuroscience*, 164(1).

Young, M. (1999), *Spotlight*, n.° 1, Londres: Young Minds.

Zaslow, R. y Menta, M. (1975), *The Psychology of the Z-process: Attachment and Activity*, San José, CA: San Jose State University Press.

Zeig, J. K. (1980), *A Teaching seminar with M. H. Erickson*, Nueva York: Brunner/Mazel.